O QUE ESTÃO FALANDO SOBRE
Marketing Experiencial

"Um guia muito bem escrito e inspirador, revelando uma abordagem única sobre marketing experiencial integrado que explica cuidadosamente essa metodologia de uma forma concisa e eficaz."
Hamish Millar, Gerente de Marketing, Pernod Ricard UK

"Um guia imprescindível sobre marketing experiencial, que abarca o universo em mudança do cenário varejista com modelos simples e objetivos, a fim de executar soluções para as crescentes demandas dos consumidores."
Mark Robinson, Diretor de Vendas de Varejo, Silentnight Group

"Este livro é maravilhoso. É mais que apenas um guia do tipo 'como fazer' – ele também diz o que fazer, além de trazer um compêndio de grandes histórias de sucesso. Está precisando de respostas, orientações ou inspiração? Sua busca terminou. Esta leitura é essencial para qualquer profissional moderno de marketing!"
Kevin Jackson, Editor-chefe, Live Communication Magazine

"Ao apresentar o marketing experiencial como uma metodologia em vez de um canal, Smilansky propõe conselhos e insights relevantes a empresas B2C e B2B de qualquer porte. Canais de comunicação unidirecionais são coisas do passado; aprender a promover conversas bidirecionais autênticas é o próximo desafio. Qualquer pessoa interessada em construir um relacionamento sólido e duradouro entre seus clientes e sua marca precisa ler este livro."
Lynn Morrison, Diretora de Marketing, Opus Energy

"No cenário atual de consumidores e mídia em constante mudança, este livro mostra como envolver e criar de fato uma conexão emocional mais aprofundada com públicos modernos; leitura imprescindível para profissionais de marketing seniores, CEOs e suas equipes."

Maria Hatzistefanis, Presidente/CEO, Rodial Group (rodial skincare, niP+faB)

"Prático, pragmático e sucinto. Profissionais de marketing experientes e aqueles que estão apenas começando encontrarão coisas úteis neste livro. Uma obra para todos, escrita e feita para o mundo 24/7 em que vivemos."

Tony Cooke, Diretor de RH, Adidas Group

Marketing
EXPERIENCIAL

Copyright © 2009, 2018 Shirra Smilansky

Tradução publicada mediante acordo com a Kogan Page.

Título original: *Experiential Marketing – A Practical Guide to Interactive Brand Experiences*

Todos os direitos reservados pela Autêntica Editora Ltda.
Nenhuma parte desta publicação poderá ser reproduzida,
seja por meios mecânicos, eletrônicos, seja via cópia xerográfica,
sem autorização prévia da Editora.

EDITOR RESPONSÁVEL
Marcelo Amaral de Moraes

EDITORA ASSISTENTE
Luanna Luchesi

REVISÃO TÉCNICA E PREPARAÇÃO DE TEXTO
Marcelo Amaral de Moraes

REVISÃO
Luanna Luchesi
Felipe Magalhães

PROJETO GRÁFICO
Diogo Droschi

CAPA
Diogo Droschi (Sobre imagem de Jag Cz/Shutterstock)

DIAGRAMAÇÃO
Christiane Morais de Oliveira

Dados Internacionais de Catalogação na Publicação (CIP)
(Câmara Brasileira do Livro, SP, Brasil)

Smilansky, Shirra
　Marketing experiencial : como converter leads em defensores de marca usando experiências de marca ao vivo integradas ao marketing digital / Shirra Smilansky ; tradução Maíra Meyer. -- 1. ed. -- São Paulo : Autêntica, 2022.

　Título original: Experiential marketing : a practical guide to interactive brand experiences
　Bibliografia.
　ISBN 978-65-5928-123-7

　1. Marketing; 2. Marketing Experiencial; 3. Marketing de Experiência; 4. Branding; 5. Marketing Digital. I. Meyer, Maíra. II. Título.

21-90945　　　　　　　　　　　　　　　　　　　　　　　CDD-658.827

Índices para catálogo sistemático:
1. Branding : Marketing : Administração 658.827

Maria Alice Ferreira - Bibliotecária - CRB-8/7964

A **AUTÊNTICA BUSINESS** É UMA EDITORA DO **GRUPO AUTÊNTICA**

São Paulo
Av. Paulista, 2.073 . Conjunto Nacional
Horsa I . Sala 309 . Cerqueira César
01311-940 . São Paulo . SP
Tel.: (55 11) 3034 4468

Belo Horizonte
Rua Carlos Turner, 420,
Silveira . 31140-520
Belo Horizonte . MG
Tel.: (55 31) 3465 4500

www.grupoautentica.com.br
SAC: atendimentoleitor@grupoautentica.com.br

Shirra Smilansky

Marketing
EXPERIENCIAL

Como converter *leads* em defensores de marca usando experiências de marca ao vivo integradas ao marketing digital

TRADUÇÃO
Maíra Meyer

autêntica
BUSINESS

SOBRE A AUTORA

Shirra Smilansky é CEO e Diretora Executiva de Criação da Electrify Worldwide Ltd. Foi professora visitante na London Metropolitan University, ajudando a universidade a desenvolver o primeiro programa de mestrado em Marketing Experiencial no Reino Unido – "Experiential Meets Digital [O Experiencial Encontra o Digital, em tradução livre]". Foi locutora convidada na BBC Radio *(Wake up to Money,* BBC Radio 5, ao vivo). Smilansky viajou pelo mundo para organizar workshops e seminários para marcas mundiais como L'Oréal Luxe, San Miguel, LEGO e Adidas, abrangendo tópicos como a neurociência por trás da criatividade e ensinando suas metodologias exclusivas – o modelo criativo BETTER e o sistema de planejamento SET MESSAGE. Com frequência organiza palestras que enfocam a relação entre experiências de marca ao vivo e mídias sociais, e também explora como experiências de marca podem se basear de forma centralizada no processo de planejamento de comunicações em marketing.

Profissional de marketing, escritora, estrategista, criativa, educadora e empreendedora — Smilansky é atuante e pioneira reconhecida na área de Marketing Experiencial. ■

PRÓLOGO

Minha primeira análise realmente aprofundada do universo do marketing experiencial (MEx) foi cerca de 10 anos atrás, quando eu estava redigindo minha dissertação de mestrado e li o primeiro livro de Shirra Smilansky. Eu vinha trabalhando na "área" como gerente de eventos para várias agências importantes, e adorei a ideia de que direcionar os cinco sentidos e dar às pessoas uma experiência de marca poderia mudar seus hábitos de consumo.

Ler a segunda edição de *Marketing Experiencial* é um lembrete de como as coisas mudaram desde o início de minha carreira. À época, o Facebook e o Twitter eram crianças e o Instagram não existia. Hoje, planejar uma campanha de MEx sem considerar criação de conteúdo, capacidade de compartilhamento e hashtag é impensável. O sonho da criação de conteúdo é a viralização, com vídeos das melhores campanhas capazes de alcançar milhões de visualizações nas redes sociais e difundir a consciência da marca em escala mundial. Mas aproveitar isso e criar de fato algo fabuloso que cative a imaginação das pessoas exige um nível de criatividade e autenticidade que muitas marcas lutam para atingir.

As redes sociais aumentaram o a influência do MEx; os anúncios não são mais uma rua de mão única. Você pode ir ao Twitter ou ao Facebook e dialogar com marcas de qualquer lugar do mundo. E, por conta disso, marcas não têm apenas personalidades, elas têm vozes — e você pode levar essas vozes para o mundo por meio do MEx, incorporadas em uma experiência de marca real memorável e criativa e por embaixadores de marca qualificados.

Este livro é a companhia perfeita para qualquer profissional de marketing que deseje extrair o melhor de uma campanha e desenvolver uma ideia criativa autêntica e relevante. Mesmo à frente dessa indústria em constante evolução por 12 anos, ainda descubro que aprendo todos os dias.

A evolução do MEx, com foco em práticas presentes e futuras, é habilmente desenvolvida nas páginas a seguir. Ao mesmo tempo que este livro o guia por meio de sistemas, processos e ferramentas de mensuração necessárias para projetar, planejar e executar campanhas experienciais do início ao fim, provavelmente ele será o mais informativo sobre marketing experiencial que você lerá. ■

Liam Dixon
Especialista em Marketing Experiencial
e Diretor de Atendimento ao
Cliente da Equals Agency

PREFÁCIO

Já faz cerca de 10 anos que escrevi a primeira edição deste livro. Na época, a própria expressão "marketing experiencial" era pouco conhecida, e mesmo os diretores de marketing mais experientes em marcas muitas vezes reagiriam a nossas ligações introdutórias com "experien... – o quê!?!?".

Conforme avançamos em direção a um mundo em que *bots* e inteligência computadorizada rapidamente executam a maioria dos trabalhos humanos de um jeito melhor, mais veloz e com criatividade cada vez maior, certamente estes tempos fica interessantes. Como a evolução acelerada da tecnologia está causando impactos e disrupções na mais mundana das indústrias (de lavanderias a bancos e tudo o que há entre eles) e o que isso significa para marcas e profissionais de marketing é a pergunta mais tentadora na ponta da língua de todo mundo.

Esta é uma época em que a conveniência e a funcionalidade estão superando a aura reluzente e glamourosa das propagandas de marcas sintéticas e artificiais que no passado nos fizeram uma lavagem cerebral. E também em que o design e marcas "fantasia" guiadas por imagens ficam cada vez mais sem sentido, considerando que cada uma delas e suas parentes (por meio de um *app* gratuito para celular) agora podem criar a própria identidade de marca/corporativa razoável; a comoditização de uma imagem de marca visual decente é verdadeiramente banal. Como consequência, nesta era experiencial e digital, apenas as marcas reais e autênticas, relevantes e de consciência social sobreviverão. A experiência de marca "de valor agregado" é a única forma relevante de ativação para se obter "destaque" em nossa mídia e cultura de consumo fragmentadas.

Big data e inteligência artificial estão capacitando empresas inovadoras a criar experiências para clientes realmente personalizadas e cada vez mais relevantes, elaboradas em massa. Com a internet das coisas (IoT) sobre nós, uma experiência de marca íntima e relevante em escala está influenciando cada vez mais a oferta do produto em si, mostrando, assim, que o marketing experiencial vai – e precisa ir – muito além das "promoções no mundo real", e com mais profundidade; como ideologia, influenciando a filosofia empresarial central de uma organização e oferecendo-se para criar um produto ou serviço experiencial e personalizado, não meramente uma campanha experiencial. Isso são sintomas da era consumista em que vivemos, onde o consumidor é o rei (ou rainha!) e o conteúdo está se tornando a moeda definitiva. ■

AGRADECIMENTOS

Escrever este livro foi uma jornada incrível. Minha decisão inicial era atualizar a primeira edição, e em vez disso escrevi uma obra totalmente nova – tanta coisa mudou em 10 anos, inclusive minha perspectiva, e tenho várias pessoas às quais gostaria de agradecer pelo apoio, contribuição, estímulo e amizade durante essa evolução.

Obrigada a todos os que contribuíram, especialmente a: Nick Kingsnorth, por trabalhar no lançamento e no marketing do livro; a Jack Rose, por coordenar as entrevistas com especialistas da área; a Zoe Louizos, pela leitura das provas e edição; a Charlotte Owen, Philippa Fiszzon, Natasha Tulett, Chris Cudmore e a equipe da Kogan Page pelo feedback, orientações e por me aturarem, e também por todo o estímulo nos momentos certos, o que nos possibilitou finalizar o livro a tempo. Agradeço a todos os entrevistados, citados e mencionados ao longo do livro, e a todas as maravilhosas agências e fontes da área do marketing que estão apresentando trabalhos experienciais incríveis, hasteando a bandeira para lindos e imersivos projetos de marketing experiencial, produtos e serviços no mundo todo.

Especialistas setoriais, associações e redes/eventos foram por demais importantes para mim no desenvolvimento de minha carreira e deste livro (ambas as edições), e por isso agradeço especialmente a: Spencer Gallagher, Duncan Cheatle, Katy Howell, Kevin Jackson, Dani Caplin, Ruth Wrigley, The Supper Club, The DAFD, Digital Podge e ao ExM Forum, Live Com, *Event Magazine*, NESTA, e ao The Funemployed.

Obrigada ao Sketch London, onde ocorreu o lançamento da primeira edição do livro 10 anos atrás, a quem novamente agradeço por sediar o lançamento da presente obra – um local verdadeiramente espetacular e artístico e de longe um dos lugares mais experienciais e imersivos do mundo; e muito obrigada a Henry Bennett da Sultan Shakes, por fazer isso acontecer.

Também gostaria de agradecer à minha família: Jonathan Smilansky, Errica Moustaki, Alex Smilansky, Booboo, as sete maravilhas e os Cantaladies; Portia Barnet Herrin, Victoria Vaughan, Roxanne Jones, Nelly Curtis, Lisa Colleran, Clare Coultas, Jade Keane, Katie Lazell. Minha mais antiga melhor amiga, Lauren Jones. Minha família espiritual: os devotos do Quintessence Ashram. Meu parceiro inspirador e incentivador: Jack Nutter. Jedi Ben, Tom Eales e The Knowledge Book, por disponibilizarem a magia universal e me conectarem à consciência coletiva e minha inspiração. Um grande viva para as boas vibrações. Gostaria de agradecer especialmente a todos os que apareceram no verão de 2017 enquanto eu estava escrevendo este livro e me lembraram constantemente que, apesar do mundo cada vez mais técnico em que vivemos, a vida é de fato uma grande experiência multissensorial acompanhada por uma narrativa por meio de uma sequência de eventos imersivos. Sem ordem específica, um grande viva para: Jack Nutter, Lisa Andronova, Lucas Daniel Barnfield, Joe Andrews, Jamie Nesbitt, Lauren Spiteri, Finlay Simpson, Lizzie Waite, Jonathan McCabe, Nick Kingsnorth, Rachel Chudley, Jonny Kerr, Cassie Beadle, Mickey Voak, Jolyon Varley, Rhi Davies, James Kelly, Nadia Barak, Ross Harrison, Oli Goss, Louise Dooey, Toby Regbo, Josie Naughton, Isobel Driscol, Elnaz Niknani, Rosie Browning, Lyndsey Critchley, Dave Ashby, Daphne Hall, Michelle McLaughlin, Roisin Reilly, Grace Egan, Tom Frog, Naomi Parry, Doug Booth, Felix Bos, Margherita Visconti, Alice Felgate, Hayden Kayes, Rosie Bones, Lucy Fitzgerald, Nutty Williams, Cassidy Burcher, Annie Mackin, Katie Langridge, Catherine Eldridge, Belle Powley, Fee Greening, Dan White, Matt Smith, Toby Southall, Paddy Corrigan, Nico Kaufman, Elin Hill, Miguel Koch, Chris Gepp, Ann Henderson, Asher Clarke, Adam Browning, Johanna Carle, Will Skillz, Jesse James, Sean Cunningham, Kate Heath, Caroline Little, Mark Day, India Rose James, Georgina Burden, Laina Farmer, Henry Bennett, Sarah Roco Barnes, Dulcie Horn,

Holly Hood, Steph Voisey, Polly Stenham, Steph Hamil, Alice Vandy e Jessi Brown. Agradeço também à Miquita Oliver e à Jazz Domino Holly – mulheres inspiradoras que conheço há mais de 10 anos, que estiveram no lançamento do primeiro livro e continuam presentes hoje em dia; e obrigada a todas as mulheres que acreditam em si mesmas e sabem como nunca desistir enquanto lutam pelos próprios sonhos; poder feminino! ∎

Parte 1

Uma revolução experiencial: a transformação acelerada das empresas e do marketing

Capítulo 1
27 O que é marketing experiencial?

27 Marketing experiencial é uma metodologia, não um canal

38 O que é marketing experiencial?

39 O crescimento do marketing experiencial

40 Futuro experiencial

44 Resumo

44 Notas

Capítulo 2
45 Um mundo totalmente novo: *Millennials*, experiências de marca e mídias sociais

45 *Millennials*, geração Z e além

46 Experiências de marca ao vivo aliadas a mídias sociais

49 Aplicando a metodologia experiencial integrada ao funil de compras

51 Uma abordagem experiencial para o planejamento de canais

59 Resumo

59 Notas

Capítulo 3
61 A economia da experiência está aqui

61 A importância do branding como diferencial

63 Uma experiência do cliente positiva em todos os pontos de contato da jornada

69 Resumo

70 Notas

Capítulo 4
71 Lojas conceito, o futuro do varejo e *pop-ups*

71 A mudança de cara do varejo

75 Os quatro fatores-chave da revolução da experiência no varejo

95 Resumo

96 Notas

Capítulo 5

97 Experiências digitais, inteligência artificial no marketing e realidades mescladas

97 Disruptores estão inovando rapidamente

98 A tecnologia está ficando cada vez mais invisível

98 Os limites estão se desfazendo

99 Inovação

100 Acelere ou morra

101 Dados e personalização

102 Oportunidades de *storytelling* personalizado

103 Adapte a mensagem criativa para adequá-la ao formato – a criatividade *top-down* está morta

103 Feeds de dados em tempo real estão acelerando a inteligência

104 IA, robôs e humanos

106 IA e bots criando diálogos interativos e pessoais

108 Participação da experiência de marca ao vivo na vida real (IRL) e remotamente

108 Resumo

109 Notas

Capítulo 6

111 O modelo criativo *BETTER*: como ter ideias únicas de marketing experiencial

111 Adicionando método à magia

111 Apresentando o modelo criativo *BETTER*

115 Experiências de marca ao vivo para todos os mercados

117 Personalidade de marca

118 "B" de *Brand Personality* (Personalidade de Marca)

129 "E" de *Emotional Connection* (Conexão Emocional)

141 "T" de *Target Audience* (Público-alvo)

144 "T" de *Two-Way Interaction* (Interação bidirecional)

150 "E" de Exponential Elements (Elementos Exponenciais)

155 "R" de *Reach* (Alcance)

162 Resumo

164 Notas

Parte 2

SET MESSAGE: um modelo de ativação para a sua estratégia de marketing experiencial

169 O modelo de planejamento *SET MESSAGE*

172 Planejando sua iniciativa de marketing experiencial

173 Apresentando o modelo de planejamento de campanha *SET MESSAGE*

Capítulo 7

175 **Situação e histórico: explorando o contexto empresarial para o marketing experiencial**

175 Patrimônio, procedência e história da marca

176 Insights da concorrência

176 Insights de campanhas de marketing experiencial anteriores

178 Mudanças e clima organizacional

179 Resumo

Capítulo 8

181 **Objetivos experienciais: como estabelecer e definir objetivos de forma criativa**

181 Tenha objetivos *SMART*

182 Objetivo 1: dar vida à personalidade da marca

183 Objetivo 2: estimular o boca a boca

185 Objetivo 3: criar uma experiência de marca memorável

186 Objetivo 4: dar vida ao legado do produto e inscrever membros em um clube

187 Objetivo 5: promover a experimentação personalizada do produto no ponto de venda

188 Objetivo 6: comunicar mensagens de marca complexas

190 Objetivo 7: ter credibilidade de nicho, apelo mundial

191 Objetivo 8: focar um novo público

193 Objetivo 9: aumentar a lealdade do cliente

193 Objetivo 10: aumentar o tráfego na loja

195 Resumo

196 Notas

Capítulo 9

197 Público-alvo: coletando insights holísticos e conhecimentos dos clientes

197 Cultivando grupos de influenciadores para conseguir o máximo de alcance

198 Analisando públicos-alvo

224 Resumo

225 Notas

Capítulo 10

227 Mensagem: comunique as principais mensagens da sua marca usando o marketing experiencial

227 A mensagem pode se estender muito além dos participantes de uma experiência de marca ao vivo

228 Combinando mensagens emocionais e racionais

228 Inclua a mensagem na sua experiência

230 Destilando a mensagem à sua própria essência

230 Adaptação para formatos ou plataformas em tempo real e localização de mensagens

230 Emoções: o principal motor das compras

231 Dando vida à mensagem

236 Resumo

237 Notas

Capítulo 11

239 Estratégia experiencial: como desenvolver estratégias e modelos de experiência de marca ao vivo

239 Os elementos mais comuns de qualquer estratégia experiencial

247 Integrando os elementos selecionados do modelo *STRATEGIES*

258 Tornando a experiência memorável e permanente

262 Resumo

263 Notas

Capítulo 12

265 Seleção de lugares e de embaixadores da marca para a sua estratégia de marketing experiencial

265 A sinergia entre lugares e pessoas é fundamental

266 Uma representação ao vivo de sua marca

266 Selecione os melhores lugares

268 Recomendações de influenciadores

266 Selecionando lugares

286 Consideração-chave #1

289 Consideração-chave #2

290 Consideração-chave #3

299 Resumo

300 Notas

Capítulo 13

301 **Sistemas e mecanismos de mensuração para o planejamento de marketing experiencial**

301 *Benchmarking* entre canais de marketing

301 Uma etapa importante do processo de planejamento

304 Crie seu próprio processo de pesquisa sob medida

310 Resumo

Capítulo 14

313 **Ação: como planejar e realizar experiências de marca ao vivo**

313 Escolhendo a expertise certa para ativação no ambiente ao vivo

314 Elementos do plano de *Ação*

341 Resumo

341 Notas

Capítulo 15

343 **Monitoramento da eficácia: elaborando uma abordagem real de teste e aprendizado para ambientes de marketing experiencial**

343 O ambiente imprevisível e dinâmico do mundo real

344 Monitorando resultados em tempo real para possibilitar uma abordagem flexível

344 Abordagem de teste e aprendizado para aumentar, diminuir ou "lançar"

347 *Sistemas e mecanismos de mensuração* e como eles possibilitam o *monitoramento da eficácia*

353 Resumo

355 Notas

Capítulo 16

357 **Avaliação: interpretando e monitorando resultados palpáveis do marketing experiencial**

357 Uma abordagem integrada é o caminho a seguir

358 Seja experiencial

358 Consistência ao longo do tempo

360 Experiências e eventos de marca aumentam o ROI e o LROI?

362 O quadro de metas experiencial

365 Fase #1 do *TRACK*: o quadro de metas experiencial finalizado

367 Fase #2 do TRACK: análise do ROI e do LROI

378 Fase #3 do TRACK: análise da mudança

378 Fase #4 do TRACK: revisão do conteúdo e das evidências visuais

380 Fase #5 do TRACK: KPIs, pontos fortes, pontos fracos e insights

382 Resumo

383 Notas

Capítulo 17

385 **Conclusão: planejando o futuro do marketing experiencial**

385 Uma revolução experiencial

385 Como uma abordagem experiencial se encaixa nas comunicações de marketing

385 Colocando as interações bidirecionais no centro das campanhas

386 Previsão para o futuro

386 Um modelo criativo e sistema de planejamento prático

386 Seja o início da mudança que você deseja ver na sua empresa

387 **Índice remissivo**

Marketing experiencial é uma **metodologia**. É uma abordagem **centrada no cliente** para que a marca se comunique de forma **eficaz** com seus **públicos-alvo**.

Parte

1

Uma revolução experiencial: a transformação acelerada das empresas e do marketing

Capítulo 1
O que é marketing experiencial?

MARKETING EXPERIENCIAL É UMA METODOLOGIA, NÃO UM CANAL

Mensagens de comunicação de marketing, por meio da mídia ou de outros canais de marketing, existem para se comunicar com grupos diferentes de consumidores ou setores empresariais. Tradicionalmente, canais de comunicação de marketing incluem: publicidade, mala direta, *packaging*, promoção de vendas, patrocínio, relações públicas, experiências de marca digitais e ao vivo. Tudo isso presenciou uma rápida transformação, conforme a tecnologia acelera a mudança nos setores de criação e a "Nova Geração" (uma mistura de *millennials* e geração Z) passa a representar fatias enormes de consumidores e influenciadores na sociedade.

◢ Integrando sua experiência de marca ao vivo

Experiências de marca ao vivo não devem ser criadas à parte, sem levar em conta a maneira como elas e seus conteúdos serão traduzidos por meio de outros canais. Sempre é melhor analisar como replicá-las digitalmente e integrá-las ao restante de suas estratégias de marketing, utilizando e considerando os formatosde uma seleção de canais disponíveis para auxiliar a respaldar sua eficácia. Profissionais de marketing lançam cada canal para atingir metas e objetivos diferentes, e cada plataforma tem considerações distintas em termos de como melhor produzir conteúdos apropriados e anúncios personalizados.

◢ Publicidade: conscientizando sobre uma experiência de marca ao vivo

Com uma estratégia integrada de marketing experiencial, geralmente se implementa a publicidade para criar ou despertar a consciência de marca de uma experiência de marca ao vivo.

Marcas experienciais vencem a corrida
Rodolfo Aldana, Diretor de Tequila, Diageo

Hoje, há marcas vendendo milhões e que nunca anunciaram na TV. Essas marcas são experienciais. De uma perspectiva de Relações Públicas e experiencial, temos cada vez mais certeza de que, se continuarmos fazendo isso e acrescentarmos amplificações através de meios digitais, nossos resultados serão de fato excelentes.[1]

A publicidade de massa tradicional tem "alcance" elevado e é tipicamente eficaz em despertar consciência, mas pode ser cara para implementar em uma escala efetiva. Quando usada em larga escala, a publicidade tradicional pode ter um baixo custo por mil (CPM), mas em geral ela pode ser uma ferramenta muito cara, tradicionalmente eficaz para marcas líderes no mercado que podem se dar ao luxo de realizar campanhas de conscientização em ampla escala.

Porém, desde o advento da publicidade digital e programática e da capacidade aguçada de segmentação e personalização, isso vem mudando. Hoje em dia, é muito mais comum ver anúncios de redes sociais direcionados sendo usados para estimular a participação em uma experiência de marca ao vivo. O Facebook oferece essas opções fartas de segmentação de público, que muitas vezes são uma ótima ferramenta para estimular inscrições em eventos em localidades específicas usando suas habilidades de segmentação por local, e podem se revelar extremamente lucrativas para estratégias de marketing.

◢ Mala direta: um momento presencial em um mundo digital

A mala direta, que pode implicar o envio direto de material de marketing para a casa das pessoas, pode ser usada como parte de programas de gestão de relacionamento com clientes (CRM, na sigla em inglês), a fim de engajar consumidores em uma resposta ou venda direta em casa.

Apesar de historicamente considerado um canal para correspondências não solicitadas ou panfletos de *delivery*, muita coisa mudou. A oportunidade de criar uma interação ao vivo e obter destaque é cada vez mais valiosa nesta era digital.

O aumento impressionante de empresas baseadas no modelo de assinatura, como a Dollar Shave Club e a Birchbox, que oferecem uma experiência personalizada de produtos em uma caixa, atesta como uma experiência de produtos eficientemente elaborada e enviada por correio pode ser disruptiva, moderna e estimulante.

◢ Packaging: uma experiência de marca intimista em escala

É essencial que toda marca considere o *packaging*, já que ele comunica ao consumidor a identidade da marca por meio de cores, formato e o *look and feel* geral do produto. Como tecnologias de "realidade mesclada" como realidade aumentada (RA) e realidade virtual (RV) continuam a crescer e a se tornar disponíveis por meio do *packaging* em forma de produtos, como o Google Cardboard, o *packaging* de um produto hoje pode oferecer ao consumidor uma janela para o mundo do conteúdo de marcas – interativo e compartilhável. Ainda que muitas dessas tecnologias já estejam por aí, muitas vezes leva tempo para as marcas aprenderem como aplicá-las de forma relevante para a ocasião e não parecerem enganosas ou, simplesmente, oportunistas.

◢ Promoção de vendas e varejo: um mundo *omnichannel*

Promover vendas implica estimular vendas no cenário varejista por meio de ofertas especiais, descontos, prêmios e cupons. Atividades de *field marketing* (como equipes de promotores nas lojas, vendas externas, auditoria, comprador misterioso, merchandising e distribuição de amostras) geralmente são classificadas como parte do canal de promoção de vendas. No ambiente varejista *omnichannel/omni-experience* em constante evolução de hoje, o papel da loja física está mudando.

Hoje, os consumidores estão iniciando, interrompendo e completando o ciclo de vendas por meio de múltiplos pontos de contato. Lojas físicas proporcionam aos compradores a chance de ter uma experiência sensorial com uma marca ou um produto. As melhores lojas imergem os consumidores em um universo que aviva a *Personalidade da Marca*, dando a eles uma chance de tocar, cheirar, provar, ouvir e sentir como é, afinal, a marca ou o produto. Muitas vezes, um cliente preferiria finalizar o processo de vendas online, via celular ou tablet, e conforme a própria conveniência.

Com a crescente popularidade dos serviços do tipo "clique e retire"/"*showroom* reverso" e a sobreposição de experiências de compras em um contexto social, empresas inovadoras estão levando em consideração a realidade do futuro varejo *omnichannel*, facilitando ao cliente começar comprando na loja e terminar online, ou começar online e terminar na loja.

◢ Interfaces invisíveis para dominar com o advento da internet das coisas (IoT)

Hoje em dia existem inúmeras oportunidades de fazer compras "enquanto se vive" ou se socializa, e muitas variações da nova jornada do comprador estão se abrindo, conforme o papel das lojas físicas evolui para um importante canal de marketing; um espaço permanente para experiências de marca ao vivo. À medida que a tecnologia começa a se misturar integralmente "no contexto" e o surgimento de interfaces invisíveis quase nos permite esquecer que ela está lá, oportunidades de compras podem se tornar cada vez mais pessoais, autênticas e relevantes. O futuro do varejo tecnológico oferece às marcas a possibilidade de agregar valor por meio de conteúdo, proporcionando momentos de compra *opt-in* elegantemente entrelaçados à vida dos consumidores de modo a causar uma sensação de participação, não de invasão. Esse tópico é explorado com mais profundidade no Capítulo 4 deste livro.

Cada vez mais a tecnologia proporciona às marcas a habilidade de personalizar suas mensagens de promoções de vendas por meio do uso do iBeacons ou de *geo-fencing* (uma espécie de cerca virtual), a fim de contatarem os usuários por meio de seus dispositivos móveis. Alguns exemplos incluem a Unilever, que disponibiliza cupons de desconto por meio de uma combinação de iBeacons e do *app* Magnum Mpulse, e marcas mundiais como a Coca-Cola, que também fazem uso de tecnologia para impulsionar promoções locais.

◢ Patrocínio e propriedades da marca

O patrocínio é uma excelente ferramenta para marcas que visam público-alvo de nicho. Ele pode render credibilidade e se comunicar com um público em seu ambiente favorito. Tradicionalmente, o patrocínio é uma prática que envolve *branding* em eventos esportivos, culturais e outros, em que há uma associação desejada com o evento ou as pessoas. O patrocínio alinha diretamente a marca com as percepções atuais das pessoas da companhia ou do evento em questão. Habitualmente, as marcas pagariam etiquetas de preço robustas pelo direito de colocar seu logo em materiais de marketing de um evento patrocinado. Elas também precisariam desembolsar um orçamento extra para então "ativar" de fato o patrocínio e integrar as experiências ao vivo de marca a um evento patrocinado, como as Olimpíadas ou Wimbledon, mas muitas vezes essas oportunidades vêm com uma série de regras e restrições.

Porém, em certa medida, existem condições para marcas sem patrocínio se alinharem ao evento de uma forma inteligente. Depende de quem está patrocinando o evento e do que as marcas podem fazer com isso. Sempre há oportunidades de marketing de guerrilha, e marcas como a Paddy Power muitas vezes usam brincadeiras e manobras inteligentes em eventos sem violar nenhuma lei ou regulamento. As marcas ainda podem aproveitar o espírito e a cultura de um evento, e participar da história e da sensação, sem ter de investir amplamente nele por meio de patrocínio.

Já que o marketing experiencial e as táticas de guerrilha amadureceram e avanços tecnológicos tornaram mais fácil do que nunca emboscar ou 'sequestrar' a maioria dos eventos esportivos e públicos, com ou sem o alto preço associado ao patrocínio tradicional, ficou ainda mais importante para as marcas pagarem pelos direitos, a fim de que esses agregassem valor de fato e as impulsionassem para causar o impacto adequado. Um patrocínio oficial de um grande evento esportivo deveria pavimentar o caminho para inovações experienciais e digitais, e não para a mera exposição da marca corporativa da qual qualquer *millennial* ficará a quilômetros de distância. Com recursos como o talento, e se jogadores e influenciadores receberem ofertas dentro de acordos de patrocínio, há uma farta oportunidade de se criar conteúdos interessantes e relevantes que se alinhem com os fãs e façam que o público se envolva emocionalmente com o que é produzido.

▶ O #wimblewatch da Evian

No Wimbledon de 2016, a Evian criou uma campanha guarda-chuva interessante, baseada em conteúdo, na qual uma série diária de vídeos online apresentados por VIPs, blogueiros e fãs exibia reações das pessoas durante as partidas de tênis nas quadras de Wimbledon, usando a hashtag #wimblewatch. Participantes também compartilharam suas emoções nas redes sociais usando a hashtag #wimblewatch.

A tecnologia acelera o geotargeting e a hiperlocalização nas comunicações de marca

Avanços tecnológicos em teatros, estádios e locais para eventos também estão expandindo as possibilidades para muitas marcas aprimorarem a experiência do público e trazer os fãs para mais perto do que acontece; e, à medida que mais desses espaços se tornam habilitados para o uso de Wi-Fi, Beacon e pré-pagos como padrão, com engajamento digital e *mobile*, e promoções de vendas que amparam experiências físicas do mundo real, eles ficam cada vez mais acessíveis aos patrocinadores.

No relatório de patrocínio "is official dead [o oficial está morto?, em tradução livre]?", da Campaign Insight, afirma-se:

> As marcas continuarão a investir em acordos de patrocínio oficiais, mas exigirão mais dos detentores dos direitos em termos de acesso a conteúdo e flexibilidade, a fim de agregar valor aos consumidores. Consequentemente, os fãs podem esperar conteúdos mais relevantes, interativos e personalizados, que vão melhorar sua experiência geral nos eventos.[2]

Criando as propriedades da sua marca

Muitas marcas concorrentes, e também as que têm como foco uma filosofia experiencial, passaram anos aperfeiçoando a arte de criar do zero as propriedades da marca e os eventos; ao contrário do patrocínio, esse processo proporciona enorme flexibilidade e uma chance de economizar.

Red Bull, The Sonos Studio, House of Vans e The Heineken Experience são ótimos exemplos que merecem ser analisados.

De acordo com a agência Sense, consumidores tendem a acreditar quatro vezes mais em uma marca que faz coisas no mundo real, e 7 em cada 10 pessoas disseram que comprariam produtos de uma marca que procede assim em vez de uma concorrente que não procede (Figura 1.1).

Figura 1.1 O que as pessoas realmente acham sobre marcas e anúncios?

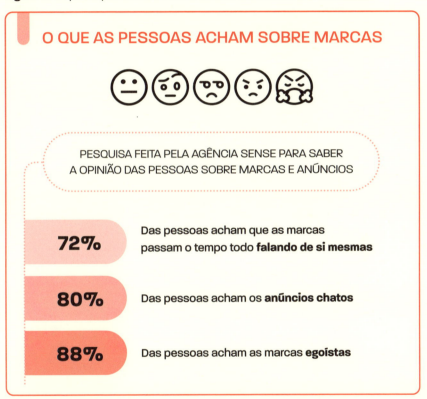

Fonte: Com base na pesquisa da agência Sense (2016) Psycho Brands!

▲ Relações Públicas (RP) – estimulando a participação em uma experiência de marca ao vivo e expandindo o alcance de seu conteúdo

Relações públicas (RP) é o processo de gestão do fluxo de informações entre uma organização e seu público. Suas atividades incluem cerimônias de premiação, apoio de celebridades, relações com a imprensa e a mídia, e eventos que visam projetar uma imagem positiva da organização a seus principais *stakeholders*. Como publicações impressas perdem popularidade e clientes exigem que suportes e conteúdos sejam consumíveis de maneira mais imediata e temporária, o papel da RP está mudando. Experiências ao vivo de marca oferecem uma ótima oportunidade para marcas convidarem jornalistas, blogueiros, vlogueiros e influenciadores para participar de uma imersão total de marca e produto, muito mais rica que o tradicional *press release* e com escopo abrangente para conteúdos exclusivos e consequentes mídias sociais sem precedentes. O Instagram, por exemplo, hoje é líder em engajamento social, com marcas que usam essa rede chegando a milhões de seguidores.

A RP também pode ser usada de forma muito eficaz antes de uma experiência ao vivo de marca, a fim de estimular consciência e gerar interesse. É bem comum ver experiências ao vivo de marca, *pop-ups* e eventos executados com uma sobreposição de programações variadas, muitas vezes compradas por meio de sites e *apps* como o EventBrite, YPlan etc. A RP pode ser eficaz para estimular o tráfego e inscrições nas páginas, aumentando, assim, o comparecimento ao evento, mesmo fora dos horários de pico, em que o trânsito de pessoas é menor.

◢ Digital – redefinindo-se para o mundo conectado de hoje

Inúmeras definições de "digital" já existiram, e, à medida que vamos mergulhando cada vez mais em um mundo conectado, a evolução contínua do termo é inevitável. No passado, o digital frequentemente estava relacionado à tecnologia. No contexto do marketing, digital foi uma nova maneira de se envolver com os consumidores. Embora a palavra possa abarcar os dois sentidos, o que ela de fato representa é uma forma totalmente nova de fazer negócios. Digital se tornou menos uma "coisa" e mais uma maneira de "*fazer* as coisas".

A IoT e a onipresença de produtos inteligentes abriram oportunidades para empresas disruptivas usarem níveis de precisão de dados sem precedentes a fim de compreender melhor a experiência de seus clientes.

No setor automotivo, por exemplo, veículos conectados ao mundo externo expandiram as fronteiras para a carros autônomos e sistemas de entretenimento a bordo. As marcas precisam conhecer melhor cada passo da jornada do consumidor, independentemente do canal. Elas precisam refletir como os pontos de contato digitais e humanos podem proporcionar a melhor experiência possível, em toda a empresa e no seu marketing. A interatividade digital nos dá uma oportunidade melhor de compreender como um consumidor está interagindo com uma marca e como é possível ter insights dessas interações para aprimorar a experiência do cliente.

Por exemplo, o conteúdo e a experiência podem se adaptar quando o cliente passa de um celular para um laptop, ou de avaliar uma marca para tomar uma decisão de compra. O número crescente de interações do cliente gera um fluxo de informações que permite às marcas tomarem decisões melhores sobre o que os consumidores querem. O rápido crescimento da tecnologia *wearable*, ou vestível, e da IoT representa a última onda de pontos de contato que possibilitará às empresas integrarem ainda mais as experiências digitais e físicas.

◢ Defesa (*advocacy*) da marca

Embora marcas e companhias se beneficiem do uso desses canais, no mundo todo profissionais de marketing estão buscando novas formas de utilizá-los ao máximo a fim de envolver seus *públicos-alvo* em um nível mais profundo. Elas querem construir relacionamentos que gerem lealdade (se é que é possível dizer que isso ainda exista) e o sonho de todo profissional de marketing: defesa da marca e, finalmente, evangelização. As verdadeiras "Marcas de Experiência" estão convertendo seus consumidores de compradores (que hoje são comprovadamente desleais e promíscuos em relação às suas escolhas de marca) a evangelistas da marca, que elogiam e exaltam a marca, sua personalidade e mensagem principal ou atributos a amigos, familiares, colegas e vizinhos. Marcas bem-sucedidas em convidar e chamar os fãs para cocriarem e compartilharem seu desenvolvimento, inovações e conteúdo produzido estão conquistando corações e mentes em larga escala.

Figura 1.2 Marcas mais valiosas do mundo em 2020, segundo a Forbes

Fonte: Com base na pesquisa da Forbes (2020) The World's Most Valuable Brands! [As marcas mais valiosas do mundo, em tradução livre].[3]

Esses evangelistas estão construindo marcas na velocidade da luz. Não estão apenas comunicando mensagens que o marketing tradicional também poderia comunicar, e sim criando algo único: uma recomendação pessoal (Figura 1.2). Esse "vínculo de ouro" com a marca não tem preço.

◢ O boca a boca e as recomendações pessoais

O marketing experiencial leva à defesa da marca. Ele estimula a comunicação boca a boca por meio de recomendações pessoais que são o resultado da sensação dos consumidores de que a experiência de marca agregou valor a suas vidas e se conectou com eles por meio de interações relevantes. Os resultados evidentes disso são relacionamentos de marca fortalecidas e maior lealdade do cliente, e, portanto, uma abordagem estratégica de longo prazo para conquistar e manter *market share*.

Às vezes, o próprio produto é realmente superior aos concorrentes, com atributos e benefícios inovadores que só podem ser comunicados por meio da experiência. Esse é o motivo por que campanhas de marketing experiencial frequentemente têm como objetivo estimular a experimentação de produtos. A escolha de um restaurante muitas vezes é um resultado direto de boca a boca ou de uma recomendação pessoal. O boca a boca é mais eficiente que anúncios para fazer as vendas aumentarem, e o marketing experiencial estimula melhor o boca a boca que uma abordagem tradicional de marketing.

Pense na última vez em que você foi a um restaurante. Você foi até lá porque ouviu falar que ele era bom ou porque viu um anúncio de revista dizendo isso? Ou então, quando um amigo está super empolgado com um novo produto de limpeza milagroso que removeu sete manchas de suas toalhas de mesa brancas, e você vê nas prateleiras o mesmo produto em sua próxima visita ao supermercado — acha que dará uma chance a ele? A resposta, muito provavelmente, *é sim*! O boca a boca não tem preço, e nos leva à pergunta mais importante: qual canal de comunicação ou abordagem de marketing leva os consumidores a fazer propaganda boca a boca? Os consumidores de hoje estão cansados de serem inundados de um sem-número de anúncios invasivos e mensagens apressando-os a comprar produtos e afogando-os num mar de ruídos. Eles querem que as marcas se envolvam de forma autêntica; que agreguem valor a suas vidas e deem algo relevante em troca. Consumidores aspiram ao estilo de vida que suas marcas favoritas apresentam; querem fazer parte delas e de tudo que a elas se associa, eles desejam imergir nessas marcas. Quando os consumidores se tornam embaixadores da marca, eles começam a fazer o marketing por você. É por isso que o mundo do marketing atual foi redefinido como a *era do cliente*, e "marcas de experiência" líderes estão comunicando em uma nova era: a era do marketing experiencial.

O QUE É MARKETING EXPERIENCIAL?

 Marketing experiencial é o processo de identificar e satisfazer as necessidades e as aspirações do cliente de forma rentável, engajando-o por meio de comunicações de mão dupla autênticas que deem vida às personalidades da marca e agreguem valor para o *público-alvo*.

Um *checklist* experiencial integrado:

 Marketing experiencial é uma metodologia integrada, sempre engajando os *públicos-alvo* por sua própria vontade, usando comunicações autênticas relevantes para a marca que agreguem valor.

 Uma campanha de marketing experiencial é construída em torno de uma grande ideia que deve envolver uma *interação de mão dupla* entre a marca e o *público-alvo* em tempo real, apresentando, portanto, uma experiência de marca ao vivo na sua essência.

 Os "outros" canais de comunicação de marketing e plataformas de mídias sociais selecionados e integrados são conhecidos como "canais de amplificação", que ampliam o impacto da grande ideia (a experiência de marca ao vivo e seu conteúdo, por meio de um *storytelling* consistente e autêntico).

Marketing experiencial é uma metodologia. É uma abordagem centrada no cliente para que a marca se comunique de forma eficaz com seus *públicos-alvo*. "Marcas de Experiência" englobam a experiência do cliente por inteiro, obtendo vantagem competitiva significativa ao implementar sua *interação de mão dupla* e a estratégia orientada pela experiência em tudo o que fazem, de uma maneira autêntica e concreta que tenha relevância para os seus públicos.

O CRESCIMENTO DO MARKETING EXPERIENCIAL

Os gastos com marketing experiencial muitas vezes provêm de outros orçamentos já alocados, como os de RP, eventos, despesas operacionais ou promoção de vendas. Cada vez mais, tomadores de decisão estão percebendo que o marketing experiencial é uma metodologia integrada à comunicação de marketing que oferece vantagens consideráveis quando usado em conjunto com as mídias sociais e RP, se comparado à publicidade.

Criando impacto por meio do marketing experiencial

Barbara Bahns, Chefe de Planejamento Regional de Marketing e Comunicações CEE, Visa Inc

Considerando que há 15 anos os profissionais de marketing ainda optariam por uma campanha tradicional e de amplo alcance – e alguns deles ainda o fariam hoje –, esse tipo de campanha não gera engajamento de marca mais; não na escala que gerava há 20 anos; por exemplo, quando anúncios na TV eram novidade e um bastante empolgantes. Isso não é mais empolgante, não é?! Ora, os anúncios de TV de que você se lembra são os dos anos 1990, porque eram novidade e um novo tipo de storytelling.

O marketing experiencial está apenas começando – bem, na verdade, como profissional do marketing ele está me permitindo falar com meu público e causar impacto sobre ele, algo cada vez mais difícil, se não quase impossível, com a comunicação tradicional.[4]

◢ Aumento nos orçamentos

Cada vez mais há orçamentos direcionados a iniciativas e planejamentos de marketing experiencial. Portanto, muitos profissionais de marketing estão direcionando partes significativas do orçamento para o marketing experiencial, em favor de abordagens 'tradicionais/publicidade'. Eles estão descobrindo que o marketing experiencial é sobretudo útil em atingir objetivos que os outros acham difícil alcançar, como criar defesa de marca, estimular o boca a boca e dar vida à *personalidade da marca* por meio de expressões multissensoriais que levam a memórias duradouras e a uma conexão emocional aprofundada, conforme analisado ao longo do Capítulo 6, que trata sobre a metodologia *BETTER.*.

O investimento em marketing experiencial pelas marcas voltou a subir, de acordo com o Relatório Bellwether do Institute of Practitioners in Advertising (IPA).[5] Novamente, os índices revelam que o marketing experiencial está superando outras áreas em termos de valores gastos pelas marcas. Estima-se que experiências de marca ao vivo (classificadas como eventos de marketing) receberão investimentos bem maiores que outras modalidades.

◢ Foco na mensuração

A mensuração é uma prioridade para justificar o aumento do investimento no experiencial. Porém, a falta de métodos adequados e consistentes para avaliar o marketing experiencial tem sido uma das principais críticas enfrentadas pelo setor. Isso quer dizer que o marketing experiencial muitas vezes é mensurado usando-se uma métrica similar à do marketing tradicional e da publicidade (como a "oportunidade de ser visto") – o que está longe de ser adequado para medir o sucesso das campanhas. Se você considera que o valor de um consumidor realmente engajado – que foi educado e imerso em uma marca e no que ela representa – é muito maior que o de alguém que apenas "foi exposto à marca", percebe como é impreciso quantificar o valor do alcance do mesmo jeito.

FUTURO EXPERIENCIAL

À primeira vista, e após não conseguirem impressionar com números elevados, algumas pessoas consideram o marketing experiencial uma ferramenta tática limitada, e não uma abordagem estratégica fundamental que os profissionais de marketing deveriam julgar crucial em seu plano de comunicação integrada de marketing . Na verdade, o alcance do boca a boca e a defesa da marca pelos clientes são tão valiosos – e capazes de expandir o alcance da marca em alta escala – que, se o marketing experiencial fosse mensurado de acordo com suas vantagens exclusivas, profissionais da área descobririam que ele é extremamente bem-sucedido em impactar quantidades sem precedentes de pessoas. Como no marketing de forma geral, esse não é sempre o caso se são implementadas apenas atividades táticas no último minuto. Para obter o máximo de vantagens, a experiência do consumidor e o marketing experiencial devem ser o cerne da estratégia de longo prazo de qualquer marca.

Canais tradicionais visam aumentar a consciência da marca, o *market share* e as vendas. O marketing experiencial pode atingir esses objetivos, mas a experiência de marca ao vivo deve estar no centro das estratégias de comunicação integrada de marketing a fim de atingir os melhores resultados. O marketing experiencial traz muito mais que consciência de marca ou uma venda rápida de um cliente promíscuo. Para se extrair ao máximo as vantagens da implementação do marketing experiencial, devemos analisar os resultados mais sofisticados que ele pode atingir quando adequadamente integrado, orçado e planejado com bastante antecedência.

◢ Uma era imersiva e experiencial

Algumas empresas implementaram estratégias de marketing experiencial por anos e se diferenciaram da concorrência de maneira segura, estabelecendo relacionamentos duradouros com seu *público-alvo*, mantendo a lealdade do cliente e transformando fãs em defensores.

Eles atiçaram os cinco sentidos por meio de eventos de experiência de marca *in real life* (IRL) e os ampliaram, estendendo o alcance de seu conteúdo por meio de outros canais de comunicação de marketing e mídias sociais. Experiências de marca imersivas agregam valor ao consumidor e dão coisas em troca, abrindo caminho para marcas inovadoras e líderes de mercado estabelecerem conexões mais duradouras e profundas com os clientes.

Há décadas consumidores têm visitado parques de diversão como a Disneylândia, o Sea World e a Universal Studios, deleitando-se no universo de seus personagens e marcas favoritos. Ao permitir aos consumidores que toquem, cheirem, provem, vejam e ouçam, a Disney criou ambientes experienciais imersivos que geram uma reação emocional. Por anos, isso estimulou os visitantes a falar empolgadamente sobre esses eventos memoráveis com parentes e conhecidos.

◢ Um mundo de experiências

Não é de surpreender que, enquanto a revolução experiencial está ocorrendo e profissionais de marketing estão mudando o foco de interações de via única para *interações de mão dupla*, o mesmo acontece na área da educação. Especialistas de primeira linha em educação (de professores do jardim de infância a físicos quânticos) são unânimes em concluir que, quando se aprende, a melhor maneira de realmente compreender e absorver informações é vivenciando o problema, o processo e a solução. Professores sempre levaram crianças a excursões em lagos e florestas a fim de ajudá-las a entender biologia natural, por meio do engajamento com o ambiente genuíno. Com regularidade, eles facilitam experimentos como parte fundamental do aprendizado.

No entanto, não só escolas e professores acreditam que o engajamento é a chave para educar e informar alunos de forma bem-sucedida. Londres, assim como muitas outras cidades no mundo, abriga um fascinante museu de ciências, que permite aos visitantes tocar, ouvir, ver e experimentar; conduzindo-os por uma jornada de experiências encenadas e ferramentas interativas, comunicando mensagens-chave o tempo todo. Eles conseguem educar, informar e atingir seus objetivos dentro de um ambiente exploratório criativo.

De maneira semelhante, por décadas o MOMI (The Museum of the Moving Image) conquistou a atenção e a admiração de cinéfilos, permitindo-lhes mergulhar em um ambiente com temática de filmes, ao mesmo tempo interativo, divertido, informativo e educativo. Essa mudança sinaliza o motivo por que estabelecimentos como esses investem tão pouco do próprio orçamento em marketing tradicional. Eles sabem que os clientes que geram receita fazem o melhor marketing boca a boca.

◢ Tendências de consumo apontam para "experiências como entretenimento"

Houve uma revolução experiencial em inúmeros setores, do alimentício ao cinematográfico, passando pelas artes, esportes, varejo e entretenimento. Hoje, o alto padrão esperado pelos consumidores e uma mudança global de longo prazo em relação às experiências transformaram a maneira como escolhemos comer, beber, brincar, dormir, viajar – na verdade, comprar e compartilhar de todas as formas possíveis. Quando você aplica os mesmos princípios profundamente considerados e imersivos usados por "gurus da interatividade" e precursores culturais — como Punch Drunk Theatre, Secret Cinema, You Me Bum Bum Train, Immersive Zombie Experiences e um sem-número de fornecedores de experiências de entretenimento imersivo mais cobiçados — a um contexto empresarial e de marketing, não somente gerará mais defesa pelo consumidor e atingirá mais excelentes resultados comerciais como, também, agregará mais valor à vida cotidiana de seus clientes, retribuindo com experiências autênticas do mundo real que geram capital social e constroem "vínculos de ouro" emocionais profundos e duradouros.

A comunicação bidirecional e o engajamento interativo são as chaves para criar experiências memoráveis que estimulam o boca a boca e transformam consumidores (e indústrias/mídia/funcionários/outros *stakeholders*) em defensores e evangelistas de marca. O poder de uma recomendação pessoal é imbatível – 84% das pessoas dizem que recomendações boca a boca são a fonte mais confiável para a descoberta de marcas. Logo, oferecer uma experiência de marca excepcional é uma das maneiras mais eficazes de transformar clientes em promotores expressos de uma marca. O valor que esses defensores agregam vai além de engajamento social e retenção (Campanha Insight, *Marketing in the age of the customer*).[6] As marcas estão sendo moldadas pelo marketing boca a boca gerado por clientes socialmente conectados.

◢ Marcas de experiência constroem relacionamentos bidirecionais

Todos concordamos que, se um consumidor sente firmeza em sua marca – o bastante para fazer uma recomendação pessoal a várias outras pessoas –, você conseguiu alcançar o vínculo dourado da marca. A confiança e a conexão marcante entre sua marca e seu cliente é um sinal de que um relacionamento genuíno se estabeleceu. Por exemplo, se você fosse a um encontro para jantar e não conseguisse "dizer nada", presumiria que a pessoa com quem estava não se interessaria por você. Da mesma forma, do ponto de vista do consumidor, marcas que somente falam *às* pessoas, e não *com* elas, não desenvolverão relacionamentos duradouros com os clientes ou estimularão a defesa da marca. A sensação é que a marca não se importa. Experiências de engajamento bidirecionais são a chave para estabelecer relacionamentos profundos e duradouros com as pessoas que confiam nas marcas e as recomendam aos colegas. ■

RESUMO

Analisamos:

- ferramentas tradicionais e por que algumas estão perdendo a eficácia;

- gerações X, Y e Z cada vez mais orientadas pela tecnologia e aceleração de inovações tecnológicas;

- como a "internet das coisas" (IoT) e a enorme mudança na análise de dados está promovendo uma personalização cada vez maior e comunicações experienciais sob medida;

- como as comunicações integradas de marketing podem funcionar muito bem juntas quando aplicadas de forma experiencial;

- orçamentos – cada vez menos direcionados para a publicidade e mais para uma abordagem experiencial de marketing e ativação de marcas;

- consumidores – fazendo mais exigências a marcas em termos de autenticidade e transparência na comunicação.

Notas

[1] ALDANA, R. Trecho de entrevista com Rodolfo Aldana, Diretor da Tequila, Diageo, feita por Shirra Smilansky. s. l. 2017.

[2] BRAND REPUBLIC INSIGHT; ESA. Sponsorship Report Is Official Dead? *ESA: European Sponsorship Association*. 2015. Disponível em: https://sponsorship.org/resourccs/brand-republic-esa-expert-report-is-official-dead. Acesso em: 23 maio 2017.

[3] SWANT, M. The World's Most Valuable Brands. *Forbes*. 2020. Disponível em: https://www.forbes.com/the-worlds-most-valuable-brands. Acesso em: 25 ago. 2021.

[4] BAHNS, B. Trecho de entrevista com Barbara Bahns, Chefe de Planejamento Regional de Marketing e comunicações CEE, Visa Inc, feita por Shirra Smilansky. s.l. 2017.

[5] IPA – Institute of Practitioners in Advertising. Bellwether Report 2017. *IPA*. 2017. Disponível em: https://ipa.co.uk/knowledge/publications-reports/q4-2017-bellwether-report/. Acesso em: 27 ago. 2017.

[6] CAMPAIGN INSIGHT. Marketing in the Age of the Customer. *Campaign Insight*. s.d. Disponível em: http://www.campaignlive.co.uk/insight/marketing-in-the-age-of-the-customer. Acesso em: 29 ago. 2017.

Capítulo 2
Um mundo totalmente novo:
Millennials, experiências de marca e mídias sociais

MILLENNIALS, GERAÇÃO Z E ALÉM

Por meio de pesquisas exaustivas, profissionais de marketing estão descobrindo que canais de mídia tradicionais e comunicações unidirecionais estão perdendo a eficácia. Isso pode ser atribuído a vários fatores diferentes, como as gerações X, Y e Z, a fragmentação da mídia, ruído/desorganização e o surgimento de tecnologias interativas. Os *millennials*, vulgos "geração internet", ou a geração Y (nascidos entre 1980 e 1995) representam hoje um em cada três adultos no mercado de trabalho. São gerações experientes em mídias, avessas a táticas óbvias de marketing e publicidade.

A fragmentação da mídia e o surgimento do marketing experiencial
Barbara Bahns, Chefe de Planejamento Regional de Marketing e Comunicações CEE, Visa Inc

Se você observar como o mundo ficou fragmentado em termos de consumo midiático e como os clientes interagem com as marcas, o que percebo cada vez mais é que se destacar de verdade é praticamente impossível, porque é muito caro. O marketing experiencial realmente permite causar um impacto em escala bem mais reduzida, mas com um envolvimento de marca muito maior.[1]

Esta é a geração das mídias sociais. Enquanto a mídia de massa e a publicidade tradicional estão sendo evitadas por esse grupo demográfico, mídias sociais como o Instagram e o YouTube estão crescendo exponencialmente em importância, demonstrando o poder do conteúdo e influenciadores

45

na divulgação boca a boca. A geração Z (pessoas nascidas depois de 1995) pertence a uma roupagem verdadeiramente digital, já que nasceu durante uma época em que "a rede" prevalecia. Pode-se dizer que eles, literalmente, "falam internetês", muitas vezes usando a terminologia das mídias sociais em seu discurso durante conversas do dia a dia e por meio de uma linguagem cada vez mais sofisticada de *emoticons* e *emojis*. É um grupo de consumidores que vive no presente e contribuiu para o crescimento do conteúdo descartável, temporário e instantâneo.

Eles também exigem um nível muito maior de transparência das marcas, levando a um foco maior na autenticidade e na importância da responsabilidade social corporativa (RSC) dentro da estratégia de marca. Como profissionais de marketing, precisamos pensar de maneira criativa e engajar com os consumidores de formas que os façam desejar – e que lhes permita optar – a comunicação com a marca. Queremos que escolham não somente receber e participar das mensagens, mas principalmente dialogar com a marca e com seus colegas e redes.

"Para a geração Y e os *millennials*, fazer compras é o melhor lazer, tem tudo a ver com emoções e experiências." Consumidores da geração Y são definitivamente emocionais. Quando Van den Bergh e Behrer fizeram um estudo sobre atitudes da geração Y em relação a marcas, examinaram cuidadosamente mais de 5.000 histórias e afirmaram: "72% continham emoções positivas como felicidade, surpresa, empolgação, paz etc. Compare esse índice aos escassos 29% de histórias referentes a atributos funcionais do produto e entenderá aonde queremos chegar" (Van den Bergh e Behrer, 2013).[2]

Em 1982, Scott Fahlman tornou-se a primeira pessoa a propor o uso de :-) "para piadas" em e-mails e :-(para "coisas que não são piadas", em uma mensagem para o conselho geral de ciência da computação da universidade Carnegie Mellon. Definitivamente as coisas evoluíram muito desde então, e as vidas real e social cada vez mais se fundem de maneira inseparável.

EXPERIÊNCIAS DE MARCA AO VIVO ALIADAS A MÍDIAS SOCIAIS

Experiências do mundo real são engajadoras e memoráveis. Por isso, experiências de marca ao vivo promovem a diferenciação das marca, o *brand equity* (valor de marca) e os resultados do negócio. Sabemos que as mídias sociais estão em todo lugar. Elas se infiltram em nossa rotina diária: tiramos fotos, postamos, tuitamos, colocamos nosso cotidiano em redes sociais como o Pinterest e o Instagram e as compartilhamos. Mas qual a vantagem de combinar as duas atividades? Em 2013, Katy Howell, representando a Immediate Future, empresa de consultoria em mídias sociais, e Shirra Smilansky, representando a agência de marketing experiencial Electrify, uniram forças para promover um estudo e descobriram.

◢ Estudo #LIVEBRANDSOCIAL: pesquisa detalhada, pensamento aprofundado

Katy Howell, da Immediate Future, trabalhou com a Electrify na elaboração de um questionário que perguntou a opinião de 1.000 pessoas na primeira pesquisa abrangente e nacional a respeito de como, o que e por que experiências ao vivo e mídias sociais trabalham juntas. Conversamos com todas as pessoas ativas tanto em mídias sociais quanto em experiências ao vivo. Nosso objetivo era responder à pergunta de um milhão de dólares: *Além de aliar experiências sociais e ao vivo, o que mais podemos fazer para agregar mais valor às marcas?*

Ajudando você a planejar

Cavamos fundo para descobrir pepitas de ouro que o ajudarão a planejar os estímulos ideais para compartilhar e as motivações para participar de experiências ao vivo – dados que o ajudam a avaliar o impacto combinado, agregando valor durante todo o processo de compra.

Além do mobile

No Reino Unido, de cada dez pessoas nove possuem telefone celular, e mais de 80% de indivíduos entre 18 e 44 anos têm um smartphone. Como isso influencia a forma como projetamos uma experiência ao vivo? Sobretudo quando mais de 20 milhões de britânicos usam smartphones para se conectar às mídias sociais – dando-lhe a chance de atingir um público mais amplo. Esta pesquisa, baseada nos dados de um questionário, dá a você uma base sólida para planejar e avaliar a integração das experiências nas mídias sociais e ao vivo. Experiências de marca ao vivo, aliadas a mídias sociais, geram resultados melhores que cada uma delas sozinha. Identificar e entender essa bela relação gera um sem-número de oportunidades valiosas para sua marca.

Experiências de marca ao vivo aliadas a mídias sociais proporcionam resultados tangíveis?

A resposta curta e grossa é sim! Mais da metade dos consumidores entrevistados disseram que comprariam ou produto ou serviço resultante de uma experiência de marca ao vivo aliada a mídias sociais. Enquanto aqueles que participaram da experiência tiveram a chance de comprar no local, muitos (45%) deixaram para comprar em uma data posterior. As pessoas que tinham acabado de ouvir falar na experiência ao vivo, mas não participaram dela, também tenderam a comprar; 42% compraram depois da experiência, por terem visto a experiência ao vivo nas mídias sociais.

Lealdade e relacionamentos

Mais de um terço (38%) dos consumidores nos contaram que se tornam clientes regulares por conta da combinação de experiências de marca ao vivo com mídias sociais (Figura 2.1). Um terço (33%) escreverão um *review* positivo sobre a marca. Manter os clientes é fundamental no cenário competitivo de hoje. É gratificante observar que a experiência ao vivo, aliada às mídias sociais, impulsiona mudanças comportamentais de longo prazo – em última instância, agregando um valor amplificado.

Figura 2.1 Experiências de marca e mídias sociais estimulam negócios recorrentes

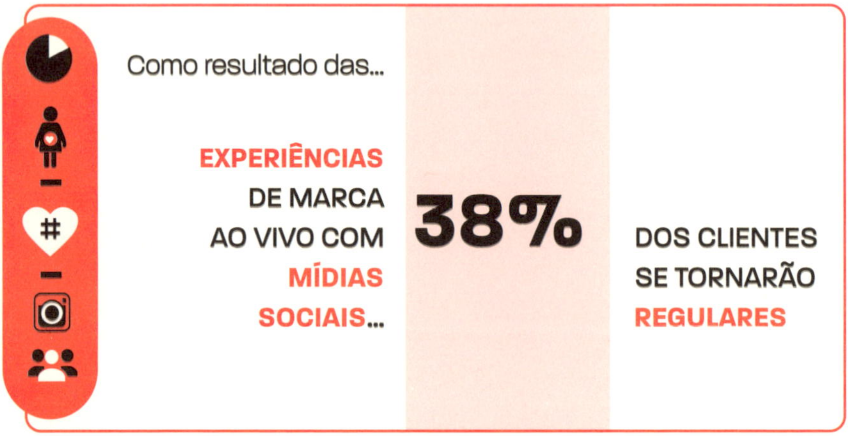

Como resultado das...

EXPERIÊNCIAS DE MARCA AO VIVO COM MÍDIAS SOCIAIS... **38%** **DOS CLIENTES SE TORNARÃO REGULARES**

Fonte: Estudo #LIVEBRANDSOCIAL, da Immediate Future and Electrify (2013).

APLICANDO A METODOLOGIA EXPERIENCIAL
INTEGRADA AO FUNIL DE COMPRAS

O acrônimo *AIDA* é um modelo hierárquico de longa data usado no marketing desde o século XIX. Ele descreve um processo usado por profissionais de marketing para atrair o consumidor ao fazerem o marketing de um produto ou serviço:

> **AIDA**
>
> **A**tenção: a atenção ou conscientização do consumidor.
>
> **I**nteresse: tradicionalmente, desperta-se o interesse do consumidor criando-se uma discussão pública ou demonstrando-se características e vantagens.
>
> **D**esejo: convencer os consumidores de que eles querem o produto ou o serviço e que eles atenderão suas necessidades.
>
> **A**ção: a fase extremamente importante de levar os consumidores à compra (comunicações com um Call To Action [CTA] são as mais usadas aqui).

Houve alguns acréscimos ao modelo AIDA, como o "S" de **S**atisfação: satisfaça o cliente de modo que ele ou ela se torne regular e recomende o produto. Essa transição se alinha com o foco emergente e a ênfase na defesa – recomendações boca a boca e pessoais que provêm da construção de relacionamentos mais profundos, e de preferência "vínculos de ouro" com seus clientes. Estratégias de indicação que têm feito empresas crescerem, como a Uber, de forma orgânica e com pouco ou nenhum anúncio demonstram a influência do boca a boca e das recomendações.

"A" de Atenção

Experiências de marca ao vivo, sobretudo integradas a uma estratégia experiencial de marketing mais ampla e aliada a mídias sociais, podem ser eficazes para atingir todas as fases do modelo AIDA. Considere o "A" de atenção. Às vezes, experiências de marca ao vivo são tidas como ineficazes para alcançar mais consumidores, mas isso está longe da verdade. Em algumas situações, a experiência de marca ao vivo – cerne da campanha experiencial (em muitos casos, tal experiência acontece presencialmente) – consegue apenas um alcance de 500.000 pessoas. Esse número não pode ser tomado pelo valor nominal, porque foi demonstrado que consumidores que se envolvem numa experiência de marca ao vivo provavelmente contarão a muitos outros. Portanto, os 500.000 podem facilmente se transformar em milhões. O boca a boca é de fato a ferramenta de marketing mais eficaz de todas.

◢ "I" de Interesse

Experiências de marca ao vivo sem dúvida podem ser usadas na fase "I" do AIDA para gerar interesse ao engajar consumidores; não apenas demonstrando atributos, vantagens e benefícios de um produto, mas também, o que é bem importante, interagindo com o *público-alvo* por meio de engajamento relevante à marca e autêntico. Não há maneira melhor para estimular interesse e comunicar a *personalidade da marca* ou mensagem que permitir aos consumidores que mergulhem na essência da marca e testem o produto, brinquem com ele, comam, bebam, toquem ou o apertem.

Não importa o tipo de produto: se você consegue comunicar os valores centrais da marca e transportar o produto ou serviço à vida cotidiana do *público-alvo* por meio de uma interação agradável e, ao mesmo tempo, envolver esse público e permitir a ele que faça testes, você consegue demonstrar de fato o posicionamento da marca e suas propostas únicas de vendas (USPs), transformando o consumidor em um defensor.

◢ "D" de Desejo

Da mesma forma, você também pode usar experiências de marca ao vivo na fase "D" do AIDA, a fim de estimular o desejo criando experiências que comuniquem as vontades do *público-alvo*, gerando a sensação inconsciente de que usar o produto ou serviço trará a vida que as pessoas desejam.

◢ "A" de Ação

Tradicionalmente, a promoção de vendas é uma ferramenta eficaz em estimular as pessoas a entrar em ação e levar o consumidor a tomar uma decisão final de compra (sobretudo quando essa decisão é influenciada principalmente pelo preço). Estatísticas revelam que experiências de marca ao vivo (que devem estar no cerne da estratégia de marketing experiencial, sobretudo quando aliadas a mídias sociais) são mais propensas a estimular decisões de compra que praticamente todos os outros canais de marketing.

UMA ABORDAGEM EXPERIENCIAL PARA O PLANEJAMENTO DE CANAIS

Ao planejar canais de marketing com base nos modelos AIDA ou AIDAS, é importante abordar todos os canais com *ethos* de marketing experiencial. Se adota a comunicação de marketing experiencial *bidirecional* e coloca a experiência de marca ao vivo (presencialmente ou remotamente) no cerne da estratégia de comunicações de marketing mais amplas, os resultados falarão por si mesmos.

◢ Ações virais relacionadas a eventos

Descobertas da Freeman XP Viral Study mostram que os objetivos principais do engajamento social são estimular a participação e, então, alcançar os participantes no local durante os eventos.[3] Uma tendência secundária emergente que muitas empresas líderes já estão focando é atingir membros da indústria, potenciais clientes e influenciadores que podem não comparecer aos eventos. A importância do marketing de conteúdo social também é sugerida na descoberta de que 50% dos principais negociantes e expositores têm um orçamento específico para ações virais (veja a Figura 2.2). Além disso, 53% das marcas e expositores estão gastando mais com ações virais, e 44% esperam que seus gastos permaneçam no nível atual no ciclo orçamentário seguinte, com quase nenhuma marca reduzindo os próprios gastos. Igualmente, 53% dos que responderam as pesquisas afirmaram que medem o impacto viral relacionado ao evento.

As pessoas que responderam as pesquisas vêm de grandes empresas de produtos de consumo, tecnologia, farmacêutica, serviços financeiros, automotivos, lazer e meios de comunicação: 70% têm receita total de mais de US$ 500 milhões; 37% têm mais de US$ 10 bilhões em vendas anuais; 62% são focadas no consumidor (ou ambos); e 38% são marcas essencialmente *business-to-business* (B2B).

Figura 2.2 O impacto da viralização dos eventos

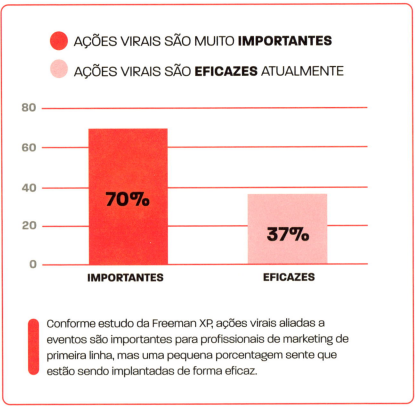

Conforme estudo da Freeman XP, ações virais aliadas a eventos são importantes para profissionais de marketing de primeira linha, mas uma pequena porcentagem sente que estão sendo implantadas de forma eficaz.

Fonte: Com base na pesquisa da Freeman XP & Event Marketing Institute (2015), The Viral Impact of Events Extending and Amplifying Event reach via Social Media.

ESTUDO DE CASO

As lentes do Snapchat do Taco Bell

A Contagious I/O reportou como comemorar o Cinco de Mayo nos EUA, e o restaurante Tex-Mex Taco Bell fez uma parceria com o Snapchat para criar lentes de marca que permitiria aos usuários transformar seus rostos em um taco gigante. Ryan Rimsnider, gerente sênior de estratégias sociais da Taco Bell, contou à Contagious I/O: "O briefing tinha de encontrar algo contagioso, que impulsionasse o tempo de jogo e fizesse as pessoas o usarem não só uma, mas várias vezes. Em última instância, nossa esperança era que isso fosse algo que elas gostariam de compartilhar e falar a respeito. Não queríamos que parecesse um anúncio porque não seria adequado para a comunidade Snapchat." As lentes foram visualizadas 224 milhões de vezes em apenas um dia, e é a principal campanha da história do Snapchat.[4]

Figura 2.3 Experiências de marca com mídias sociais impulsionam as vendas

Fonte: Immediate Future and Electrify (2013), estudo da #LIVEBRANDSOCIAL.

◢ Estudo resumido #LIVEBRANDSOCIAL

Antes, durante e depois

O social combina perfeitamente com experiências ao vivo. Durante o evento você pode ampliar o alcance incrementando o bate-papo sobre a marca com conteúdos ao vivo (veja a Figura 2.3).

Fale a respeito

Informação útil. Você pode impactar ativamente a cobertura das mídias sociais e impulsionar a atenção além do evento físico. Mas e o antes e o depois?

Antes – a influência digital é social

Quando questionados sobre qual material online influenciou a participação em uma experiência ao vivo, as redes sociais ficaram no topo. Quase dois terços (61%) afirmam que descobriram um evento porque um amigo falou a respeito. Porém, mais da metade (56%) descobre uma experiência ao vivo por causa das redes sociais.

Depois – a chance de um relacionamento duradouro

Seus clientes querem se conectar. Na verdade, 37% deles afirmam que se inscreveram em uma página ou perfil da rede social de uma marca após uma experiência ao vivo. E um quarto deles pediu aos amigos e familiares que se inscrevessem na página social de uma marca. Porém, mais do que isso, o relacionamento é genuinamente positivo e a conexão emocional estabelecida é profunda, as experiências multissensoriais imprimiram lembranças duradouras e acessaram fantasias e aspirações inconscientes. Mais ou menos metade (49%) de todos os que responderam a nossas questões nos dizem que se sentiram mais positivos em relação a marcas quando participavam de experiências ao vivo com redes sociais. A oportunidade existe para ampliar a atividade para as mídias sociais após a experiência ao vivo, para recrutar seguidores positivos e mais engajados para a marca e dar a você a chance de continuar dialogando com os clientes de forma mais contínua.

Como continuar o diálogo?

O que fazer para continuar a dialogar de forma eficaz com os participantes da experiência de marca ao vivo depois que eles se engajaram com a marca? Isso é possível quando esses grupos de participantes engajados estão em algum tipo de "clube", onde todos os dados que coletamos sobre eles e o conteúdo que criamos com eles durante a experiência de marca ao vivo agora estão armazenados.

O impacto da continuação do diálogo com participantes de experiências de marca ao vivo
Barbara Bahns, Chefe de Planejamento Regional de Marketing e Comunicações CEE, Visa Inc

A influência de um único defensor é maior que, digamos, 100 engajamentos genéricos.

Eu preferiria continuar o diálogo com um participante instruído (experiente na marca) que sabe do que minha marca trata. Preferiria ter um desses que são como defensores e "entendem do riscado" em vez de 100 que se inscreveram em um produto ou serviço mas na verdade não sabem por que se inscreveram. O defensor será muito mais útil: 1) ele/ela de fato usará o produto porque o entende; e 2) em algum momento ele/ela influenciará, consciente ou inconscientemente, outras pessoas usando o produto ou, talvez, falando sobre ele ou mostrando-o aos amigos.

A pergunta de um milhão de dólares é (porque, em última instância, toda empresa quer saber): qual é meu retorno sobre o investimento (ROI) ao fazer algo do tipo? Então, quando faço algo experiencial, e digamos que eu tenha acompanhado individualmente os participantes com o Facebook, o Snapchat etc., e realmente posso interagir com essas pessoas – é de fato interessante ver como podemos avaliar o ROI por trás disso.[5]

Além disso, um artigo da *Marketing Week*[6] apresenta Rachel Kavanagh, diretora-geral do Reino Unido e Irlanda da empresa de assinaturas para produtos de beleza Glossybox. Suas três declarações a seguir fornecem uma imagem precisa:

- "Como a nova onda de marcas que saíram do zero e alcançaram milhões sem qualquer orçamento de propaganda e conquistaram defensores? Comunicando, personalizando e *envolvendo* esses miniclubes ou grupos em cocriações posteriores e influência de marca conosco."

- "Um assinante da Glossybox fala com cinco outras pessoas sobre o que veio na caixa, o que é o novo ROI – retorno sobre a influência. Sabemos que conteúdos gerados por usuários alavancarão nosso negócio."

- "Ter uma comunidade sólida é crucial para a empresa de produtos de beleza Glossybox, em que 80% das compras vêm do boca a boca em mídias sociais."

Suas previsões são para os próximos passos do marketing de influência começarem a combinar conteúdos gerados por usuários e lealdade, seguindo um estilo de gamificação ou uma mecânica e premiação. O modelo da Amazon já tomou a frente, permitindo aos clientes que ganhem pontos em troca de compartilhar avaliações e influenciar outros compradores. A conversa de Kavanagh com a *Marketing Week* se encerra com uma descrição resumida dessas vantagens:

- "O programa de lealdade da Amazon não tem as compras como base mas, sim, se o que você escreve é útil para o restante da comunidade. Isso estimula os consumidores a criar a própria influência, que será o grande próximo passo no e-commerce."[7]

Criando uma pirâmide do influencer
Rodolfo Aldana, diretor da Tequila, Diageo

Há uma pirâmide do influencer em que, no topo, tem-se grandes eventos de celebridades ou celebridades propriamente ditas, no meio, influenciadores de mídias digitais que ajudam a divulgar todo o conteúdo e criam o próprio conteúdo. No fim, na base, há os consumidores que querem receber e aproveitar conteúdo rapidamente.[8] *(Veja a Figura 2.4.)*

Figura 2.4 A pirâmide do influenciador

A **pirâmide do influenciador** é uma metáfora que ilustra como os grupos podem ser categorizados de acordo com influência, criação de conteúdo ou distribuição.

◢ Traduzindo uma experiência de marca em uma tela pequena

Há uma oportunidade incrível para considerar o conteúdo com cuidado e realmente elaborar a produção do cenário/local/evento com isso em mente. Profissionais de marketing e produtores de eventos são muitas vezes acusados de esquecer que um dos objetivos mais importantes do design do ambiente físico em uma experiência de marca ao vivo é ser lindamente captado por um provável telefone celular.

Hoje em dia, consumidores vivem com os próprios celulares, e mais da metade dos usuários de smartphone no Reino Unido (53%) verificam seus dispositivos cinco minutos depois de acordar. Mais da metade dos donos de smartphones usam com regularidade os aparelhos no transporte público, no trabalho e ao fazer compras, de acordo com a empresa de consultoria Deloitte. Além disso, a crescente sofisticação da tecnologia de câmeras de smartphones os consagrou como o principal dispositivo para gravação pessoal e criação de imagens.

Dany Atkins, vice-presidente da marca global e criativa Kodak, afirma em uma entrevista à *Creative Review*:

> Há uma frase conhecida de David Bailey: "a melhor câmera é a que você tem consigo naquele momento" [e] o aparelho que a maioria das pessoas têm consigo hoje é um celular.[9]

Aliando experiências de marca ao vivo a mídias sociais

Max Abbott, gerente nacional de defesa de marca, Cellar Trends (portfólio global de marcas de bebidas)

Os últimos anos assistiram a um desenvolvimento real em quanto tempo e esforço empregamos nessas espécies de iniciativas de marketing experiencial e marketing comercial, e em quanto tempo e esforço investimos ampliando a experiência para plataformas de mídia social. Todas as áreas têm cada vez mais importância, e acredito que podemos usar essas plataformas para comunicar uma experiência de forma extremamente econômica.[10]

▴ **Transparência é tudo**

No relatório Jack Morton sobre as melhores experiências de marca em Cannes, TomManion, diretor de criação da Jack Morton em São Francisco, afirma:

> Marcas de marketing de eventos que são *naked win* – que se expõem ao mundo além de apenas revelar seu produto estão ganhando prêmios em Cannes – e os corações e mentes do consumidor. Hoje, as pessoas querem ver atitudes significativas das marcas, e de dentro da organização. Na Jack Morton, acreditamos que a maneira como as marcas agem é mais importante que aquilo que dizem, e os eventos continuam sendo uma forma poderosa para as marcas se exporem de maneira autêntica. Eventos não nos aproximam somente da marca, mas também de seu pessoal e propósito.[11]

Em um relatório da Eventbrite pela Booker, intitulado "How to Plan Successful Experiential Marketing Campaigns [Como planejar campanhas bem-sucedidas de marketing experiencial, em tradução livre]", Adam Azor, diretor-administrativo, afirmou o seguinte:

> A disciplina experiencial se tornou uma das mais eficazes do marketing. Sua relação simbiótica com o conteúdo e mídias sociais fez com que ela se tornasse não somente uma alternativa à mídia tradicional como, também, uma ferramenta poderosa para o marketing moderno.[12] ∎

 RESUMO

Quanto mais jovem é um consumidor e mais rápida a sua internet, mais propenso ele é a usar o seu celular no decorrer do dia. Essas olhadelas rápidas se somam coletivamente, como acontece no Reino Unido, onde os consumidores verificam os smartphones mas de 1 bilhão de vezes por dia. Conforme o *mobile* se torna a mídia mais importante, não surpreende que as marcas sigam esses usuários/consumidores por lá, proporcionando experiências cada vez mais elaboradas para dispositivos móveis.

Notas

[1] BAHNS, B. Trecho de entrevista com Barbara Bahns, Chefe de Planejamento Regional de Marketing e comunicações CEE, Visa Inc, feita por Shirra Smilansky. s.l. 2017.

[2] VAN DEN BERGH, J.; BEHRER, M. *How Cool Brands Stay Hot*: Branding to Generation Y. Kogan Page: London, 2013.

[3] FREEMAN XP; EVENT MARKETING INSTITUTE. The Viral Impact of Events, Extending and Amplifying Event Reach Via Social Media, Viral Study Summary. Freeman XP. 2015. Disponível em: https://www.eventmarketer.com/wp-content/uploads/2015/02/Viral-Impact-of-Events_Executive-Summary.pdf. Acesso em: 5 ago. 2017.

[4] CHOTAI, R. The Case Study Cash-In. *Contagious X*, 2016. Disponível em: https://contagious-assets.s3.amazonaws.com/issues/20141218T115015-6715/Contagious-X.pdf. Acesso em: 15 ago. 2017.

[5] BHANS, 2017.

[6] ROGERS, C. What's Next for Influencer Marketing? *Marketing Week*, 2016. Disponível em: https://www.marketingweek.com/2016/06/16/whats-next-for-influencer-marketing/. Acesso em: 7 jul. 2016.

[7] ROGERS, 2016.

[8] ALDANA, R. Trecho de entrevista com Rodolfo Aldana, Diretor da Tequila, Diageo, feita por Shirra Smilansky. s. l. 2017.

[9] STEVEN, R. From The K to The Super 8, Why Kodak is Looking Back to Move Forward. *Creative Review*, 2016. Disponível em: https://www.creativereview.co.uk/kodak-new-logo/. Acesso em: 25 abr. 2017.

[10] ABBOTT, M. Trecho de entrevista com Max Abbott, National Brand Advocate Manager, Cellar Trends (Global Drinks Brand Portfolio), feita por Shirra Smilansky. s. l. 2017.

[11] JACK MORTON WORLDWIDE. Best of Brand Experience at Cannes Lions. *Jack Morton Worldwide*, 2016. Disponível em: http://www.jackmorton.com/wp-content/uploads/2016/07/TheBestOfBrandExperienceAtCannesLions_JackMorton.pdf. Acesso em: 20 ago. 2017.

[12] AZOR, A. How to Plan Successful Experiential Marketing Campaigns. *EventBrite*, 2016. Disponível em: https://www.eventbrite.co.uk/blog/experiential-marketing-campaign-planning-ds00/. Acesso em: 20 ago. 2017.

Capítulo 3
A economia da experiência está aqui

A IMPORTÂNCIA DO *BRANDING* COMO DIFERENCIAL

No mundo corporativo, a comoditização é um processo em que marcas e produtos exclusivos competem. Consequentemente, padrões são criados e equalizados, forçando as marcas a uma competição de preços não diferenciada. Nos primórdios do marketing e da publicidade, as empresas costumavam focar a diferenciação com base nas características e vantagens do produto.

À medida que a competição obrigou marcas rivais a criar produtos competitivos, a guerra de preços começou a reduzir o custo dos produtos e a incentivar os consumidores a tomar decisões de compra com base no custo. Em meados do século XX, graças a agências de comunicação inovadoras como a Ogilvy, a publicidade passou por uma revolução e as marcas se aprimoraram, assumindo personalidades exclusivas. Por meio de comunicações de marketing centradas no cliente, elas estimularam os consumidores a almejar um estilo de vida representado pela marca. Assim começou a transição de uma era focada no produto para uma era focada no cliente e de publicidade inspirada no estilo de vida e na marca. Isso marcou a transição de mensagens racionais para mensagens emocionais, ou uma combinação de ambas.

◢ A era dos serviços

Conforme marcas concorrentes adquiriam cada vez mais posições semelhantes entre si e a diferenciação se tornava difícil novamente, consumidores começaram a exigir mais que apenas um ótimo *branding*.

Empresas bem-sucedidas perceberam que serviços de alta qualidade eram uma excelente maneira de agregar valor e se diferenciar das concorrentes. Por exemplo, dando frete grátis em uma rede de locadoras de vídeo ou pegando os clientes em casa e levando-os à locadora de automóveis. Com o passar do tempo, a competição acirrada virou uma bola de neve, com todos os concorrentes oferecendo, juntamente com os produtos, serviços relativamente semelhantes que agregavam valor, ou adicionando produtos relativamente semelhantes aos serviços. O *branding* relacionado a estilo de vida e diferenciação por meio de serviços se tornaram o padrão. Mais uma vez, por não haver pontos claros de diferenciação, o preço se torna um fator diferencial importante. Evidentemente, isso não é desejável do ponto de vista do marketing.

◢ Experiência do cliente

Durante o fim do século XX, a crescente popularidade do marketing de relacionamento, que enfatiza relacionamentos duradouros com clientes e sua retenção, percebeu uma alta no investimento em programas de gestão de relacionamento com clientes, ou *Customer Relationship Management* (CRM, na sigla em inglês), que visam incentivar a lealdade do cliente por meio de comunicação frequente e programas de recompensa. A próxima fase de pensar sobre o impulsionamento da lealdade do cliente (e, além da lealdade, a defesa e o evangelismo) é a gestão da experiência do cliente, ou *Customer Experience Management* (CEM, na sigla em inglês).

O CEM é definido como "o processo de gerenciar de forma estratégica uma experiência completa do cliente com um produto ou uma empresa". O CEM está na vanguarda de programas bem-sucedidos de gerenciamento de relacionamentos impulsionados pela defesa (*advocacy*), levando as empresas a uma era em que a principal e mais valiosa forma de se diferenciar é por meio de uma experiência de marca imersiva, autêntica e relevante em todos os pontos de contato com o cliente.

O CEM bem-sucedido orquestra cuidadosamente a experiência do cliente com uma organização e sua marca, garantindo que todos os passos de sua jornada (do ambiente de varejo ao *app*, à embalagem e aos serviços de atendimento ao cliente) sejam relevantes para a marca, autênticos, diferenciados e positivos.

◢ Crescimento real do negócio

O marketing experiencial permite às marcas que se envolvam com o *público-alvo* por meio de iniciativas e engajamentos que visam atingir objetivos de comunicação de marketing e agregar valor à vida dos clientes. Quando o CEM faz parceria com o marketing experiencial (a metodologia inovadora que facilita *interações bidirecionais* positivas e relevantes à marca com os *públicos-alvo*), é possível atingir resultados empresariais impressionantes.

Ao implementar com sucesso uma orientação CEM em todos os departamentos de uma organização e, depois, alcançando o público-alvo e comunicando-se com ele por meio do marketing experiencial integrado, as organizações podem converter, com êxito, clientes em embaixadores da marca e, por fim, em evangelistas. Hoje em dia, produtos que estão tentando se diferenciar por meio de serviços gratuitos adicionais, ou serviços que estão tentando se diferenciar por meio de produtos extras gratuitos, ao lado de programas tradicionais de CRM, estão começando a se tornar *commodities*. Em grande parte, isso se deve ao ciclo completo que as empresas e o marketing fizeram ao retomar o caminho do engajamento humano e das *interações bidirecionais*. A experiência é a nova moeda do cenário do marketing moderno, porque experiências são o que compõem nossas vidas e falamos sobre elas todos os dias.

UMA EXPERIÊNCIA DO CLIENTE POSITIVA EM TODOS OS PONTOS DE CONTATO DA JORNADA

O CEM está se tornando uma das maiores prioridades em organizações centradas no cliente, em que uma estratégia experiencial está liderando o caminho. Portanto, quando você pensa na quantidade de recursos que vai querer investir em CEM e marketing experiencial, deve pensar na escala geral de sua organização e em como mudar sua orientação como um todo.

ESTUDO DE CASO

A Apple continua pioneira em experiências extraordinárias do cliente na loja

Outra organização pioneira em termos de experiência do cliente é a Apple, que criou uma experiência realmente agregadora de valor, simplificada e orientada por design para seus clientes. A experiência simplificada parte do início do relacionamento deles com a marca até todos os pontos de contato pela jornada, da loja ao online até os serviços ao cliente. Ela abordou vários pontos críticos e garantiu uma experiência positiva de valor agregado em forma de lojas de marca imersivas, workshops gratuitos na loja que trazem à tona todos os softwares disponíveis e funcionários que são, eles próprios, embaixadores da marca. Todos os seus esforços são projetados para criar uma "defesa" duradoura, inspirada por sua interação com os clientes.

Nesse caso, clientes não são apenas compradores que adquirem os produtos, eles são as pessoas que elogiam as marcas, convertendo um sem-número de usuários de computador pregando as vantagens de uma alternativa. Quando clientes de todo o mundo vão a uma loja da Apple, tudo é feito para que se sintam como se estivessem em uma loja de doces, só que de música e gadgets, com telas como as de cinema e belos cenários. A Apple construiu um playground para adultos e adolescentes modernos. Ao instruir e informar clientes por meio de experiências relevantes à marca e envolventes, eles criam evangelistas de marca. O boca a boca, inspirado por meio de recomendações pessoais e aspirações a certo estilo de vida, é valiosíssimo.

A Apple acertou em cheio, não somente por ter como cerne uma filosofia experiencial como, também, porque a usa como parte de seu ambiente de loja. Com um design de ponta, educação, serviço agregado e elementos sensoriais, suas lojas são as plataformas para inspirar experiências do cliente, e os funcionários atuam como *embaixadores da marca*.

◢ O planejamento da jornada de experiência do cliente

Empresas como a Apple não são as únicas marcas a levar o marketing experiencial para o próximo nível e colocar continuamente a estratégia experiencial no cerne das estratégias gerais. Cada vez mais, um sem-número de marcas globais, como Adidas, Red Bull, Singapore Airlines, Sony, Bombay Sapphire, Asahi, Diageo e Smirnoff colocam experiências relevantes à marca no núcleo de todas as suas estratégias de comunicação.

Jornadas de experiência do cliente proporcionam uma compreensão mais aprofundada dos consumidores, de seus sentimentos e de como eles se envolvem com as marcas. Observar, documentar e analisar a experiência do cliente por meio de sua perspectiva capacita as marcas a entender as interações do consumidor ao longo de toda a experiência do cliente e como fortalecer melhor seus relacionamentos com esse cliente em particular. Isso não se aplica somente a áreas como serviço de atendimento ao cliente, mas também às fases de pré-compra e de recomendação, permitindo às companhias que apresentem conteúdos relevantes e contextuais e experiências personalizadas aos clientes, apoiando também a defesa, indicações e o boca a boca. Trabalhar a jornada de experiência do cliente exige uma cultura positiva e colaborativa de colaborações interfuncionais. Compartilhar a responsabilidade interfuncional de jornadas do cliente pode ajudar as empresas a modernizar seus esforços de jornadas do cliente e transformar as organizações. Isso significa adotar uma estratégia de jornada de alto nível, concentrada na compreensão dos clientes. Uma mentalidade analítica ajudará as empresas a identificar e otimizar oportunidades para manter clientes, incentivar compras incrementais e estimular o boca a boca positivo.

◢ Dados ficam mais inteligentes e estimulam insights comportamentais em tempo real

Um relatório da Forrester e da IBM, Customer Journey Study Marketing [Marketing de Estudo sobre a Jornada do Cliente, em tradução livre], fala sobre como empresas pioneiras com perspectivas inovadoras sobre experiências do cliente estão usando insights em tempo real para incentivar a responsabilidade interfuncional.[1] Companhias como essas veem o impacto potencial incrível de envolver genuinamente os clientes, compreendê-los de maneira aprofundada e demonstrar que o trabalho de mapeamento da experiência e da jornada exige colaboração estratégica interfuncional e de diferentes departamentos da organização, como marketing, experiência do consumidor, serviço de atendimento ao cliente. vendas e profissionais de tecnologia da informação. Mas o relatório destacou como a função do marketing deve assumir as rédeas e liderar o caminho para outros departamentos seguirem o exemplo – quase 60% das pessoas entrevistadas afirmaram que o marketing lidera o mapeamento e a análise de jornadas em suas organizações.[2]

ESTUDO DE CASO

A experiência como elemento de diferenciação

Sam é diretor de marketing em uma empresa-líder petrolífera que recentemente abriu uma cafeteria em cada uma de suas lojas maiores, mas estava lutando para se diferenciar sem competir no preço. Originalmente, o serviço era seu diferencial-chave, e no passado era o que lhe permitia cobrar um preço mais elevado pelos serviços. Seus concorrentes prestaram atenção a isso e aprimoraram os próprios serviços, deixando pouco espaço para diferenciação e falta de justificativa para o preço maior.

Acrescentando um valor agregado positivo e experiências relevantes à marca, Sam teve esperanças de conseguir atrair o viajante que passa longas horas na estrada e quer fazer uma parada para tomar uma xícara de café de qualidade e revigorante a caminho de casa.

O desafio

Sam sabia que teria de posicionar a marca como uma escolha de qualidade para café de alta qualidade e sanduíches, assim como o combustível — três coisas que tradicionalmente não andam de mãos dadas. Pela pesquisa de mercado feita por sua agência, ele sabia que, quando clientes reabasteciam, muitas vezes queriam um pouco de cafeína para ajudá-los a ficar acordados na estrada.

Porém, a pesquisa também revelou que clientes não confiariam na qualidade do café, e historicamente tenderiam menos a comprar café de um posto de gasolina que de outras lojas. Logo, clientes tendiam a visitar o posto de gasolina com o combustível mais barato, em vez dos que tinham o café melhor.

Abordagem

A equipe de criação da agência sugeriu elaborar uma experiência de marca ao vivo que pudesse ser implementada na maioria dos postos. Sam negligenciara a importância do fato de que os grãos de café que eles usavam eram comprados de fontes de comércio justo. A campanha experiencial destacaria que a marca do café se importa com as pessoas e o meio ambiente, agregando credibilidade ao usar apenas grãos de café orgânicos de comércio justo e moendo grãos frescos para cada xícara da bebida.

Colocando em ação

Como uma marca amiga do meio ambiente que dá retorno autêntico à comunidade, a cafeteria foi reformada para mostrar fotos dos agricultores das florestas tropicais que colhem os grãos do café e deu aos clientes a chance de ganhar viagens para visitar as plantações de café tropicais, respondendo a perguntas sobre comércio justo do café e regiões ameaçadas.

Os clientes também recebiam uma amostra grátis de café ao adquirir o combustível, além de serem estimulados a obter um cartão-lealdade *care and share* que doava dinheiro a instituições de caridade relevantes sempre que abasteciam.

A ampla campanha em painéis eletrônicos nas ruas também foi elaborada para refletir essa iniciativa, enfatizando o fato de que a marca e seus clientes estavam se esforçando muito para neutralizar e compensar o efeito negativo da indústria petrolífera no ambiente e no trabalho.

As estações de abastecimento também foram equipadas com aromatizadores que borrifavam aroma de grãos de café recém-colhidos, reforçando ainda mais a afiliação prioritária entre o café de qualidade do comércio justo e o posto de combustível.

Resultado

Após essa campanha integrada, houve um aumento impressionante no número de clientes que adquiriam café e combustível ao visitar essa rede de postos de gasolina. A essa altura, o preço *premium* que pagavam passou a ser menos significativo, e a pressão competitiva e a comoditização sobre a marca diminuíram.

A razão pela qual essa empresa de combustíveis quis se posicionar como uma marca preocupada com o meio ambiente foi tentar neutralizar as percepções dos clientes sobre os efeitos negativos que a gasolina e o petróleo causam ao clima, bem como a associação com alimentos de baixa qualidade.

Usando o conceito de experiência de marca ao vivo como parte de uma campanha criativa integrada – elaborada para aproximar os clientes da personalidade de marca da cafeteria – a empresa também conseguiu reposicionar a marca de forma geral. Isso a deixou um passo mais perto do êxito em sua meta corporativa de aumentar as vendas e se diferenciar da concorrência.

◢ Um nível elevado de consciência nos negócios

O aumento no nível de consciência nos negócios vivenciado no mundo todo elevou os negócios à economia da experiência, conforme originalmente previsto por Pine e Gilmore.[3] A economia da experiência e o surgimento da era do marketing experiencial está aqui; o cliente e os funcionários de uma empresa são igualmente partes dessas iniciativas de marketing, assim como suas agências e departamentos de marketing (veja a Figura 3.1). ■

Figura 3.1 Investir na experiência do cliente como prioridade máxima

Fonte: Campanha Insight, 2016 [Online] http://www.campaignlive.co.uk/insight/ taking-back-control.

RESUMO

Observamos a mudança na era empresarial que adentramos, de um período em que serviço agregado significava valor agregado para um em que o conceito de produtos e serviços tradicionais passou pela própria comoditização, e isso resultou no advento da nova era dos negócios.

Organizações voltadas para a experiência agora estão chegando ao topo porque:

- oferecem aos clientes ótimos produtos e serviços;
- proporcionam uma experiência do cliente superior em todos os pontos de contato;

- usam de forma eficaz experiências relevantes à marca, que agem como diferencial exclusivo.

Vimos como isso permite a um mercado competitivo que mantenha participantes de destaque que podem se sair bem com preços *premium*, além de manterem uma base de clientes leais e um *market share* estável.

Notas

[1] FORRESTER; IBM. Customer Journey Study. *IBM*. 2017. Disponível em: https://www.ibm.com/think/marketing/why-journey-maps-lead-to-improved-engagement/. Acesso em: 20 ago. 2017.

[2] FORRESTER; IBM, 2017.

[3] PINE, B. J.; Gilmore, J. H. *The Experience Economy*. Boston: Harvard Business School Press, 1999.

Capítulo 4
Lojas conceito, o futuro do varejo e *pop-ups*

A MUDANÇA DE CARA DO VAREJO

Nos últimos 15 anos, o varejo mudou consideravelmente. A crise financeira de 2008 viu um sem-número de nomes conhecidos irem à falência, deixando suas lojas outrora reluzentes e lotadas com aparência de fachadas tristes e vazias. Com a recessão liquidando não apenas lojas, mas também as empresas, até mesmo os escritórios começaram a ficar desocupados, fazendo os proprietários de prédios arcar com as contas e taxas na ausência de inquilinos.

A trágica cena de filme ao estilo pós-apocalíptico de ruas principais e distritos comerciais em cidades grandes do mundo todo não durou muito, e, como uma planta crescendo por entre rachaduras de concreto quebrado, a situação outrora desesperadora do cenário das propriedades comerciais abriu caminho para a criatividade e protagonistas independentes. *Pop-up*s de startups substituíram redes de lojas, *coworkings* e *hot-deskings* encheram escritórios vazios de *millennials* ambiciosos e inspirados, e o varejo de fusão, ao qual qualquer um – de um barbeiro, barista até uma marca de móveis para casa – poderia se integrar e formar um time, criando um 'destino' de compras divertido e diferenciado.

◢ A ascensão da "era smartphone"

Conforme o fim de poucos foi substituído pela ascensão de muitos, outro fenômeno estava ocorrendo. Smartphones com interfaces amigáveis e internet acessível se tornaram tão prolíficos que acessar a internet de telefones celulares superou o desktop, e a existência de 2,1 bilhões de adultos proprietários de smartphones em todo o mundo[1] tornou o e-commerce imprescindível para todas as marcas. As compras digitais deram às marcas acesso direto a seus consumidores de formas anteriormente restritas apenas àquelas que tinham suas próprias e caras lojas físicas. Agora, as marcas poderiam "pular" os varejistas que estocavam seus produtos e, com isso, ter acesso às massas de consumidores e ao crescimento do modelo de negócios *Direct to Consumer* (D2C).

Com os *millennials* e a geração Z – em contraste com a geração X e os baby boomers – tendendo a consultar uns aos outros e depois ainda ler *reviews* online antes de tomar qualquer decisão simples de compra, o que será das lojas físicas? No passado, seria possível argumentar que o imediatismo proporcionado por uma loja física, da qual se podia sair direto com o item nas mãos – em vez de esperar que ele fosse entregue – mantinha as lojas funcionando. Hoje em dia, com a revolução logística e o aumento de opções de entrega de um dia e, até mesmo, de uma hora, sem dúvida acabaram com essa hipótese.

◢ Store-y telling

Em todas as linhas, o varejo se transformou em uma experiência mais profunda, mais divertida e relevante ao cliente – de clubes de ciclismo da Rapha a clubes de jantar *pop-up*s da IKEA –; apesar da conveniência dos cliques em relação às lojas físicas, uma pesquisa da Deloitte confirmou que o comércio de rua ainda detém a maior parte de todas as transações (mais que o e-commerce). Curiosamente, eles também relataram que a conversão é 20% mais alta quando os compradores usam interações digitais junto com a visita à loja.

A meta é aproximar os mundos digital e físico, permitindo que se complementem de forma harmônica e atendam às expectativas dos clientes capacitados e exigentes do presente e do futuro.

A nova pergunta que não quer calar é: se é muito mais fácil e mais conveniente comprar online – e se mesmo produtos caros e de luxo que, no passado, alguém juraria de pés juntos que precisavam ser vistos e tocados pessoalmente (pense em Net-a-Porter) estavam saindo das estantes virtuais –, para que servem as lojas, afinal? A pergunta nos convida a imaginar "a loja do futuro", um destino por opção e impulsionado por nossas necessidades básicas de sermos entretidos, instruídos ou divertidos, sociáveis, escapar do comum e mergulhar em uma interpretação multissensorial em 4D e em 360 graus da marca que nos fez o convite para estar lá.

Marcas precisam agregar valor e engajar
Beatrice Descorps, Vice-Presidente Global de Marketing, Molton Brown

Quem consome produtos de luxo quer marcas que tenham profundidade, a mesma profundidade que se esperaria de uma pessoa com quem se está conversando. Se quer que a comunicação faça sentido, você precisa descobrir mais, remover as camadas e ver que há uma substância central real – é o que eles realmente procuram, e a maneira de demonstrar isso é pela experiência geral.

Houve uma grande mudança; antes, havia as marcas de luxo e os clientes tinham de se adaptar. Eles tinham que 'concordar', que 'se dobrar para caber', enquanto hoje o cliente está no centro. Ele ou ela esperam que as marcas se adaptem para serem relevantes para eles, que sejam quase sob medida, que tenham um relacionamento com a marca em vez de 'serem úteis' a ela.[2]

▲ Um futuro de varejo *omni-experience*

As lojas do futuro terão de oferecer mais que produtos e a oportunidade de tocar, sentir, testar e levar embora. Cada vez mais essas funções são preenchidas por conveniências em constante desenvolvimento, e o aprimoramento da experiência do cliente de e-commerce está se tornando um pré-requisito imprescindível para fazer parte do cenário varejista.

Em 2017, 60% dos cerca de US$ 3,7 trilhões em vendas do varejo nos EUA foram no setor de PCs, celulares ou tablets, ou foram influenciados por pesquisas em dispositivos, e 35% dos proprietários de dispositivos móveis que afirmaram não serem "compradores recentes" acessaram telefones celulares dentro da loja para verificar preços.[3]

A função das lojas do futuro vai muito além de facilitar a compra, tornando-se mais apta a convidar os clientes a entrar na casa de um amigo novo ou antigo: um convite para adentrar o mundo pessoal e expressivo em que cada aroma pode ativar uma lembrança e uma emoção associada – onde a personalidade salta aos olhos em cada escolha de design, decoração e nos objetos organizados no espaço.

◣ A acessibilidade das compras de conveniência gera maior demanda por experiências marcantes

Fazer compras tornou-se uma oportunidade intimista de experimentar por meio dos sentidos, pela participação e de gastar o tempo por opção, não por necessidade. Na verdade, a loja do futuro é menos uma loja e mais um *espaço* da marca.Um espaço com um propósito, uma tela em branco não tão diferente das áreas de 20 por 20 metros em shoppings, que as marcas podem alugar para criar um evento. De fato, esses espaços oferecem às marcas um lar capaz de sediar experiências de marca ao vivo que expressem autenticidade, e podem ser inventadas e reinventadas conforme necessário para permanecerem relevantes e estimulantes. Essas experiências são feitas para agregar valor a seus clientes da mesma forma que iniciativas de marketing experiencial sempre se dispuseram a agregar.

◣ Parcerias multimarca conquistam mentes e corações

Parcerias multimarca de serviços complementares baseadas em estilos de vida também já estão acontecendo. De produtos alimentícios e bebidas a jogos e educação, as lojas do futuro não fazem uma coisa só, elas fazem várias — destinos de estilos de vida que proporcionam às marcas a oportunidade de colaborarem umas com as outras, unindo forças com outros serviços e produtos complementares, a fim de fazerem uma curadoria cuidadosa da reflexão física de seus 'mundos interiores de marca'.

Os principais propósitos das lojas e dos shoppings do futuro são:

- Proporcionar aos clientes uma experiência de valor agregado, relevante para a marca e positiva.

- A experiência em si pode ser elaborada de modo a convidar o cliente a explorar, se entreter, se divertir, se inspirar e se instruir – ou uma mistura de tudo isso.

- A experiência – como em todos os casos – despertará sensações, inspirará atitudes e fomentará o boca a boca.

◢ Avanços operacionais e tecnológicos modificam o mindset corporativo

A mudança para uma abordagem centrada no cliente também foi fomentada pelas muitas melhorias operacionais que levaram a um aumento na velocidade, na produção sob demanda. A Zara foi a pioneira nessa mudança, sacrificando parte da margem de lucro em favor de menos desperdício e da habilidade para reagir às tendências rapidamente, proporcionando aos clientes mais do que eles *de fato* querem e, portanto, compram. Geralmente, a produção desses *players* costuma ser mais local, de forma que eles possam aumentar ou reduzir a produção conforme os dados de compra em tempo real. Assim, apesar dos custos por item mais elevados, eles estão sendo bem-sucedidos e, com isso, estão revolucionando e acelerando rapidamente a jornada "da fábrica à moda".

OS QUATRO FATORES-CHAVE DA REVOLUÇÃO DA EXPERIÊNCIA NO VAREJO

Este capítulo explora como essa experiência e essa revolução varejista liderada pelo cliente se expressa em quatro fatores-chave e como eles se aplicam, com exemplos de marcas líderes e emergentes em todos os setores, de moda e *fitness* a automóveis, tecnologia e artigos de luxo (Figura 4.1).

Figura 4.1 A revolução da experiência no varejo: os 4 fatores-chave

◢ Fator-chave #1: centrada em eventos e no social

Muitas lojas disruptivas e orientadas por eventos estão vencendo a corrida ao gerar defesa, e até evangelização da marca, pelos seus clientes, criando programações e produzindo atividades que inspirem conteúdos, compartilhamentos em mídias sociais e resultados de relações públicas (RP) favoráveis. É bastante evidente como muitos varejistas tradicionais ainda estão atrasados, e você descobrirá que, na grande maioria das redes de lojas, os clientes serão penalizados e expulsos delas por tirar fotos dos produtos (por receio de que eles sejam, na verdade, espiões da concorrência).

É compreensível que as marcas não queiram suas concorrentes ou suas agências de comunicação espiando seu trabalho e suas táticas exclusivas, mas a que preço? Numa era em que o cliente manda, o conteúdo é o capital social, e atrair consumidores para tirar fotos e compartilhá-las é o objetivo final. Essa prática rígida, que restringe os clientes de tirar fotos e gravar vídeos nas lojas, é totalmente ultrapassada, e seria de se esperar apenas em redes de varejo muito grandes. Mas não é isso que acontece, e lojas *content-friendly* projetadas tendo as mídias sociais como prioridade, não como reflexão tardia ou impossibilidade, ainda estão limitadas àqueles que pensam à frente, que são disruptivos e experientes, e são essas lojas que estão assumindo o controle rapidamente.

Os exemplos a seguir de várias marcas globais demonstram o fator-chave #1: "centrada em eventos e no social". Esses ambientes exclusivos estão dando vida às próprias marcas e mobilizando seus visitantes, resultando em paixão e devoção pela marca.

◢ Missguided #IRL

A Missguided é uma varejista de moda online global, cujo alvo é a "geração Snapchat". Suas fãs em busca de moda a adoram. Fundada no Reino Unido em 2008, a Missguided defende que moda é 'um direito, não um luxo', e oferece preços acessíveis, em 160 países no mundo todo. A moda inspira sua clientela jovem com moda e tendências em rápida mudança e a inspiração de vários influenciadores mundiais, da lista A[1] a ícones da moda às vezes inesperados (Pamela Anderson teve sua própria marca nos últimos anos).

---

[1] Termo referente a grandes estrelas de cinema hollywoodianas. (N. T.)

A marca está fortemente alinhada às mídias sociais (suas mensagens publicitárias quase sempre são proferidas por meio do coloquial "internetês"):

- Eliminando mitos de que o futuro varejista é puramente digital, a Missguided fez um movimento reverso de "cliques para a loja" com uma estreia altamente impactante no varejo físico, criando uma experiência de loja divertida, convidativa e que muda rápido, além de própria para o Instagram e o Snapchat.

- Seu conceito de loja 'On Air' foi elaborado para fornecer aos compradores uma versão ao vivo e experiencial da vibração online liderada pelas mídias sociais da marca, naturalmente dando as boas-vindas a seus clientes-alvo de 16 a 35 anos, a fim de capturarem o ambiente exclusivo e interativo.

- O espaço oferece, em tempo real, uma transmissão dinâmica ao vivo de conteúdo de mídias sociais, moda e inspiração. O espaço conta com várias instalações arrojadas e visualmente impactantes que geram momentos naturalmente compartilháveis.

Dalziel e Pow, os designers do espaço, explicam:

> Tendo a interação social como cerne de sua concepção, a Missguided faz o movimento corajoso de trazer os provadores à frente da loja – reformulando essa área como um espaço de relaxamento interativo, repleto de emojis e sinalizações irônicas.
>
> Inspirada por uma glamourosa festa na piscina de Miami Beach, palmeiras cercam o espaço e uma piscina em animação se projeta no teto, enquanto um concierge aumenta a sensação de se tratar de um espaço VIP. Bancos confortáveis estimulam grupos de amigos a passar um tempo exibindo visuais e explorando seus estilos pessoais.
>
> Com esse destino empoderador, ousado e acessível, a Missguided proporciona uma inigualável experiência varejista online/offline a seus fãs hiperconectados e loucos por moda.

◢ Adidas Studio LDN

Este espaço *fitness* com sede em Londres localizado na Brick Lane de Shoreditch é muito mais que apenas uma loja:

- O espaço convida as mulheres a "liberar sua criatividade" ao trazer à vida sua marca, comunicando a *Mensagem – Comunicação-chave* para a loja conceito orientada por eventos: "Seja Poderosa, Detone, Desafie o Status Quo".

- O local recebe participantes para cocriar e compartilhar sua paixão por esportes, boa forma e vida com workshops que incluem aulas de ginástica inspiradoras, clubes locais desenvolvidos por corredores da adidas, conversas criativas sobre esporte e nutrição, e testagem de novos produtos, entre outras iniciativas inovadoras de eventos.

- Aulas e participações em eventos podem ser registradas até por uma conversa com o *chatbot* do messenger, do Facebook.

◢ Lululemon

As lojas canadenses de roupas de ginástica da Lululemon, que muitas vezes se espalham por vários andares, objetivam transformar a experiência varejista tradicional – com um café, aulas complementares de ioga e mesmo um concierge de prontidão na loja para dar assistência ao estilo de vida e ao espaço de compras:

- Os visitantes são recebidos na recepção da loja, projetada para adaptar a experiência de cada comprador a seus desejos pessoais. Os conselhos não se limitam a produtos à venda, já que os concierges podem sugerir outras atividades locais interessantes e eventos que reflitam a personalidade saudável, ativa e em boa forma da marca Lululemon e os estilo de vida de seus clientes.

- Os vestiários apresentam uma tecnologia inigualável, que inclui recursos como instalações digitais que detectam movimento de tapetes (*mats*) de ioga posicionados à frente.

- Isso transforma os asanas (as "poses") de praticantes de ioga em impressões digitais lindas, ousadas e coloridas. Como se não fosse futurista o suficiente, os tecidos refletores das roupas são destacados por raios laser impressionantes!

◢ Uniqlo London

A loja principal da Uniqlo em Londres abrange seis andares e conta com um terraço projetado exclusivamente para eventos:

- Dois andares exibem o espaço conceito *Life WearHouse*, que funciona como um centro separado de atividades culturais e ostenta sua própria entrada para a rua.

- Os dois andares passam por transformações regulares para apresentar novos temas e refletir a linha LifeWear da Uniqlo, enquanto usa tecnologia futurista para dar aos convidados a chance de interagir com os novos produtos e ideias da marca antes que eles sejam difundidos em massa.

- Este é um excelente exemplo de como convidar fãs da marca a interagir e contribuir com ela está relacionado ao desejo humano de ser influente, o que, por sua vez, gera a defesa de marca e estimula o boca a boca positivo, criando um relacionamento marcante e o mágico "vínculo de ouro".

◢ Fator-chave #2: "fusão de conceitos"

Ao fundir produtos, serviços e experiências aparentemente díspares, o varejo multimarca está definindo o ritmo para experiências agregadoras de valor ao estilo de vida centradas no cliente. Na Redchurch Street de Londres, hoje é mais incomum ver uma marca de roupas sem um barista e um barbeiro do que com eles. Isso faz sentido, pois descobriram que levar homens a comprar roupas caras pessoalmente é mais fácil com o atrativo extra de um café artesanal torrado ou um corte de cabelo de qualidade!

Os exemplos a seguir analisam algumas das marcas de varejo mais inovadoras e pioneiras do mundo, demonstrando de forma eficaz o fator-chave #2: fusão de conceitos, e mostrando "como trabalhar com uma abordagem multimarca do jeito certo".

◢ Colette

A parisiense Colette é uma representante *sui generis* de lojas conceito e um exemplo fantástico de destino multimarca, de estilo de vida e de loja conceito que há tempos captou a imaginação de um sem-número de visitantes e influenciou formadores de opinião em todo o mundo:

- Em Paris, a loja oferece três andares da mais recente arte de vanguarda, tecnologia, moda e "objetos de desejo". Atraindo tanto crianças quanto colecionadores, ela ostenta de tudo, de coisas lindamente desnecessárias a futuristas e funcionais.

- A Colette exibe uma coleção estonteantemente selecionada de "coisas" em seu estilo de design icônico, básico e atraente. O espaço também tem uma galeria, um bar à luz de velas, departamento de beleza e até bolsas *lucky-dip* no estilo japonês.

- A Colette também contém um bar de águas, que serve mais de 90 marcas de água diferentes.

◢ Graanmarkt 13

A Graanmarkt 13, situada em uma casa na Antuérpia, na Bélgica, é uma verdadeira pioneira mundial no conceito de fusão e varejo multimarca, apresentando um restaurante, uma galeria e até um apartamento e loja num cenário doméstico:

- O andar térreo abriga um espaço de moda, itens colecionáveis e artigos cuidadosamente selecionados, e ainda uma galeria ambientada como se fosse uma casa que é utilizada para a realização de eventos.

- O espaço tem uma atmosfera acolhedora, e já foi a casa dos proprietários Ilse Cornelissens e Tim Van Geloven.

- O último andar é hoje um imóvel disponível para locação, e no porão há um chef premiado oferecendo um menu variado.

◢ Seven Rooms

A Seven Rooms, também situada na Antuérpia, ocupa um amplo loft branco que foi dividido em sete espaços diferentes, cada um representando diferentes estilos de vida:

- Há um quarto, uma cozinha, uma sala de estar, biblioteca, um jardim, banheiro e closet. Cada cômodo abriga uma pequena seleção de itens com curadoria de moda a utensílios domésticos e perfumes. O objetivo do layout é proporcionar aos compradores uma experiência relaxante, tranquila e prazerosa, oferecendo, inclusive, bebidas e lanches da cozinha.

- As colunas e expositores de produtos brancos criam uma atmosfera agradável e *clean* parecendo uma galeria de arte; um cenário perfeito para os itens de design independente e de alta qualidade em exibição.

- Apesar da elegância discreta, a Seven Rooms faz com que os visitantes sintam que ficariam felizes se morassem lá, sinal de que, sem dúvida, os hóspedes estão em casa.

- O espaço sedia regularmente eventos e exposições, auxiliando e apresentando artistas, músicos e designers inovadores.

◢ H&M Barcelona

A principal loja da H&M de Barcelona é imensa e a primeira da marca a apresentar degustação de alimentos, graças a uma parceria com a Flax & Kale:

- Com todas as linhas de roupas, infantis, casa e beleza da H&M exibidas em itens e acessórios exclusivos elaborados com uma mistura de materiais premium e incomuns, ela constitui um minimundo H&M sob um só teto.

- É uma experiência completa para toda a família, que demonstra como os varejos conceito e de fusão estão começando a se assemelhar menos a lojas e mais a clubes de afiliação com lojas de departamentos.

◢ Topshop London

A icônica loja-sede Topshop and Topman fica no coração do Oxford Circus londrino. Uma verdadeira pioneira no conceito mundial de varejo multimarca, a loja acolheu uma ampla variedade de ícones globais de primeira linha. Essa façanha não foi fácil para uma marca de médio porte, que até metade dos anos 1990 quase perdera por inteiro a relevância com seu público:

- Esses dias ficaram no passado, e os três andares da Topshop têm de tudo e mais um pouco com que você poderia sonhar, de salões de manicure a desfiles de moda e secadores de cabelo, a loja ainda ajuda a revelar estilistas emergentes com sua aclamada moda independente e design vintage.

- A experiência dentro da loja é incomparável, e ela foi pioneira em serviços de valor agregado, como os *personal shoppers* e salões VIP, muito antes que as redes concorrentes tentassem o mesmo.

- A Topshop e a Topman atraem uma faixa etária ampla e clientes do mundo todo, e a loja principal oferece inclusive uma área de café para descansar as pernas exaustas depois de um longo dia de compras. É um exemplo genuíno de destino de compras, e após visitar a Topshop (o que facilmente pode levar o dia todo) seria de surpreender se alguém sentisse necessidade de ir a outro lugar.

◢ Hermes Singapore

O carro-chefe da Hermes em Singapura Singapore em Liat Towers assinalou uma verdadeira metamorfose para a marca após o relançamento da sua revolucionária loja conceito:

- O espaço funde artigos de luxo com arte, depois de 15 meses de reforma. As vitrines exibem instalações artísticas de artistas de todo o mundo, transformando sua fachada em uma atração cultural de parar o trânsito.

- O último andar, denominado *Aloft at Hermes*, também é uma fusão de galeria de arte e espaço para exposições, enquanto o terceiro andar é chamado de Hermes Home Universe.

- A loja principal exibe uma linda fachada externa azul e o icônico fabricante de fogos de artifício Hermes montado num cavalo. Com as mãos erguidas para o céu e o lenço de seda ao vento, ele é exibido como uma escultura altiva no alto do prédio.

- Ostentando itens de edição limitada por meio de combinações atrativas, ela fica longe do que seria "mais uma" vitrine de artigos de luxo da Hermes, fundindo esses itens (de roupas e acessórios usuais a artigos de escrita e papelaria, além da linha equestre da marca) a instalações e arte.

- O encanto de Singapura é um universo ousado e disruptivo que convida hóspedes a entrar e descobrir o estilo de vida Hermes como um destino cultural exclusive e inspirador.

◢ O2

A O2 é a segunda maior provedora de telefonia móvel britânica, contando com mais de 23 milhões de clientes. Ela opera redes 2G, 3G e 4G em todo o Reino Unido, com mais de450 varejistas em funcionamento. As lojas conceito da O2 convidam clientes de qualquer operadora, não apenas os próprios clientes, a reimaginar a experiência outrora frustrante de adquirir celular para outra em que eles consigam pular totalmente a fase de compra:

- Um verdadeiro "destino" conceito, fundindo o estilo caseiro, uma grande mesa de trabalho compartilhada que oferece café como cortesia, a algo que se tornou uma contrapartida física para o mundo "prioritário da O2" guiado por experiência de marca, atuando como um portal para membros que queiram adquirir acesso exclusivo a eventos e lazer.

- O espaço tem formato modular e mutável, incluindo telas digitais e áreas voltadas para sediar eventos interativas de marcas com conteúdos de parceiros de outras marcas, como estúdios de cinema entre outros parceiros de conteúdo.

- A "zona de inspiração" convida os clientes a "descobrir" e aproveitar, conforme mensagens interativas e animações são projetadas nas mesas comunitárias em que os visitantes podem relaxar, socializar, trabalhar ou carregar seus celulares e laptops.

- "Expressar a cultura local", outro tema que surge com frequência entre os futuros pioneiros do varejo, é uma parte central do conceito da O2 e incorporada em todas as ações, inclusive *storytelling* local em painéis, utilizados para pré-lançamento de lojas conforme elas vão chegando às cidades.

◢ Notcutts Garden Centres

A Notcutts é uma das principais redes britânicas de jardinagem. Considerada no passado uma loja tradicional de jardinagem, a Notcutts quis modificar a experiência das suas lojas de jardinagem e transformar seus espaços em um destino completo para famílias:

- Isso foi feito por meio da criação exclusiva da *The Kitchen*, um restaurante rústico conceitual com 190 assentos e vista panorâmica para a *The Plateria*, um trecho verde lindo e exuberante da praia. A mobília vintage, sem combinação e caseira contribuiu para a sensação rústico-chique do local.

- Há, inclusive, uma loja de fazenda com produtos locais, regionais e artesanais vendidos em bancas de mercado e, para completar, até um legítimo açougue local.

- A loja conceito da Notcutts é uma verdadeira celebração ao estilo de vida rural, que transformou uma atividade trivial (comprar plantas) em um passeio divertido para a família.

- A fusão e a colaboração com parceiros locais independentes dá vida à encantadora *personalidade de marca* da Notcutts, contando histórias, engajando seus visitantes e, ao mesmo tempo, agregando valor ao dia deles.

◢ Fator-chave #3: "personalização e tecnologia"

A revolução varejista *omnichannel/omni-experience* criou uma mudança drástica de canais separados e isolados, além de uma desconexão evidente entre lojas online de marca própria e o varejo de terceiros, para uma experiência contínua de compras intercanais que mostra clientes entrando e saindo muitas vezes do objetivo exploratório em cada ponto de contato, antes de finalmente fazer compras em qualquer uma delas. Na era da escolha final e da conversão de uma ótima experiência do cliente em um fator essencial, consumidores não mais se impressionam com a personalização – hoje, eles a exigem.

À medida que progressos na capacidade tecnológica varejista estão permitindo que se coletem volumes cada vez maiores de dados sobre hábitos de compra dos clientes, a possibilidade de personalizar qualquer coisa, de propagandas veiculadas a ofertas em telas na loja, a expectativa do cliente de apenas 'mostrar o que gosto e o que quero' se tornará cada vez mais difundida e comum.

A internet das coisas (IoT) está perpetuando o desaparecimento das telas e o surgimento do "digital invisível", em que a tecnologia está escondida em itens do dia a dia e gatilhos comportamentais podem gerar dados ou saída. Por exemplo, mover fisicamente um produto para sua cesta de compras dentro da loja gera informações relevantes do produto e conteúdo armazenado nos apps da loja no seu celular. Os exemplos a seguir mostram o aumento da personalização e da tecnologia, abrindo caminho para as lojas do futuro no mundo todo.

◢ Amazon Go

A Amazon Go foi lançada com um global e disruptivo *retail first* (varejo em primeiro lugar). A primeira loja do mundo operada por máquinas sabia exatamente quem você era (se você tivesse o *app* Amazon Go instalado no celular):

- Ela estava vinculada às contas dos clientes de forma tão integrada e invisível que eles podiam, simplesmente, navegar pelos produtos e itens em oferta do supermercado, encher a sacola e aproveitar a experiência de varejo sem atritos e sair andando da loja sem ter de entrar na fila do caixa para pagar.

- Sem balcões de venda, funcionários ou caixas, a loja usava visão computadorizada, aprendizado de máquina e IA (inteligência artificial) para processar os itens retirados das prateleiras pelos clientes e efetuar a cobrança direta e simplesmente pelo *app*.

◢ LEGO London

A loja conceito da LEGO em Londres é a maior, a mais conhecida e icônica loja da marca de todos os tempos, e se espalha por dois andares:

- A loja exibe réplicas em tamanho real de um vagão de metrô londrino feito de centenas de milhares de peças de lego, além de uma réplica de seis metros do Big Ben!

- O local não é simplesmente um espetáculo visual, é de fato um marco da posição da marca na vanguarda do mundo digital e experiencial em que vivemos, com seu "esquema de retrato em mosaico" no andar superior da loja, proporcionando aos clientes a chance de entrar numa cabine fotográfica e receber um kit instantâneo, o que permite construir uma réplica exata de seu rosto integralmente feita de peças.

- Além disso, a equipe conta com "relógios inteligentes" para receber pedidos de clientes que navegam, permitindo que atendam melhor os compradores conforme eles andam pelo seu símbolo inovador e icônico, um verdadeiro carro-chefe dos 'lojas e cliques'.

Em uma entrevista para a Forbes, John Goodwin, vice-presidente executivo e diretor financeiro do grupo Lego Group, afirmou:

> Acreditamos que lojas físicas são uma parte realmente importante da proposta geral da marca Lego. Elas são muito mais que uma forma de ver a aparência dos produtos que temos a oferecer – são ambientes em que as pessoas podem mergulhar, ver e experimentar modelos e montagens incríveis em primeira mão. Não é que pensemos que comprar online não é importante, e sim que o negócio é proporcionar vários pontos de contato aos consumidores.[4]

◢ IKEA

A loja *pop-up* da IKEA em Toronto permitiu à varejista sueca de utilidades domésticas dar vida a seu tema global "Tudo começa com a comida", otimizando e simplificando integralmente a experiência de compra:

- Ao eliminar por completo os caixas e permitir aos compradores que adicionem produtos a um carrinho de compras virtual simplesmente tocando seus códigos de barras com uma colher de pau habilitada para RFID – uma tecnologia de identificação por radiofrequência.

- Esse foi um ótimo exemplo de como unir com eficácia e simplicidade o físico e o digital, por meio de uma aplicação inovadora e excelente de uma tecnologia já disponível.

- A loja *pop-up* foi projetada com base em uma série de layouts de salas, cada uma elaborada para desafiar os consumidores a repensarem seus hábitos alimentares existentes, a experimentarem coisas novas e romper com as tradições.

Adidas Knit – Bikini Berlin

A 'adidas Knit For You' era uma varejista *pop-up* conceitual temporária, localizada no hiperbadalado *Bikini Berlin* – um 'shopping hipster' alternativo:

- O espaço *pop-up* convidava os consumidores a expressarem seu estilo, colaborando com a adidas ao mesmo tempo em que a marca explorava novos fornecedores locais e expandia suas fronteiras; permitindo aos compradores que criassem sua própria moda, como, por exemplo, um suéter de lá merino.

- Usando esse processo fabril inovador e tecnologias criativas, quem visitava a loja podia criar as próprias roupas, que seriam confeccionadas no próprio local e ficariam prontas para uso em apenas quatro horas; o que demonstrava o compromisso da marca com sua visão de futuro de entregar rápido, com eficiência e personalidade.

- O ajuste exato das roupas ao corpo foi conseguido por meio do uso da tecnologia de escaneamento corporal, enquanto projetores com resposta a movimentos permitiam aos clientes que experimentassem as peças criadas virtualmente.

Make Up Forever

A loja conceito da Make Up, cheia de tecnologia, tem filiais muito bem sucedidas em Nova York, Paris, Singapura e Londres:

- As lojas de Nova York visam educar e entreter o cliente com várias experiências orientadas por maquiagem durante a jornada do cliente, facilitadas pela tecnologia e inovação.

- Clientes podem pegar produtos (agrupados por tendência) de uma esteira rolante, cada um convidando-os a explorar tendências, dicas e técnicas de aplicação.

- Uma especialista em maquiagem fica no centro da esteira e personaliza os produtos em cada bandeja para cada cliente antes de lhes dar um folheto com explicações sobre os produtos que usaram no dia.

- O desejo de aprender os segredos dos maquiadores foi incentivado pela ascensão de *influencers* de beleza nas mídias sociais, e a loja promove eventos de treinamento em maquiagem e outra atividades elaboradas por esses influenciadores.

- A programação dos eventos e das aulas é exibida em painéis digitais enormes, atualizando os participantes sobre as atividades que estão acontecendo naquele dia.

- Cada detalhe é levado em consideração, desde a iluminação, deixada na temperatura perfeita para criar um clima adequado, até o uso de câmeras GoPro no centro da loja que, com os tablets disponíveis, permitem aos compradores 'experimentar' virtualmente cílios postiços.

◢ Hyundair Rockar

A Hyundair Rockar vem redefinindo o varejo automotivo, excluindo os showrooms tradicionais fora da cidade, conhecidos por seus tapetes de má qualidade e vendedores pegajosos e substituindo-os por experiências imersivas fantásticas, modernas e baseadas em tecnologia:

- A equipe é formada por Rockar Angels que são *embaixadores da marca* (que não são comissionados) e se baseiam em lojas experienciais criadas recentemente.

- Nas lojas, a tecnologia digital imersiva cria uma experiência automotiva personalizada em 360 graus, e toda a jornada do cliente foi redefinida para que ele possa dirigir seu carro antigo e, literalmente, voltar dirigindo seu carro zero quilômetro.

- *Test-drives* são feitos em uma área exclusiva da marca nos estacionamentos, deixando toda a experiência de comprar um automóvel tão rápida e fácil quanto passar a tarde no shopping pesquisando as novas coleções de roupas.

Em 2016, a The Drum declarou: "A parte significativa de empresas que buscam oferecer uma experiência offline personalizada (25.5%) indica que a linha entre a personalização digital e a offline está sempre se misturando, já que os clientes exigem experiências de marca extremamente consistentes."[5]

◢ Fator-chave #4: "produção imersiva"

Percebemos o mundo à nossa volta filtrado pelos sentidos. A soma de todas as percepções combinadas gera algo que, em última análise, é nossa experiência. O hipocampo, parte do cérebro responsável pela interpretação do ambiente que nos cerca por meio dos cinco sentidos, também é a parte responsável pelas memórias e pela imaginação.

É por isso que nos lembramos do que vivenciamos por vários ou por todos os sentidos melhor que quando nos expomos a um único deles – por exemplo, apenas vendo ou escutando. Ao acrescentar um elemento emocional positivo à nossa experiência, ativamos os sistemas sensoriais e emocionais, que, dessa maneira, dão origem a fantasias inconscientes e, de fato, começam a romantizar nossas memórias, ligando-as a emoções positivas intensificadas com o tempo, conforme vão se misturando à dinâmica e às aspirações do nosso mundo interior (veja a Figura 4.2).

Figura 4.2 Romantizamos nossas memórias de experiências multissensoriais

Portanto, não surpreende que varejistas que criam ambientes imersivos e multissensoriais e tratam os clientes como prioridade. gerando sentimentos positivos e experiências memoráveis, estejam conquistando mentes e corações, o que, por sua vez, leva a resultados de negócio duradouros. Ambientes multissensoriais, produções virtuais de *storytelling* da marca – que também vendem – são o caminho.

◢ Lush Cosmetics

Londres é a casa da loja conceito da Lush, contando com três andares de explosão sensorial em um mundo instigante de produtos naturais, deliciosos e maravilhosamente perfumados:

- A loja conta, inclusive, com um spa onde os visitantes podem provar os produtos com mais profundidade, enquanto a equipe assume a função de *embaixadores da marca*, demonstrando conhecimento profundo e incomparável dos produtos e capacidade de elaborar relacionamentos sólidos por meio de interações espontâneas com o cliente.

- A Lush leva a sério a curadoria de sua experiência de varejo de valor para a marca e imersiva e, além de regularmente reinventar o conceito do espaço, testando novas formas de envolver os sentidos e atrair criativamente o público-alvo, sempre com o objetivo de romper com os padrões.

- A Lush criou o conceito de galeria Gorilla Perfume, um novo jeito de os clientes experimentarem as fragrâncias. Cada aroma é inspirado em uma vasta gama de eventos da vida real, evocando um misto de sentimentos e emoções, de "histórias de ex-namorados que se parecem com um dos BeeGees ao desejo de recriar o cheiro do jardim do papai". Suzie Hackney, diretora-criativa da Lush, explicou: "A galeria permite aos clientes que mergulhem nessa experiência usando vários sentidos e se conectem com a fragrância de um jeito diferente de apenas tê-la na pele, criando memória e conexão duradouras."

- Com habilidade, a Lush cria ambientes que misturam varejo e *storytelling* provocativo, como um café de inspiração parisiense em que os clientes experimentam perfumes e podem se divertir debaixo de um enorme chapéu falante. Eles também podem visitar uma discoteca ao estilo dos anos 1970, vestirem trajes da época e tirarem uma foto com os amigos enquanto ouvem música em fones de ouvido.

- Anteriormente, a Lush também testou um conceito de loja *pop-up* preparado para uma experiência de 'Cinema Perfumado', que transformou o andar térreo da loja em uma confortável sala de cinema com 16 lugares. Clássicos *cult* e filmes de Natal populares receberam fragrâncias de perfumes da Lush e petiscos e bebidas com sabores inspirados nessas fragrâncias foram produzidos, tudo isso junto com uma caixa de objetos para cheirar e usar durante o filme.

- O conceito de loja imersiva da Lush é uma prova cabal do poder da experiência multissensorial e da produção imersiva em gerar impacto duradouro e uma conexão mais aprofundada com o cliente.

◢ Virgin Holidays

A Virgin Holidays encerrou suas relações com agências de viagem para adotar uma estratégia *direct to consumer* (D2C). A "abordagem na loja" totalmente redefinida "desempenha uma função importante", de acordo com Claire Cronin, VP de Clientes e Marketing:

- As lojas "V room" proporcionam uma experiência de marca totalmente imersiva, em que os clientes são convidados a vivenciar o mundo da Virgin – tanto em termos visuais, como o design da loja reflete a *personalidade de marca* da Virgin "em um T", até a realidade virtual (RV) e a tecnologia imersiva que mostra os destinos da companhia.

- O design da loja aguça todos os sentidos, e cada passo da jornada do cliente comunica tudo de um jeito muito bonito, do serviço de bebidas a bordo até uma reunião com um consultor de vendas da Virgin Holidays e opções de assento premium para que os clientes possam vivenciar fisicamente quanto espaço eles terão em um voo.

◢ A Ralph Lauren de Nova York

As mansões da Ralph Lauren são o maior exemplo do chique americano sem esforço. As emblemáticas mansões de Nova York (uma para mulheres e outra para homens) têm seus próprios designs elegantes, que ecoam as características proeminentes e expressivas de cada construção:

- Os espaços exclusivos são verdadeiramente imersivos e um prazer para os sentidos, proporcionando aos visitantes uma experiência mais próxima de um lar pessoal luxuoso que de uma loja de moda.

- As lojas conceito dão vida à personalidade de marca e aos produtos da Ralph Lauren por meio de uma jornada sensorial, proporcionando serviços relevantes para complementar a marca, inclusive a própria cafeteria da Ralph no interior da mansão.

◢ A Adidas da 5ª Avenida

A loja conceito da adidas da 5ª Avenida é sua maior loja mundial, e seu design imersivo – inspirado em um estádio de uma escola de ensino médio nos EUA – é de tirar o fôlego:

- Desde uma entrada em formato de túnel e telas gigantes para assistir a esportes ao vivo, até vestiários em estilo locker-style seu próprio bar de sucos, este é um destino esportivo criativo e totalmente envolvente.

- As áreas de atletismo permitem aos clientes que testem os produtos em ação antes de comprar, enquanto a loja usa a última palavra em tecnologia de fabricação para permitir aos compradores que personalizem os itens, customizando e criando o design dos próprios tênis. Até os turistas são atendidos com horário de entrega no mesmo dia, aprimorando a experiência do cliente e estimulando as vendas pela facilidade de se comprar.

- O impressionante destino compras da marca, com mais de 4.000 m^2 é uma verdadeira prova da estratégia do Grupo Adidas, que celebra as cidades e os polos criadores de tendências e catalisadores sociais que elas são.

◢ Sonos

A Sonos, que promete revolucionar o som doméstico por meio de uma experiência auditiva sem fios e socialmente conectada, possui um conceito de varejo inovador e imersivo:

- Seu design característico contém vários cenários "domésticos". Na loja conceito de Nova York há sete ambientes à prova de som, cada um com o formato de uma casa e com seu próprio design, onde os clientes podem testar os diferentes tipos de alto-falantes.

- Salões onde os convidados podem conversar e relaxar também se espalham pela loja, enquanto outros produtos da Sonos ficam à mostra em sua exclusiva e atraente 'Wall of Sound'.

- Ambiente imersivo e multissensorial, ele nem parece uma loja e cria uma atmosfera de marca impactante e acolhedora, onde os clientes podem desfrutar da marca e da oferta de produtos sem a pressão de ter de comprar no local.

◢ Perrier-Jouët's L'Eden

Um conceito de bar de champanhes *pop-up* realizado durante a London Design Week foi a "L'Eden", da marca de champanhes Perrier-Jouët:

- O bar *pop-up* apresentou uma experiência criativa e imersiva em colaboração com o designer Noé Duchafour-Lawrance, que utilizou no design elementos impressos em 3D.

- O design do bar *pop-up* envolveu todos os sentidos por meio de uma jornada exclusiva que convidou os compradores a vivenciar o primeiro jardim bio-responsivo do mundo – criado pelas luminárias de cozinha da "Bompas & Parr" – onde as plantas se mexiam em reação ao movimento das pessoas.

- Ao associar os elementos naturais e botânicos da experiência imersiva, a Perrier-Jouët incentivou associações positivas que deixaram uma lembrança profunda e duradoura na mente do visitante.

◢ Tiger Beer

A Tiger Beer inaugurou a primeira loja *pop-up* em Nova York com um conceito criativo inspirado por um insight que a marca identificou – "sua necessidade de superar os estereótipos e clichés de produtos fabricados na Ásia". A Tiger Beer quis explorar e retratar vários campos mais inovadores e inesperados não tradicionalmente associados à Ásia, e descobriu que a criatividade asiática estava tradicionalmente confinada à associação com produtos alimentícios e tecnologia, e era mais surpreendente mostrar sua criatividade por meio de design, arte e moda. Iona Macgregor, diretora de estratégia da Marcel, disse à Contagious I/O: "O desafio era surpreender as pessoas o bastante para chamar sua atenção, e ao mesmo tempo ser objetivo e claro o suficiente para elaborar uma marca consistente."

- A marca Tiger Beer capitalizou esses insights para inaugurar um universo de marca verdadeiramente envolvente, em vez de um ponto de venda tradicional ou quiosque.

- Ela lançou a Tiger Trading Co — uma loja *pop-up* no coração da Chinatown de Nova York na Canal Street, famosa por suas lojas de descontos que vendem quinquilharias de plástico da Ásia.

- Apesar das percepções de sua localização na Canal Street, a loja estava cheia de 700 itens exclusivos de uma coleção com curadoria, cada um selecionado para refletir o melhor da tecnologia, moda, arte e design asiáticos.

- A loja era imersiva e voltada para o design, com um piso de vidro de 118 metros quadrados repleta de produtos tipicamente asiáticos da região da Canal Street. Nova-iorquinos podiam ir à loja apresentando uma edição limitada de um descanso de copo da Tiger Beer, de um dos 30 bares locais que participavam da promoção, estimulando assim um movimento de clientes tanto para a loja quanto para os bares.

- O descanso de copo não só permitia a entrada dos clientes como, também, podia ser trocado por um dos itens da loja e uma Tiger Beer gratuita, gerando a experimentação da cerveja.

Em 2016, a Contagious Communications declarou: "Ao comparar os produtos de designer com as bugigangas estereotipadas e baratas, a Tiger astutamente ressignificou itens fabricados na Ásia – inclusive a própria cerveja – como desejáveis e elegantes. No total, a loja *pop-up* reuniu mais de 28,8 milhões de impressões nas mídias sociais e vendeu o estoque inteiro todas as noites."[6] ∎

RESUMO

Conforme os celulares mudaram a cara e a conveniência das compras, varejistas reinventaram e inovaram, resultando em uma reinvenção drástica do varejo físico. A revolução da experiência de varejo recém-definida é resumida em quatro fatores-chave para as lojas conceito ou *pop-up* do futuro:

1. Centrada em eventos e no social.
2. Fusão de conceitos.
3. Personalização e tecnologia
4. Produção imersiva.

Nesta nova era *omnichannel/omni-experience* para o varejo, as marcas precisam considerar a experiência global de varejo completa, sem ver cada canal varejista como concorrente do próximo, e sim com o objetivo de tecer com perfeição seus pontos de contato de marca em uma bela jornada que proporcione *storytelling*, lazer, educação e inspiração a seus clientes.

▲ Uma experiência unificada

Uma experiência varejista física unificada, verdadeiramente experiencial e focada na hospitalidade, que integre conteúdo digital e tecnologia, permite que os dados ajudem a compreender melhor o cliente por meio da personalização de valor agregado, que aumenta a relevância. A loja do futuro cumpre um importante marco em uma trajetória geral de 360 graus da marca que tem uma visão global para o cliente globalizado de hoje, ao mesmo tempo sem se esquecer da importância da autenticidade e da customização local para obter ressonância e relevância.

A forma como o cliente moderno interage com as marcas deve ser refletida por meio de lentes *omnichannel*.

▲ Oportunidade para o uso de dados em tempo real

Embora fontes de dados offline, como pontos de venda ou lojas, tenham se concentrado historicamente no funil de engajamento, hoje é cada vez mais possível lançar mão desses pontos de contato físico para reunir pontos de dados em tempo real e, por sua vez, elaborar uma visão melhor e mais global do comportamento do cliente. Esse ângulo analítico complementa uma oportunidade incrível de mergulhar o visitante no universo de uma marca, expresso de forma criativa por meio de cada um dos sentidos. Isso deixará uma impressão marcante e duradoura (mesmo se for uma loja *pop-up* temporária!), e a memória da marca ficará gravada em sua psiquê, além de levar à criação e gerar o vínculo de ouro da marca, atingindo as metas finais — defesa de marca, evangelismo e recomendações pessoais.

Notas

[1] 4INFO. 2016 Mobile Fact Pack. *AdAge*, 2016.

[2] DESCORPS, B. Trecho de entrevista com Beatrice Descorps, Vice-Presidente Global de Marketing, Molton Brown, feita por Shirra Smilansky. s. l. 2017.

[3] BERG, M. D. Omnichannel Retail, White Paper. *AdAge*, 2014. Disponível em: http://adage.com/trend-reports/report.php?id=95. Acesso em: 27 ago. 2017.

[4] SAMUELSON, K. In the Age of Digitalization, Lego Just Opened Its Biggest Store Ever. *Fortune*, 2016. Disponível em: http://fortune.com/2016/11/19/lego-store-london/. Acesso em: 11 jan. 2017.

[5] THE DRUM. Market Insight Report: The Pressures of Personalisation. *The Drum*, 2016. Disponível em: https://www.thedrum.com/news/2016/02/22/the-drum-market-insight-report-pressures-personalisation. Acesso em: 11 jan. 2017.

[6] CONTAGIOUS COMMUNICATIONS. How Brands Can Change Attitudes. *Contagious Communications*, 2016. Disponível em: https://www.coursehero.com/file/34017809/How-Brands-Can-Change-Attitudes-Contagious-IOpdf/. Acesso em: 11 maio 2017.

Capítulo 5
Experiências digitais, inteligência artificial no marketing e realidades mescladas

A ascensão da inteligência artificial (IA), robôs/*bots* e personalização estimulada por dados alavancou um dos principais renascimentos criativos da história, permitindo melhor construção de relacionamentos e experiências *one-on-one* (um-a-um) entre marcas, produtos e consumidores, tudo isso movido a tecnologia. Da invenção da imprensa no século XV, que permitiu a transmissão "escalável" de histórias, aos anos 1960, que facilitaram a músicos a produção de sons novos no estúdio, os quais não eram possíveis a artistas tocando ao vivo, a função da tecnologia foi transformar ideias em arte. Uma conveniência cada vez maior de bens e serviços, além da incrível capacidade da tecnologia de facilitar o atendimento imediato e eficaz das necessidades dos consumidores, significa que as exigências às marcas para fornecer uma experiência impecável ao cliente dispararam.

DISRUPTORES ESTÃO INOVANDO RAPIDAMENTE

Elon Musk, da Tesla, continua revelando ao mundo a incrível ecotecnologia que faz crescer as esperanças em um futuro sustentável e assinala o caminho para corporações cujos valores e missão trazem promessas à humanidade, e, tendo no horizonte imediato carros autônomos, seres humanos e máquinas nunca foram tão parceiros.

A marca chinesa de automóveis Faraday Future, cuja maioria dos gestores são, predominantemente, "ex-Tesla", lançou seus veículos 100% elétricos logo que a empresa foi inaugurada. A companhia deixou subentendido que eles tinham planos para explorar outros aspectos dos setores automotivo e tecnológico, como modelos experimentais de propriedade e uso, conteúdo a bordo e direção autônoma.

Empresas disruptivas como a Tesla e a Faraday Future possuem essencialmente produtos experienciais, interativos e de marca, transformando o universo de bens físicos em um mundo de experiências digitais. Essas descobertas futuristas assinalam uma mudança, em que o conceito de marketing experiencial começa a se ampliar para além das comunicações e do *branding* rumo a todas as áreas do negócio. Da fabricação e design ao serviço de atendimento ao cliente, RH e distribuição, a experiência precisa ser ponderada, coesa e simples.

A TECNOLOGIA ESTÁ FICANDO CADA VEZ MAIS INVISÍVEL

Hoje, uma excelente *User Experience* (UX), ou experiência do usuário, geralmente significa excelentes "interfaces de usuário" em web design ou *apps*. Afirma-se que, com o tempo, "a tecnologia vai desaparecer", já que cada vez mais pessoas alegam que mais cedo ou mais tarde o corpo será a última interface. Até lá, conforme os itens da vida cotidiana (até os brinquedos infantis!) se tornam "inteligentes", eles vão ganhando vida – inaugurando um mundo de experiências de marca interativas e nos preparando para uma jornada experiencial rumo ao futuro do marketing praticamente invisível e totalmente pessoal. Conforme cada vez mais tínhamos experiências de vida online e IRL ao mesmo tempo, cada canal foi redefinido por nossa ascensão em um novo mundo digital e experiencial. Para as marcas, é mais importante do que nunca produzir e cocriar experiências de marca autênticas, em colaboração com os públicos-alvo e seus respectivos influenciadores.

OS LIMITES ESTÃO SE DESFAZENDO

É possível verificar que houve três mudanças-chave, mostrando que os limites entre o físico, o digital, o humano e o robô estão se desfazendo cada vez mais e impactando drasticamente as marcas (Figura 5.1).

Figura 5.1 Três mudanças-chave

INOVAÇÃO

A inovação força as marcas além de seu foco comercial básico para comunicar lateralmente as personalidades de suas marcas, além de atender a necessidades e desejos extras dos consumidores. Como Jeremy Basset, chefe da Unilever Foundry, afirmou no WARC Innovation Casebook 2016: "A necessidade de as marcas evoluírem e inovarem nunca foi tão crucial. A inovação envolve ideias que unem tecnologia inovadora, produtos e soluções criativas para gerar execuções genuinamente renovadas."[1]

ESTUDO DE CASO

A experiência como elemento de diferenciação

O WARC Innovation Casebook 2016 abarca um estudo de caso verdadeiramente inovador: ele discutiu como o Relógio com GPS Rip Curl Surfer permitiu aos usuários rastrear suas ondas e aproximou a marca – preocupada em atender as demandas dos clientes – de seu *público-alvo* "surfista", difícil de acessar e exigente. A experiência do relógio gerou dados que, por sua vez, criaram uma comunidade engajada e uniu surfistas do mundo inteiro, demonstrando como a tecnologia pode conectar pessoas e marcas, despertando um sentimento positivo e desempenhando tarefas funcionais que agregam valor, com relevância e autenticidade.

Alex Altman, diretor-executivo da MEC Global Solutions, afirmou no livro de casos que "o Rip Curl GPS é um exemplo fantástico de uma marca em contato total com os consumidores e desenvolvedora de um produto que atende às suas necessidades e, ao mesmo tempo, fortalece ainda mais a paixão pela marca."

Tornou-se cada vez mais viável que produtos sejam "inteligentes", reúnam dados inteligentes, tirem conclusões e tomem atitude, reinventando por inteiro a noção do que pode ser uma "experiência de marca ao vivo". Os dados reunidos trazem vantagens para o consumidor e muitas vezes abrem várias oportunidades de negócios, permitindo aos profissionais de marketing que identifiquem melhor as necessidades dos clientes e as satisfaçam.

ACELERE OU MORRA

Talvez seja assustador sair da rotina dos negócios e tentar abrir novos caminho, fazer mudanças aparentemente arriscadas por meio da inovação e abraçar a evolução tecnológica nesse ritmo tão acelerado. De fato, o verdadeiro risco está em ficar para trás em um piscar de olhos.

Quando a Netflix estava fazendo a transição de DVDs por postagem para *streaming* ao vivo, o CEO Reed Hastings foi destaque em um relatório da The Drum Works, The Next Digital Transformation [A próxima transformação digital, em tradução livre]. Ele disse:

> Empresas raramente morrem por se moverem rápido demais, e frequentemente morrem por irem devagar demais.[2]

O relatório comentava como até as marcas mais bem-sucedidas muitas vezes não buscam de fato as necessidades e desejos do cliente, pois temem que o que podem encontrar prejudique seu negócios principal. O professor Clayton Christensen, da Harvard Business School, chamou esse fenômeno de "dilema do inovador". Christensen afirmou: "A disrupção é tão problemática para os que dela se encarregam porque os processos e modelos de negócio que os tornaram bem-sucedidos nos negócios já existentes, na verdade os tornam ruins para competir pela disrupção".[3]

DADOS E PERSONALIZAÇÃO

A aplicação inovadora de dados para desenvolver experiências de marca personalizadas e customizadas é mais importante do que nunca. Essa mudança está atingindo todos os canais, e as execuções especialmente notáveis são as propagandas especialmente customizadas no setor digital-out-of-home (DOOH). Isso porque a capacidade de reagir a situações em tempo real, como clima, demografia, reconhecimento facial e manchetes de notícias, permite mensagens cada vez mais relevantes e positivamente surpreendentes.

 O Marketing Fact Pack da AdAge prevê que os dados continuarão a gerar oportunidades.

"Os dados estão criando oportunidades sem precedentes. Estão gerando novos desafios, dos quais você sequer estava ciente. A conexão transforma todos os setores, empresas e experiências do cliente. Mais conexões geram mais dados." O relatório continua: "Mais dados criam mais complexidade e mais riscos. No mundo conectado, é preciso mais que ciência de dados. Mais do que nunca, é preciso saber como conectar pessoas, lugares e coisas. E a chave para a conexão e a identidade oficial."[4]

Definitivamente, a importância da personalização tem alta prioridade para 99% dos profissionais de marketing entrevistados no "Market Insight Report: The Pressures of Personalisation", pela The Drum.[5] De orçamentários, os desafios passaram a operacionais, técnicos e estruturais, com recursos finitos limitando o escopo de se implementar a personalização.[6]

A maioria dos profissionais de marketing notou uma sofisticação crescente surgindo nas empresas, e um investimento crescente nas estratégias principais necessárias para oferecer melhores experiências ao cliente e abraçar genuinamente uma filosofia de marketing experiencial no nível de diretoria. Apesar das considerações orçamentárias, técnicas e organizacionais, cada vez mais as empresas investem em estratégias novas e criativas para inovar e gerar mais experiências do cliente personalizadas em todas as unidades de negócio.

OPORTUNIDADES DE *STORYTELLING* PERSONALIZADO

Conteúdos reais e de alto valor de produção podem fornecer às marcas oportunidades mágicas de *storytelling* que podem se adaptar de forma eficaz para se adequar e maximizar a eficiência dos canais digitais que usam. Os canais selecionados precisam estar bem integrados e usar dados para estimular a personalização, mesclando, dessa forma, o físico e o digital. Ao utilizar dados para promover a personalização, as marcas podem maximizar seu impacto e, com mais eficácia, atingir os objetivos da comunicação de marketing e gerar ROI (*Return on Investment*) positivo.

> *Millennials* chegaram a dizer que preferem ter experiências a comprarem produtos – ou até mesmo ter uma casa. Logo, se você é uma marca, oferecer experiências estimulantes e exclusivas a seus clientes potenciais e atuais é uma oportunidade incrível.[7]

Millennials buscando experiências imersivas
Beatrice Descorps, Vice-Presidente Global de Marketing, Molton Brown

Há uma grande expectativa de que consumidores e, sobretudo, millennials entendam mais por meio de experiências raras e descubram a verdade nua e crua através dos sentidos.[8]

ADAPTE A MENSAGEM CRIATIVA PARA ADEQUÁ-LA AO FORMATO – A CRIATIVIDADE *TOP-DOWN* ESTÁ MORTA

Nunca foi táo importante adaptar e personalizar mensagens "criativas", personalizando-as para se adequar à pessoa e ao formato de entrega. A abordagem ultrapassada de criação *top-down* e megaproduzida para a TV – destinada à transmissão – adaptada a outros canais não é mais adequada, gerando uma quantidade cada vez maior e normalmente excessiva de considerações e opçóes para os profissionais de marketing que lidam com as marcas, que agora precisam considerar tanto a experiência do mundo real que vai gerar o conteúdo quanto o formato digital para o qual esse conteúdo precisa ser traduzido.

Kristin Lemkau, CMO da JPMorgan Chase, afirma:

> O manual – digo à minha equipe que, embora a indústria bancária e de meios de pagamento em que atuamos esteja passando por uma disrupção, o marketing está passando por uma muito maior. As pessoas ainda esperam que formas de propaganda interruptivas – criadas quando havia apenas três canais de TV e nenhum controle-remoto – funcionem. Acreditamos seriamente que pop-ups e anúncios que precedem os vídeos farão mais clientes se apaixonarem por nossas marcas? Foque a reinvenção de suas táticas, não confie em falsos positivos de métricas antigas e lembre-se de que a coisa mais arriscada que você pode fazer é seguir o manual que você tem.[9]

FEEDS DE DADOS EM TEMPO REAL ESTÃO ACELERANDO A INTELIGÊNCIA

Para que os anúncios tenham ressonância, eles devem corresponder ao *zeitgeist* e ser relevantes para o aqui e agora. Muitos participantes do relatório "Reimagining Advertising", do Gum Gum and The Drum, recomendaram usar feeds de dados em tempo real e eventos mundiais para ditar a narrativa de um anúncio, incluindo clima, eventos esportivos e mesmo transmissão de dados da NASA Opportunity Rover em Marte![10]

A quantidade imensa de dados hoje disponíveis está revolucionando a cara do mundo da publicidade "100 terabytes por vez". Isso facilita que profissionais de marketing proporcionem experiências personalizadas em massa aos consumidores, os mesmos que começaram a exigir experiências autênticas e reais, e que estão mais à vontade digitalmente do que nunca.

IA, ROBÔS E HUMANOS

Em um artigo na AdAge.com da Bulik intitulado "How Marketers Are Using AI to Improve the Brand Experience [Como os profissionais de marketing estão usando IA para melhorar a experiência de marca, em tradução livre]", Robert Schwartz, VP de marketing digital global da IBM, afirmou: "A inteligência artificial (IA) saiu da infância, com exemplos criativos e inteligentes ficando cada vez mais comuns do que nunca." Ele foi além: "Uma coisa é reelaborar uma experiência digital, ou reformular um website ou um *app*; outra, bem diferente, é adicionar o poder do pensamento da computação cognitiva a experiências incorporadas."[11]

◢ Algoritmo molecular de degustação

Uma startup chilena chamada The Not Company usou aprendizado de máquina para reinventar a experiência gastronômica. A empresa chilena criou um algoritmo capaz de analisar a maioria dos alimentos em nível molecular para identificar e sugerir alternativas à base de plantas com um sabor perfeitamente igual, mas muito melhores para a saúde.

◢ Professor Einstein, xadrez e DeepMind

Na CES de 2017, a Hanson Robotics revelou seu 'Professor Einstein' realista, exibindo expressões faciais realistas e capaz de se envolver em discussões sobre matemática e ciências, enquanto outros robôs adquiriram inteligência jogando online, conversando com as pessoas e até jogando xadrez!

A DeepMind do Google ficou famosa por derrotar um grande mestre no antigo tabuleiro de jogos chinês Go. A vitória pode parecer mera exibição das capacidades do computador, mas sua importância causou rebuliço no setor da tecnologia: "O Go é conhecido como o jogo mais desafiador do mundo, com mais resultados possíveis que átomos no universo."[12]

◢ A IA está mudando o jogo

O desenvolvimento contínuo da IA completa está despertando questionamentos importantíssimos sobre o futuro da espécie humana. Profecias perturbadoras sobre IA têm sido feitas há muito tempo por várias figuras intelectuais, inclusive Stephen Hawking, que em Janeiro de 2015 se juntou a Elon Musk e 1.000 especialistas em IA para escrever uma carta aberta destacando as "potenciais armadilhas" de se criar uma inteligência artificial 'super-humana'. Entretanto, goste-se disso ou não, a IA é uma realidade, e tem ramificações imensas no mundo do marketing.

◢ Domino's Dom

Conforme o Most Contagious Report de 2015, os consumidores esperam experiências sob medida e cada vez mais impecáveis.[13] Usuários do *app* da Domino´s pizza podem "dizer seu pedido para a Dom", pelo *app* da marca, que usa reconhecimento de voz para falar com os clientes famintos. Ele permite às pessoas criar os próprios sabores, adicionar itens e pesquisar as promoções. A Dom foi criada pela agência de IA Nuance Communications e pela CP+B, Boulder. O relatório explicou que a combinação de *app* e ferramentas de IA contribuiu para um aumento trimestral de 12,8% nas vendas, em uma categoria com crescimento estagnado.

◢ Setores criativos também tiram proveito da IA

A IA também está sendo usada de maneira criativa, e esses avanços nas funções artísticas já estão provando que possuem um impacto enorme. Sucessos de cinema criados por IA ainda não chegaram às telonas, mas um computador fez o trailer de um filme. A Contagious relata como, em agosto de 2016, o IBM Watson – nome da inteligência artificial da IBM – criou um anúncio para o *thriller* de ficção científica da 20th Century Fox, *Morgan*, analisando o filme e selecionando as 10 melhores cenas para incluir.[14] Em 2016, uma música pop ao estilo Beatles também foi criada usando IA. O programa, feito pela Sony Computer Science Laboratory, analisou uma base de dados de 13.000 faixas para criar uma nova melodia e harmonia. A Sony anunciou a sequência para 2017, um álbum inteiro composto por IA.

Como Kate Hollowood afirmou no relatório: "seu departamento de criação pode ser razoavelmente humano neste instante, mas as coisas podem mudar." Ela se referia a uma reviravolta recente e surpreendente de acontecimentos, em que o diretor de criação da IA da McCann Japan elaborou um anúncio bem convincente das balas Clorets que as pessoas preferiram ao anúncio feito por um grupo de anunciantes britânicos humanos. Hollowood disse: "Esses exemplos de criatividade gerada por IA ainda não se comparam com suas contrapartes feitas por seres humanos, mas conforme a tecnologia se aprimora esperamos que o trabalho também fique mais impressionante."

IA E BOTS CRIANDO DIÁLOGOS INTERATIVOS E PESSOAIS

Vamos dar uma olhada em alguns exemplos de marcas que vêm explorando o uso de IA ao fazer marketing.

ESTUDO DE CASO

O *bot* mensageiro de Tommy Hilfiger's TMy.GRL

A marca de roupas Tommy Hilfiger realizou várias campanhas no Facebook e no Instagram durante a New York Fashion Week. No Facebook, lançou um vídeo que permite às pessoas comprar itens que viram na passarela e configurar um *chatbot*, o TMY.GRL, usando o messenger do Facebook:

- O *bot* do Messenger faz perguntas aos usuários para determinar que tipo de conteúdo gostariam de ver. O *chatbot* foi lançado para promover a colaboração da marca com a modelo Gigi Hadid.

- Criado em parceria com a Plataforma de IA msg.ai, ele exibe conteúdo personalizado e interativo com base em suas respostas, mostrando imagens de bastidores, oportunidades de compras e curiosidades sobre Gigi, sua embaixadora.

> O *bot* contém um botão "adicionar ao carrinho" no *app*, completando o ciclo e estimulando engajamento social e vendas de uma só vez.

Puneet Mehta, fundador e CEO da msg.ai, comentou:

> O relacionamento com o cliente e a marca está no auge da mudança mais significativa desde o smartphone. As mensagens estão se tornando o novo navegador e o portal para a vida do cliente, e os *bots* de inteligência artificial são a nova interface do usuário. Com o TMY.GRL, Tommy Hilfiger está proporcionando aos clientes a experiência de comércio digital do futuro: imediata, individualizada, divertida e contínua em toda a jornada do cliente.[15]

◢ O setor hoteleiro lança mão de novas tecnologias e IA

A introdução de IA, *bots* e aprendizado de máquina em vários formatos está progredindo rápido nos setores de lazer, hotelaria e culinária. O sentimento humano é um toque fundamental para tornar a área hoteleira especial, e é improvável que *bots* ou IA algum dia substituam esse toque.

Outro uso inovador de IA foi inaugurado pela Knorr, a famosa empresa alimentícia que utilizou tecnologias de IA para criar perfis de sabores individuais e experiências de receitas personalizadas, por meio da campanha Love at First Taste [Amor à primeira degustação, em tradução livre].

Esses exemplos mostram como várias indústrias e marcas estão usando IA para elaborar melhores experiências do cliente, e é evidente que estão apenas começando. O IDC prevê que os gastos mundiais em sistemas cognitivos chegarão a US$ 31,3 bilhões por volta de 2020. A Accenture descobriu que a IA poderia duplicar as taxas de crescimento econômico em 2035 e aumentar a produtividade no trabalho em 40%.[16]

Embora as pessoas em geral talvez ainda se sintam reticentes em aceitar totalmente a ideia de veículos autônomos ou de lidar presencialmente com IA em funções de atendimento ao cliente, essa tecnologia está rapidamente se transformando em uma realidade cotidiana e uma parte aceita do cenário do marketing no presente e no futuro.

PARTICIPAÇÃO DA EXPERIÊNCIA DE MARCA AO VIVO NA VIDA REAL (IRL) E REMOTAMENTE

Este livro enfatiza o marketing experiencial como uma abordagem-chave para atingir objetivos de marketing. A abordagem experiencial enfoca a *interação bidirecional* em tempo real e experiências de marca ao vivo, e, portanto, um processo de vínculo significativamente mais aprofundado com o consumidor. Experiências de marca ao vivo geralmente se manifestam na forma de eventos IRL ao vivo que permitem ao cliente vivenciar, respirar e sentir a marca por meio de atividades e conexões sensoriais interativas. Em geral, as atividades são elaboradas para agregar valor ao *público-alvo* em seus próprios ambientes naturais.

▲ **Experiências de marca remotas ao vivo são cada vez mais acessíveis às marcas**

Experiências de marca ao vivo são, simplesmente, experiências de marca bidirecionais, e podem ser igualmente bem-sucedidas em muitas tecnologias e plataformas interativas que facilitam a comunicação entre consumidores e marcas *em tempo real* e remotamente. Por exemplo, os consumidores podem participar de experiências de marca ao vivo na TV ou canais digitais em que o conteúdo dos programas é fluido, e eles participam e dão contribuições em tempo real. Igualmente, uma experiência de marca ao vivo ou evento pode ser ativado online com a participação de 'transmissão ao vivo' via redes sociais como Snapchat, Periscope, Facebook Live e Instagram Live. ■

RESUMO

Experiências reais substituíram as simuladas, e agora ambas se fundem cada vez mais. Embora no passado os consumidores aceitassem narrativas simuladas, hoje a autenticidade domina, já que os consumidores atuais são menos receptivos a essa abordagem e esperam honestidade e transparência das marcas. Hoje em dia, as pessoas querem experiências reais que impactem pessoas reais. Logo, o futuro das marcas mais prósperas reside na combinação de experiências IRL reais e autênticas, com inovação, personalização e fusão inteligente de robôs, IA e humanos como colaboradores na realização dessas experiências. A recomendação deste livro é que, para resultados melhores entre todos os canais, profissionais de marketing disponibilizem experiências de marca ao vivo e interativas, com foco em conteúdos autênticos e reais, no cerne de suas experiências digitais e de produtos, e no coração de suas campanhas criativas.

Notas

[1] WARC. WARC Innovation CaseBook. *WARC Innovation*, 2016.

[2] ROBINSON, R. The Next Digital Transformation. *The Drum*, Turn, 8, 2016. Disponível em: https://www.amobee.com/wp-content/uploads/2016/09/digital_disruption_report.pdf. Acesso em: 20 ago. 2017.

[3] ROBINSON, 2016.

[4] NEUSTAR. 2017 Marketing Fact Pack. *AdAge*, 2017. Disponível em: http://adage.com/d/resources/resources/whitepaper/2017-edition-marketing-fact-pack. Acesso em: 27 ago. 2017.

[5] THE DRUM. Market Insight Report: Pressures of Personalisation. *The Drum*, 2016. Disponível em: https://www.thedrum.com/news/2016/02/22/the-drum-market-insight-report-pressures-personalisation. Acesso em: 27 ago. 2017.

[6] THE DRUM, 2016.

[7] LEDGER, A. Brand Experience Full Report. *Campaign*. 2017. Disponível em: https://www.campaignlive.co.uk/article/brand-experience-full-report-2016-download/1402616. Acesso em: 27 ago. 2017.

[8] DESCORPS, B. Trecho de entrevista com Beatrice Descorps, Vice-Presidente Global de Marketing, Molton Brown, feita por Shirra Smilansky. s. l. 2017.

[9] NEUSTAR, 2017.

[10] TURNER, C. Reimagining Advertising: The future of creativity is in lessons from its past. *The Drum*, 2016. Disponível em: https://www.thedrum.com/news/2016/07/27/reimagining-advertising-future-creativity-lessons-its-past. Acesso em: 27 ago. 2017.

[11] BULIK, B. S. How Marketers are using AI to improve their Brand Experience. *AdAge*, 2016. Disponível em: http://adage.com/article/ cmo-strategy/marketers-ai-improve-brand-experience/306483/. Acesso em: 27 ago. 2017.

[12] CONTAGIOUS. Most Contagious Report 2015. *Contagious*, 2015.

[13] CONTAGIOUS, 2015.

[14] CONTAGIOUS, 2015.

[15] ARTHUR, R. How Tech Stole the Show at Fashion Week. *Guardian*, 2016. Disponível em: https://www.theguardian.com/media-network/2016/sep/23/tech-fashion-week-burberry-tommy-hilfiger-virtual-reality. Acesso em: 27 ago. 2017.

[16] ORACLE. The Programmatic Guide. *Oracle Marketing Cloud*, s. d. Disponível em: https://go.oracle.com/LP=72512. Acesso em: 27 ago. 2017.

Capítulo 6
O modelo criativo *BETTER*
Como ter ideias únicas de marketing experiencial

ADICIONANDO MÉTODO À MAGIA

A "criatividade" é um atributo fascinante. Porém, frequentemente é incompreendido em muitos aspectos, em parte devido a mensagens truncadas transmitidas pela sociedade e pela mídia sobre o conceito dos "lados esquerdo/lado direito" do cérebro. Somos levados a acreditar que alguns poucos sortudos possuem essa vaga e indefinível qualidade, agraciados com súbitos "lampejos" de genialidade e inspiração.

Quando vamos mais fundo e analisamos a ciência por trás da arte, fica evidente que as partes do cérebro responsáveis por gerar ideias e soluções criativas estão, na verdade, trabalhando em equipe, dançando uma rotina coreografada que é de fato bem sistemática e acessível a todos nós. Aprendendo a compreender e executar melhor as etapas que percorremos, consciente e inconscientemente, começamos a identificar como facilitar e conduzir melhor um processo de pensamentos aprimorado. Criatividade envolve características de: 1) raciocínio; 2) imaginação. A ideia do lado esquerdo e lado direito do cérebro é um mito.

APRESENTANDO O MODELO CRIATIVO *BETTER*

O pensamento criativo é um processo em que se cria uma solução original, incomum e produtiva para um problema. O modelo *BETTER* é um processo criativo elaborado pela autora, usado com clientes de marcas há mais de 10 anos para desenvolver ideias autênticas para experiências de marca ao vivo interativas e reais. Ele passa por várias fases, que abarcam o desenvolvimento conceitual, *storytelling* social, a elaboração da narrativa de marca e oportunidades de conteúdo de alto alcance – antes, durante e depois de cada experiência de marca.

O modelo *BETTER* pode ser usado como brainstorm ou em formato workshop, e também como um processo de planejamento ao longo do tempo.

O referido modelo foi desenvolvido a fim de criar uma metodologia sistemática para a ideação do marketing experiencial. Ao usar o modelo, é possível desenvolver conceitos criativos que sejam:

- autênticos;

- positivamente conectados;

- pessoalmente significativos.

O *BETTER* possibilita dar vida à *personalidade da marca,* criar ideias de natureza experiencial e deixar seus *públicos-alvo* impressionados. As ideias também precisam ser elaboradas levando-se em conta as expressões *multissensoriais* da marca, estimulando o boca a boca e gerando conteúdo que crie *conexão emocional* com grandes habilidades de *storytelling*.

Isso tem mais chances de ser obtido quando a ideia principal para a campanha integrada está centrada em *interações bidirecionais* e na comunicação da história da marca por meio da experiência de marca ao vivo, focando o engajamento que estimula a defesa, obtendo *alcance* máximo para o conteúdo e a campanha experiencial geral.

Cada letra do acrônimo *BETTER* representa uma etapa diferente a ser considerada para o processo de desenvolvimento criativo ideal.

O modelo BETTER:

*B*rand Personality (Personalidade de Marca)

*E*motional Connection (Conexão Emocional)

*T*arget Audience (Público-alvo)

*T*wo-Way Interaction (Interação Bidirecional)

*E*xponential Elements (Elementos Exponenciais)

*R*each (Alcance)

As três primeiras etapas: BET

Brand Personality [Personalidade de Marca], *Emotional Connection* [Conexão Emocional] e *Target Audience* [Público-alvo] povoam insights e materiais relevantes (como elementos multissensoriais, insights de *público-alvo* e atividades autênticas e relevantes para a marca) que se incorporam à mente e se desenvolvem.

> *Preparação, incubação e iluminação para ideias criativas: as ideias que consequentemente se formam inspiram a interação bidirecional*, que por sua vez dá vida a esses elementos de inspiração por meio de experiências de marca interativas e imersivas, bem como de atividades autênticas para a marca e relevantes para o seu público.

Criando impacto de longo alcance

As etapas de *Elementos exponenciais* e *Alcance* exploram gatilhos boca a boca e constroem a narrativa do conteúdo antes, durante e depois da *Interação bidirecional*.

As três redes do cérebro funcionam em conjunto e complementam o modelo *BETTER*

O modelo *BETTER* segue um processo totalmente complementar à maneira com que o processo criativo natural do cérebro funciona. Nos anos 1920, Graham Wallace cunhou pela primeira vez em *The Art of Thought* [A arte do pensamento, em tradução livre] as quatro fases criativas como: preparação, incubação, iluminação e verificação. Essas fases refletem como o cérebro funciona de acordo com as pesquisas mais recentes na área da neurociência.

Figura 6.1 As quatro etapas do processo criativo no cérebro

Fonte: Adaptado de *The Art of Thought*, de Graham Wallace (1926).

◢ A criatividade não é uma função exclusiva do lado esquerdo ou direito do cérebro

A abordagem de Wallace desbanca o 'mito dos lados direito e esquerdo do cérebro que implicam, puramente, que a criatividade é uma arte aleatória', demonstrando como as três principais redes cerebrais – a rede executiva, a rede padrão e a rede saliente – na verdade trabalham juntas, operando ambas as funções racional/analítica e imaginativas no lado esquerdo *e* no direito do cérebro.

◢ A etapa de iluminação do processo criativo

Após passar pelas "etapas de preparação e incubação", preenchendo a mente com fatos e então visualizando resultados e relaxando o cérebro, vem a etapa de iluminação e o "momento eureca" devido à rede saliente que funciona como um assistente confiável em segundo plano, sintetizando nossas experiências e opções internas e externas (conforme geradas pelas quatro etapas anteriores do processo *BETTER*: ***BETTER***).

◢ Verificando a ideia e planejando a mecânica

Isso nos conduz com perfeição à etapa de verificação, incorporado conforme revisamos e restringimos opções antes de finalmente integrar o pensamento comercial, o mecanismo e os *elementos exponenciais*, e empacotar a narrativa de conteúdo para um *alcance* (as duas últimas etapas do *BETTER*) otimizado. Sugeriu-se que estamos entrando em um renascimento criativo em termos do paradigma da estratégia de criação. A próxima fase está relacionada a experiências contextuais e holísticas que abrangem o "*one-to-one*", "*one-to-brand*" e "*brand-to-one*".

◢ A neurociência da criatividade e o processo criativo

Primeiro, você precisa jogar pela janela todas as noções anteriores sobre os cérebros direito e esquerdo – considere esse mito desbancado. Várias seções do cérebro precisam fazer sua parte em um jogo coordenado de equipe, ao longo dos quatro "movimentos", ou fases, do processo criativo, conforme explicado por Wallace, para conceber uma ideia e dar vida a ela.

◢ Três redes de grande escala

Há três redes cerebrais de grande escala que trabalham juntas durante o processo criativo (redes executiva, padrão e saliente). "A criatividade não se restringe apenas ao lado direito do cérebro, e o pensamento analítico não fica somente no lado esquerdo. O cérebro é uma orquestra que trabalha em harmonia para executar a sinfonia da imaginação, que é a criatividade e a ideação."[1]

Como disse Steve Jobs certa vez:

> Criatividade é conectar as coisas, simples assim. Quando você pergunta às pessoas criativas como elas fizeram algo, elas se sentem meio culpadas porque não as fizeram de fato, apenas perceberam alguma coisa. Depois de um tempo, isso pareceu óbvio para elas. Isso porque foram capazes de conectar as experiências que tiveram e criaram coisas novas.[2]

EXPERIÊNCIAS DE MARCA AO VIVO PARA TODOS OS MERCADOS

◢ Personalidades de marca podem ser diferentes independentemente do setor

Ao utilizar o modelo criativo *BETTER*, pode-se desenvolver com facilidade ideias de marketing experiencial bem diferentes para dois produtos similares no mesmo setor. As ideias seriam diferentes se o processo criativo fosse corretamente executado e as duas marcas tivessem *personalidades de marca* distintas (mesmo se os produtos e serviços fossem parecidos). Isso pode parecer óbvio como, por exemplo, no setor de bebidas, em que o *branding* é tudo, mas não necessariamente tão patente em áreas em que ideias de comunicação e anúncios são tradicionalmente inspiradas por mensagens racionais e com foco no produto. O marketing experiencial pode ser implementado com êxito em todos os setores, de serviços financeiros a FMCG[2], de bebidas a música, de tecnologia a lazer. Nenhum setor (seja de produtos ou serviços) é mais ou menos apropriado para uma estratégia de marketing experiencial, porque as inspirações-chave para as melhores ideias de marketing experiencial provêm das seguintes coisas: as *personalidades de marca*, procedência, herança, autenticidade dos produtos e os próprios *públicos-alvo*.

◢ Traga para o primeiro plano das ideias as verdades autênticas sobre o produto, que têm impacto sobre o público

A *conexão emocional* (etapa 2 do modelo *BETTER*, Figura 6.2) que pode ser gerada por meio de experiências participativas e relevantes da marca pode transcender os argumentos de venda funcionais do produto, seus atributos e benefícios. Não estamos sugerindo que o produto, seus atributos e benefícios não tenham seu papel em uma campanha – eles têm, se o consumidor tem chances de experimentar o produto, especialmente quando a experiência de marca ao vivo é feita presencialmente. Na realidade, não importa a qual setor ou indústria o produto pertença. Contanto que você compreenda os valores da marca e quais verdades autênticas e heranças do produto têm impacto sobre o *público-alvo* e sobre os influenciadores, terá o necessário para criar excelentes conceitos para gerar um *alcance* elevado (a última etapa do *BETTER*) e engajamento nas experiências de marca.

Existem produtos que competem em um setor saturado ou comoditizado, em que a diferenciação por atributos é difícil e ineficaz. Ao elaborar um programa de experiência de marca em larga escala, que facilita à marca estabelecer uma *conexão emocional* com seus *públicos-alvo*, esses consumidores são mais propensos a se tornarem defensores, permitindo um destaque em setores saturados e contando com o boca a boca em vez de implementar descontos para estimular as vendas.

---

[2] Em inglês, Fast Moving Consumer Goods (produtos de giro rápido, em tradução livre). (N. T.)

PERSONALIDADE DE MARCA

◢ Dê vida à sua Personalidade de Marca

Experiências de marca ao vivo proporcionam uma oportunidade fantástica de dar vida à sua *personalidade de marca* e apelar para os desejos e aspirações dos participantes. Ao desenvolver uma grande ideia para uma campanha de marketing experiencial, a *personalidade de marca* deve ser avivada no coração da experiência de marca ao vivo. Experiências de marca, quando executadas no mundo real, também fornecem uma plataforma ideal para demonstrar atributos (racionais) e benefícios de um produto, já que este pode ser testado pelo consumidor na vida real (IRL) e a experiência com o produto em si pode complementar quaisquer interações com atividades que atestem a *personalidade de marca*. Ao dar vida a uma *personalidade de marca*, uma campanha de marketing experiencial transmite mensagens sofisticadas elaboradas que abordagens tradicionais não conseguem atingir com tanta facilidade, e isso é especialmente eficaz em comunicar *personalidades de marcas* e valores complexos para criar apelo emocional. Isso pode se conectar com o estilo de vida a que o cliente aspira, estimulando a percepção subliminar de que, ao se alinhar com a marca, ela o aproximará de seu mundo de fantasias interior.

◢ Usando o modelo criativo *BETTER*

> **O modelo BETTER é um acrônimo:**
>
> ***B****rand Personality* (Personalidade de Marca)
>
> ***E****motional Connection* (Conexão Emocional)
>
> ***T****arget Audience* (Público-alvo)
>
> ***T****wo-Way Interaction* (Interação Bidirecional)
>
> ***E****xponential Elements* (Elementos Exponenciais)
>
> ***R****each* (Alcance)

Figura 6.2 O modelo criativo *BETTER*

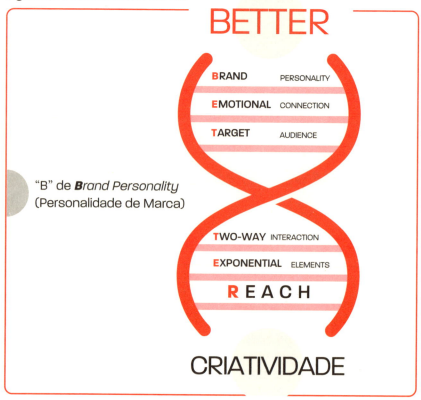

"B" DE *BRAND PERSONALITY* (PERSONALIDADE DE MARCA)

Figura 6.3 O "B" de *Brand Personality* no modelo criativo *BETTER*

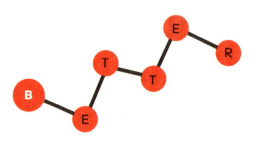

◢ Identificando as características humanas da marca

A primeira etapa exige reduzirmos nosso DNA e características humanas em uma seleção de atributos principais. Algumas pessoas podem achar meio confuso uma marca ter personalidade, e talvez não diferenciem a marca do produto. Por exemplo, se você considera uma marca como a Coca-Cola, o produto em si é Cola, portanto, do ponto de vista do cliente há confusão em relação à diferença entre o produto e a marca. Para entender melhor o que *personalidade de marca* quer dizer, primeiro temos de pensar na personalidade dentro do contexto pessoal. Profissionais de marketing estão habituados a pensar em termos de *valores*, mais semelhantes à nossa *moral*, enquanto nossas personalidades são por demais variadas e as possibilidades de dar vida a elas são bem numerosas. Em primeiro lugar, ao identificar até três atributos de *personalidade de marca* que vamos trazer à vida, completamos a primeira etapa da fase preparatória do modelo *BETTER*.

◢ Todo mundo é diferente

Lembre-se de que pessoas diferentes têm personalidades diferentes. Todos nós conhecemos alguém tagarela, empolgado e alegre, mas também conhecemos pessoas com uma ampla variedade de outras personalidades ou características humanas, como sofisticado, esperto, glamouroso, ousado, inocente ou direto.

Agora, devemos tentar humanizar e olhar para as marcas da mesma maneira, a fim de conseguir construir relacionamentos genuínos com nossos clientes na vida real e, além disso, precisamos entender nossa *personalidade de marca* e refletir sobre como ela ganha vida e como a traduzimos para dimensões humanas e multissensoriais.

Qual combinação de personalidades sua marca possui? A *personalidade de marca* de seu sabão em pó é cheirosa, natural e carinhosa? Ou ele tem uma personalidade estimulante, vívida e cheia de energia?

◢ Pense nos três pilares distintos da Personalidade de Marca

Tente identificar os três "pilares da *Personalidade de Marca*" que você deseja combinar e dar vida, garantindo a autenticidade. Ao tomar sua identidade de marca e imagens existentes(provavelmente estáticas ou em vídeo), anúncios e packaging associados a uma marca, tente considerar a missão e a visão da empresa, e também o tom da comunicação da marca, com a meta de extrair três pilares centrais da *personalidade de marca* para formar a *personalidade da marca* – esses três atributos humanos da *personalidade de marca* facilitam a etapa "B" do modelo *BETTER*.

O MODELO CRIATIVO *BETTER* 119

◢ Extraindo os pilares da Personalidade de Marca

Todas as marcas, de todos os produtos ou setores de serviços, têm personalidade. Tome como exemplo os carros: qual *personalidade de marca* seu carro tem? Qual personalidade tem o carro de seu marido, esposa, namorado ou namorada? Ambos os carros têm a mesma personalidade apenas por serem carros? Se lhe pedissem para comparar a personalidade de um Volvo à de um Mercedes, elas seriam as mesmas? Mesmo quando se comparam dois carros familiares semelhantes em especificações de produtos, o anúncio e a aparência de um dos carros comunicam uma *personalidade de marca* de confiança e segurança, enquanto a *personalidade de marca* do outro é pragmática, lógica e simples.

Os pilares centrais da personalidade incorporados e codificados em comunicações de marcas existentes devem ser decodificados e extraídos, constituindo a *personalidade de marca*. Esse será o primeiro ponto de inspiração para a ideia de marketing experiencial.

◢ Decodificando os pilares da Personalidade da Marca da identidade de marca tradicional ou de anúncios "criativos"

Como profissional de marketing, é provável que você esteja bem familiarizado com o conceito de valores de marca e tenha uma boa compreensão de *branding*. Qual era a agência responsável pelo último anúncio que você viu sendo veiculado? Da próxima vez que vir um anúncio, não importa se de um produto de serviços financeiros, uma agência de turismo ou um chocolate, faça um *brainstorming* de quais diferentes atributos de personalidade humana vêm à mente, e se a marca em si era uma pessoa com personalidade única. Tente pensar: qual pessoa que você conhece seria essa marca se ela pudesse ser personificada? A pessoa deste anúncio é o tipo de gente com quem você faria amizade? Essa marca representa valores ou um estilo de vida que você aspira? Ou ela é parecida com alguém que você conhece, alguém de quem você gosta ou de quem não gosta? Essa marca é cativante? É honesta? Sexy? Inteligente? É confiável? Inspiradora? Aventureira? Divertida? Sofisticada? Engraçada? Ativa? Descontraída? Há muitas facetas diferentes de personalidades para levar em consideração, e muitas características diferentes que uma marca pode ter, porque *personalidades de marca* podem ser tão complexas quanto personalidades humanas. Elas podem ter as próprias personalidades intricadas e uma mistura única de pilares de marca humanos arquetípicos para serem ativados quando se expressam por meio de experiências de marca interativas na vida real.

◢ Tipos de personalidade e associações implícitas

Quando Carl Jung (1968) publicou um estudo sobre os contos de fadas de Hans Christian Andersen, escreveu que "qualquer obra poética viável (e obras de arte em geral) se fundamenta em bases arquetípicas." O poder dos arquétipos em histórias grandiosas é sua capacidade de explorar um rico filão de associações implícitas, da mesma forma que nossa memória consciente limitada explora o rico filão de nosso mundo vivenciado. A base associativa da memória é o motivo por que metáforas e arquétipos são tão poderosos. Metáforas nos permitem associar um rico filão de ideias e memórias em nossas mentes por meio de uma "ideia" central, tornando essa ideia um gatilho comportamental potente.

◢ Os três pilares da Personalidade de Marca que compõem o "B" em *BETTER*

A primeira etapa do *BETTER* é descobrir quais pilares de personalidade centrais se relacionam à marca e como eles se fundem para representar o que ela defende. Tente analisar e dissecar a identidade de marca existente e outras comunicações de marketing que têm sido mais eficazes, a fim de extrair suas principais características humanas. Esse processo o ajudará a adquirir o hábito de extrair os atributos mais importantes da *personalidade de marca*, que então você usará como inspiração durante o restante do desenvolvimento criativo *BETTER* e processo de *storytelling*. Você pode refinar ainda mais o planejamento de ativação durante o processo de planejamento mais detalhado (usando o modelo *SET MESSAGE*, que será detalhado posteriormente neste livro).

Após finalizar a primeira etapa do modelo *BETTER*, você deverá ter delimitado três 'atributos humanos' que então usará para dar vida à *personalidade de marca*. Por exemplo, a Marca Z, um cereal para o café da manhã com sabor de frutas, tem uma *personalidade de marca* que sugere os atributos: saudável, em boa forma e natural.

◢ Exemplos

Os exemplos a seguir ilustram como marcas de setores variados e públicos-alvo diferentes podem ter uma ampla variedade de pilares centrais de *personalidade de marca*, independentemente da área de mercado.

Bebida Energética

Se você tem uma bebida energética que foca pessoas esportivas e cheias de energia, e a *personalidade de marca* é "ativa e animada", a experiência de marca ao vivo poderia focar uma atividade interativa igualmente cheia de energia, ativa e animada:

- A experiência poderia ser captada usando-se tecnologia *real-sense* da Intel, que cria um efeito de tela verde superior e instantâneo, permitindo que o *app* sobreponha o conteúdo em qualquer cenário e que você transporte os participantes a qualquer ambiente.

- Tome como exemplo um jogo que envolve pular em um trampolim de marca cercado por bolhas feitas por máquinas que soltam bolhas a 360 graus com um videoclipe real da pessoa "balançando em um mar de bolhas", sobreposta a uma silhueta da garrafa da bebida energética. Isso seria incorporado à imagem da marca, e instantaneamente transmitido pelo smartphone dos participantes para salvar e compartilhar.

- Amostras do produto poderiam ser testadas como parte da experiência, e a imagem da marca poderia ser representada por meio de um esquema de cores e do sistema visual do conjunto experimental e seu conteúdo.

- Importante: a interação real é inspirada pela *personalidade de marca*. Portanto, uma vez que o cliente se envolveu com a experiência de marca, ele ou ela fica com uma impressão memorável do DNA da marca; sua mistura específica de valores de personalidade associará automaticamente o produto a esses atributos.

- Se a experiência for direcionada de maneira eficaz e atingir seu *público-alvo*, ela se conectará às metas inspiradoras e vitais do cliente (a saber, energia e atividade) e resultará em um "vínculo de ouro" genuíno que representa um elo mais aprofundado e significativo, fortalecendo o relacionamento entre a marca e o cliente.

- Esta experiência de marca ao vivo, focada em um jogo interativo da vida real, também pode ser ampliada por meio de canais de comunicação de marketing, recriando, por exemplo, a experiência IRL como um *app* para filtrar vídeos digitais, e usando o conteúdo do vídeo filmado nos anúncios de mídias sociais.

Marca de Produtos de Beleza

No setor de estética, existem muitos produtos que focam sua *personalidade de marca* em valores como atratividade, juventude e glamour. Há produtos de beleza que têm um posicionamento e uma *personalidade de marca* mais complexos. Existe uma marca japonesa de produtos de beleza cuja história de marca é inspirada pelo conceito de **segredos de beleza** transmitidos de **geração a geração**. Foi difícil transmitir com eficácia seus atributos de *personalidade de marca* por meio de, por exemplo, anúncios tradicionais ou propagandas impressas:

- O marketing experiencial fornece a Plataforma perfeita para dar vida à história autêntica da marca em uma campanha integrada, incluindo uma experiência de marca ao vivo em seu núcleo.

- Consumidores e influenciadores que participam da experiência de marca ao vivo compartilham os próprios segredos de beleza que aprenderam com outras pessoas – segredos que agora, por sua vez, passaram para outras pessoas do mundo todo. Os vencedores receberam uma "transformação de segredos de beleza" de um dos quatro maiores especialistas em maquiagem do mundo, de gerações anteriores, e o conteúdo foi filmado como um tutorial interativo para um evento digital transmitido ao vivo. A *personalidade de marca* foi a inspiração para a atividade central participativa da experiência.

- Teria sido quase impossível o cliente interagir com essa experiência agregadora de valor e relevante à marca sem aprender intrinsecamente que "segredos de beleza" são uma parte fundamental do que o produto representa.

- Embora os clientes não pensem nisso em termos de "*personalidade de marca*", eles compreenderão o conceito e associarão, de forma subliminar ou subconsciente, a marca à ideia.

- De uma forma ou de outra, da próxima vez que se depararem com o produto, eles o associarão automaticamente à *personalidade de marca*: segredos de beleza perspicazes aprendidos com antepassados sábios.

Duas marcas diferentes de licor – exemplos comparativos

Marca de licor – exemplo 1: há uma marca de licor originária da África do Sul que usa símbolos africanos tradicionais na embalagem. Ela tem uma **herança sul-africana** e uma personalidade de marca **indulgente** e **tradicional**, inspirada autenticamente por suas raízes e herança:

- Após seu lançamento, a marca logo ganhou mercado por construir uma *conexão emocional* com o *público-alvo* e engajá-lo por meio de experiências de marca ao vivo, exposições itinerantes, mídia externa interativa e premiações de Relações Públicas.

- O conjunto imersivo da marca de temática africana contém um modelo de elefante em tamanho real e uma cabana africana tradicional e indulgente.

- A experiência oferece conteúdo em realidade virtual (VR) por meio de um safári em 360 graus, dançarinos fantasiados, mixologistas *embaixadores da marca* e sessões de artesanato africano tradicional.

- Clientes descobrem as próximas datas do *tour* de experiência ao vivo da marca por meio de artigos e anúncios na imprensa, que convidam os clientes para participar da experiência imersiva e enviar fotos de si mesmos "se permitindo", a fim de terem uma chance de ganhar um safári premium (para os locais filmados na sequência de realidade virtual).

Durante o *brainstorming* de criação, a agência de marketing por trás da campanha se lembrou de levar em consideração o *público-alvo* e seu estilo de vida, e criar uma experiência interativa bidirecional, o que agrega valor a ela e reflete a herança africana, enquanto comunica os temas "indulgente" e "tradicional" da *personalidade de marca* ao mesmo tempo.

Marca de licor – exemplo 2: uma marca de licor completamente diferente de Nova York tem uma *personalidade de marca* **jovem**, **urbana**. Essa marca também usou uma metodologia de marketing experiencial integrada:

- Sua campanha publicitária de alta qualidade exibia como conteúdo pessoas urbanas e glamourosas em anúncios no Instagram, dando festas em seus *lofts* e oferecendo dicas de coquetéis e receitas, fornecidas por mixologistas de celebridades.

- Os anúncios patrocinados do Instagram convidavam o *público-alvo* a responder as mensagens com ideias de coquetéis inspiradas nos lugares onde viviam para obter um cupom e uma chance de ganhar uma "experiência de festa coquetel" na própria casa, oferecida por um dos mixologistas famosos.

- Os eventos dos vencedores foram exibidos em uma live no Instagram, e o conteúdo foi gravado para uso em anúncios futuros, enquanto todos os que receberam um cupom foram convidados a compartilhar os próprios coquetéis nas mídias sociais.

- Ficou evidente como as duas ideias integradas de marketing experiencial eram específicas à *personalidade de marca* e sempre diferentes, embora ambos os produtos (licor) tenham composição bastante similar.

Duas marcas diferentes de ferramentas elétricas – exemplos comparativos

Marca de ferramentas elétricas – exemplo 1: existe uma marca de ferramenta elétrica cuja personalidade de marca e valores refletem **pessoas poderosas** e **inteligentes**. Seu público-alvo são fãs endinheirados de DIY (Do It Yourself), ou "faça você mesmo", que "se imaginam capazes de um pouco de DIY aos fins de semana":

- Para dar vida à *personalidade de marca*, a agência elaborou uma campanha de marketing experiencial com uma experiência de marca ao vivo bidirecional e interativa, envolvendo o cliente por meio de atividades sensoriais que representam poder e inteligência, permitindo que os valores sejam comunicados por meio de atividades que constroem relacionamentos, geram boca a boca e atingem objetivos.

- Nesse caso, a campanha de marketing experiencial envolveu uma série de experiências de marca presencialmente com ampliação de conteúdo.

- A experiência de marca ao vivo foi apresentada em uma série de exposições de carros (frequentadas pelo público-alvo), onde o *público-alvo* teve a oportunidade de participar de um desafio de perfuração que funcionava como um teste de QI.

- Todos os participantes tinham a chance de ganhar prêmios como computadores superpotentes e inteligentes, além de inscrição gratuita no Mensa (uma organização para pessoas com QI elevado), engajando, assim, o *público-alvo* e dando vida à *personalidade de marca inteligente e capacitada* das ferramentas elétricas.

Marca de ferramentas elétricas – exemplo 2: uma outra marca de ferramentas adota uma *personalidade de marca* **segura, confiável e que valoriza a família**, e uma mensagem de comunicação central que enfatiza o fato de que sempre se pode confiar em suas ferramentas "por toda a vida":

- O marketing experiencial é a abordagem por trás da estratégia de comunicações de marketing da marca, e a ideia principal, que constitui a experiência de marca ao vivo, é amplificada ao longo de todos os seus canais de marketing.

- Essa marca tem como alvo trabalhadores que usam ferramentas para ganhar a vida e entusiastas ávidos por DIY. A marca lançou uma exposição experiencial itinerante, em que um *trailer* de turismo visitou canteiros de obras e áreas residenciais, permitindo a trabalhadores da construção civil um rápido descanso dentro do *trailer* da marca com ar condicionado.

- Enquanto relaxavam na área de estar, tomavam uma bebida refrescante gratuita e assistiam a conteúdos da marca nos monitores disponíveis.

- Enquanto aguardavam, os *embaixadores da marca* faziam uma busca no computador pela árvore genealógica de cada um deles.

- Eles recebiam uma cópia impressa de sua árvore genealógica, desenhada dentro de um infográfico com o tema "ferramentas", que também continha um código de desconto com garantia de cinco anos para usar na compra de ferramentas.

- O conteúdo de marca do mundo real foi usado em seu anúncio, mostrando as ferramentas sendo passadas de pai para filho.

- Os anúncios mostravam clientes reais que usaram as ferramentas e enviaram suas próprias fotos utilizando-as, em resposta a uma iniciativa da imprensa.

- Os anúncios digitais, veiculados em grupos locais de DIY e canteiros de obras, também mostraram uma lista das próximas datas em que a exposição itinerante em busca de famílias visitaria os respectivos canteiros de obras e locais.

Uma comparação no mesmo setor

Comparando-se as duas campanhas, fica claro como as duas marcas de ferramentas usam conceitos experienciais diferentes nas campanhas, apesar de haver pouca variação dos produtos em si. Uma foca um adepto de **DIY** mais endinheirado, concentrando-se em **inteligência**, **poder** e **desafio**, e a outra mira um nicho demográfico e enfatiza **longevidade**, **confiança** e **valores familiares**.

◢ Personalidades de Marca constituem a inspiração em todos os setores

Do FMCG ao luxo

A mesma abordagem para usar a *personalidade de marca* como inspiração ao se formularem conceitos de marketing experiencial pode ser aplicada em todos os setores e *públicos-alvo*. A fórmula criativa *BETTER* funciona em todos os setores, do FMCG ao luxo e produtos B2B, e para mirar quaisquer pessoas, de altos executivos a pais e mães, nichos de públicos, formadores de opinião e influenciadores. O princípio aqui é que, independentemente do mercado em que seu produto se insere, garanta clareza sobre o que os pilares de sua *personalidade de marca* representam, como seus *públicos-alvo* vivem e o que é importante para eles.

Insights para ideias vêm da combinação ou da síntese de componentes criativos

Você pode iniciar um *brainstorming* criativo sobre como dar vida a esses atributos de personalidade humana por meio de atividades imersivas, sensoriais e interativas. A *personalidade de marca* e essa *conexão emocional* que será criada com seu *público-alvo* constituirão o cerne de sua *interação bidirecional* e da ideia experiencial participativa.

Personalidades de marca não precisam ser ousadas, estimulantes e aventureiras para que se tornem a inspiração de ideias experienciais bidirecionais. Você pode ter uma *personalidade de marca* séria e inteligente, intelectual e controversa, ou majestosa e de luxo. A combinação única da *personalidade de marca* pode ser qualquer uma, assim como um ser humano. Algumas pessoas são divertidas, outras, sérias; algumas são ativas, outras, tranquilas; algumas, ainda, são barulhentas e extravagantes, enquanto outras são sutis e sofisticadas. Independentemente de seu setor e da mistura única de sua *personalidade de marca*, ela pode representar e ser usada para dar vida à marca por meio de uma narrativa de *storytelling*, uma metáfora mais aprofundada que você pode trazer à tona por meio de experiências de marca.

Padrões de storytelling e inspiração residem em nossos relacionamentos diários e vidas

Zaltman afirma que há várias "metáforas profundas" que são "estruturas do pensamento humano" inconscientes. Essas metáforas se manifestam sob a superfície e podem ser usadas nomarketing para comunicar com mais eficácia ao cliente sobre uma marca, produto ou assunto, usando uma linguagem que todos possam entender e apreciar. Zaltman usa metáforas como base de sua busca para entender crenças arraigadas e padrões de pensamento. Ele escreveu sobre sete metáforas fundamentais comuns entre culturas e categorias: equilíbrio, transformação, jornada, recipiente, conexão, recursos e controle.[3] Todas se relacionam a aspectos humanos universais, e nosso amor por histórias é de fato um amor por metáforas ampliadas. Há muitos temas comuns entre essas metáforas e os arquétipos. O cérebro, acima de tudo, é uma máquina sofisticada de reconhecimento de padrões, projetada para fazer suposições sobre o mundo a fim de otimizar nosso comportamento e obter os melhores resultados possíveis. Muitos cientistas afirmaram que a experiência da sinestesia está ligada ao uso cerebral da analogia e da metáfora, e que esses processos também estão profundamente conectados à criatividade.[4]

Marcas e ideias centradas no cliente

Na etapa de *conexão emocional* do modelo criativo *BETTER*, é hora de tecer verdades autênticas do produto por meio do *storytelling* do mundo real de forma a impactar o público e se retroalimentar de forma mútua para que haja a evolução orgânica da experiência de marca ao vivo.

A meta é permitir aos consumidores que descubram a herança da marca e se envolvam com os atributos e benefícios do produto. O conceito participativo nuclear e a inspiração para a ideia experiencial, a *interação bidirecional*, deve se originar sobretudo da *personalidade de marca*, componentes multissensoriais projetados para constituir uma *conexão emocional*, e insights do *público-alvo*.

Não faz diferença para sua ideia o fato de seu setor ou indústria ser considerado estimulante, de luxo, sem-graça ou sofisticado; o que realmente proporciona oportunidade de gerar inspiração para uma experiência envolvente e que agrega valor são a *personalidade de marca* e o *público-alvo* em si. Independentemente do que consista a *personalidade de marca*, se você seguir as orientações criativas e de planejamento do modelo *BETTER* ao longo deste livro, o marketing experiencial será uma metodologia que funcionará para você. Quando a ideia importante (relevante à marca, voltada para o público e com participação de *interação bidirecional*) está integrada a suas comunicações de marketing existentes, tendo como centro uma experiência de marca ao vivo, ela proporcionará resultados e benefícios que revolucionarão sua empresa e estratégias de marketing.

"E" DE *EMOTIONAL CONNECTION* (CONEXÃO EMOCIONAL)

No modelo de *brainstorming BETTER*, o primeiro "E" é de *Emotional Connection* (conexão emocional). É importante estabelecer *conexão emocional* com o *público-alvo*, já que precisamos envolvê-lo de uma forma que o impactará além dos pensamentos conscientes. O motivo por que essa etapa do processo criativo tem tanta importância é que, por atrair as emoções das pessoas e criar *conexões emocionais* genuínas, provavelmente a experiência ficará incorporada nas lembranças. Estudos têm mostrado que memórias autobiográficas vívidas geralmente provêm de acontecimentos emocionais. Tais acontecimentos são passíveis de serem lembrados com mais detalhes e mais frequência que eventos emocionalmente neutros. Estímulos emocionais e memórias físicas associadas a uma experiência podem aumentar a retenção da lembrança ativando a atividade neuroquímica que afeta certas áreas do cérebro responsáveis por codificar e recordar.[5]

A etapa *conexão emocional* do modelo de *brainstorming BETTER* é projetada para reunir inspiração para elementos estimulantes emotivos e sensoriais que causarão impressões mentais duradouras. Eles se integrarão aos resultados da *personalidade de marca* e se unirão à etapa *público-alvo* para formar a parte do *brainstorming* da *interação bidirecional* (o conceito imersivo e participativo para a experiência de marca ao vivo). As duas fases consideradas quando estamos na etapa *conexão emocional* são:

Figura 6.4 O "E" de *Emotional Connection* no modelo criativo *BETTER*

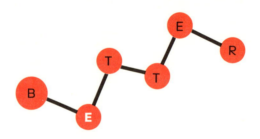

> **Duas fases da criação da conexão emocional:**
>
> **Fase 1.** Os "três atributos-chave" (autênticos, positivamente conectados e pessoalmente significativos).
>
> **Fase 2.** Elementos multissensoriais (os cinco sentidos).

O marketing experiencial sempre deve estabelecer uma profunda *conexão emocional* com o *público-alvo* por meio da formulação de um relacionamento real e sentimentos positivos para criar o extremamente importante vínculo de ouro da marca (em que o relacionamento é fortalecido e uma pessoa se torna embaixadora da marca ou, até mesmo, evangelista). Para obter essa conexão devemos aplicar à experiência de marca ao vivo os elementos que contenham os três atributos-chave, que precisam estar sintonizados em tempo real – "no aqui e agora". Esses atributos, quando integrados nos conceitos de todas as experiências de marca ao vivo, quer sejam disponibilizados remotamente (por meio de tecnologia ou plataformas de comunicação) ou via IRL, resultam em experiências mais memoráveis.

▲ Os três atributos-chave

Os três atributos-chave que devem ser considerados durante essa etapa – autênticos, positivamente conectados e pessoalmente significativos – são mostrados na Figura 6.5.

Essencialmente, esses três atributos resumem as características mais importantes que o conceito deve ter, a fim de garantir que se conecte e ative emoções positivas nos participantes. Se a experiência de marca ao vivo é feita remotamente via tecnologia e não em formato IRL, uma abordagem totalmente multissensorial (que envolve os cinco sentidos) é menos adequada, mas mesmo aplicando os três atributos-chave (ser autêntico, positivamente conectado e pessoalmente significativo) você ainda conseguirá criar uma *conexão emocional* genuína e incorporar uma memória duradoura da experiência (ao lado de suas associações metafóricas aprofundadas) na mente do participante.

Figura 6.5 Três atributos-chave para criar *Conexão Emocional*

Portanto, para criar uma *conexão emocional*, precisamos aplicar os três atributos-chave ao conceito, e, se a experiência de marca ao vivo será executada IRL, fazemos isso em combinação com o estabelecimento de um ambiente 100% multissensorial de expressão de marca e participação humana.

As marcas ainda estão falhando nas emoções

Embora a autenticidade aconteça naturalmente para algumas marcas, gerar *conexão emocional* com o cliente está se mostrando mais difícil. A agência de criação Aesop fez uma pesquisa de *storytelling* para identificar as melhores marcas, descobrindo que 14 das 180 marcas pontuaram 3% ou menos, lutando para causar impacto em relação aos critérios do *storytelling*.[6]

Conexão Emocional: autenticidade

Em 2016, a *Marketing Week* entrevistou Saskia Meyer, diretora de marketing da Fever-Tree, que explica que o *storytelling* é crucial desde o início da estratégia da marca. Para a Fever-Tree foi sua ideia autêntica de ter um "mixer premium todo natural" e ingredientes exclusivos do mundo todo pesquisados pelos próprios fundadores. Eles sustentam que manter clara e aberta a história da marca é essencial, e o sucesso desse *storytelling* fala por si mesmo.[7]

Elementos multissensoriais

> Se como um bolo rosa, o gosto dele é rosa. (Jean Paul Sartre, filósofo francês, escritor e crítico literário)

Ao mergulhar o participante da experiência de marca em um ambiente multissensorial e uma jornada de *storytelling* (permitindo aos consumidores que toquem provem, cheirem, ouçam e vejam) em que o produto e a marca são relevantes, eles podem vivenciar a marca – e, o mais importante, sentir uma *conexão emocional* com ela –, um passo mais próximo do último "vínculo de ouro com a marca".

Autenticidade e *storytelling* do mundo real
Rodolfo Aldana, diretor da Tequila, Diageo

O que estamos vendo é que agora os consumidores orbitam rumo à autenticidade e à compreensão com as histórias da marca, importando-se com a maneira como as coisas são feitas e de onde elas vêm. Ao dar vida a certos elementos que são únicos em nossas marcas, damos aos consumidores aquele elemento de diferenciação com algo sobre o que falar que é real, e isso é como uma espécie de 'moeda social' para eles.

Consumidores estão orbitando em torno de histórias reais, das pessoas por trás delas e aquelas que podem, de certa forma, causar impacto positivo em comunidades locais e no país inteiro.[8]

Ao criar uma experiência de marca ao vivo multissensorial e imersiva, ativamos emoções que o marketing e anúncios tradicionais nunca poderiam despertar. A abordagem multissensorial para criar uma *conexão emocional* é apropriada para experiências de marca ao vivo apresentadas em ambientes presenciais na vida real, e deve ser aplicada em conjunto com a inspiração dos três atributos-chave: **autêntico**, **positivamente conectados** e **pessoalmente significativos**.

No livro *Brand-esSense*, Neil Gains afirma: "Vez ou outra, vale a pena surpreender os clientes ou proporcionar 'grandes momentos' ocasionais. Essas são a parte da experiência que serão lembradas e, portanto, orientarão as futuras tomadas de decisão". Ele continua: "Percepção, memória e ação fazem parte do mesmo sistema integrado. Nós nos lembramos de experiências que fazem sentido, a fim de fazer suposições futuras combinando percepções atuais a essas experiências passadas. O significado vem da capacidade preditiva, da relevância emocional e do contexto. Nossos sentidos nos ajudam a criar significado".[9]

Ao acrescentar componentes multissensoriais relacionados ao produto e à marca, utilizamos plataformas elevadas que envolvem as emoções por meio dos sentidos. Experiências que envolvem os sentidos afetam o hemisfério direito do cérebro e criam emoções duradouras. Por fim, essas lembranças, que podem durar a vida toda, podem estabelecer bases sólidas para um relacionamento duradouro – constituindo um vínculo de ouro da marca que leva a ação, a repetir os negócios, à defesa e, finalmente, ao evangelismo.

O branding sensorial é um tipo de marketing que mobiliza todos os sentidos a se relacionarem com a marca. Ele usa os sentidos para se relacionar com os clientes em um nível emocional. As marcas podem criar associações emocionais na mente dos consumidores apelando para seus sentidos. Uma experiência de marca multissensorial gera certas crenças, sentimentos, pensamentos e opiniões para criar uma imagem de marca na mente do consumidor.

Sinestesia: um traço – o poder e a criatividade de conectar diferentes elementos sensoriais

Um artigo da HubSpot sobre a ciência da criatividade destaca alguns dos sinais principais da sinestesia:[10]

- Sinestesia é um traço neurológico que combina dois ou mais sentidos.
- 4% da população tem esse traço.
- Ter um tipo lhe dá uma chance de 50% de ter um segundo, terceiro ou quarto tipos.
- Ganchos neurológicos extras conferem memória superior aos sinestésicos.
- Estabelecidos na infância, pares sinestésicos permanecem fixos a vida toda.
- Sinestésicos herdam uma propensão para hiperconectar neurônios, mas depois devem ser expostos a itens culturais como alimentação, nomes ou letras.
- Não sinestésicos ainda podem compreender metáforas como 'queijo picante' e 'pessoa doce', portanto, todos temos a propensão que está intimamente ligada a nossas funções criativas.

Então, o que tudo isso significa?

Muitos teóricos e progressistas recentes começaram a considerar mais de perto o tema da sinestesia, em que começaram a se perguntar: os sinestésicos são tradicionalmente mais criativos porque são neurologicamente programados para entender conexões entre coisas que nem todo mundo consegue perceber? Cada vez mais a sinestesia se associa à criatividade e ao cérebro criativo, um fenômeno passível de acontecer com todos nós em níveis variados.

Saber que todos somos potencialmente sinestésicos até certo ponto cria de fato novas oportunidades em nossa perspectiva sobre como ideias novas se formam e, por sua vez, ajuda a desmistificar uma parte da pretensa arte da criatividade, expondo o processo para a ciência que ela na verdade é. Para pessoas extremamente criativas que não se classificam ainda como sinestésicas, é provável que haja conexões excessivas no cérebro não tão aparentes quanto em sinestésicos clássicos com traços mais notáveis, como, por exemplo, os que relacionam a cor rosa ao número 7.[11]

Sintetizando muitas partes pequenas para fazer um todo bem maior

A etapa *conexão emocional* do modelo criativo *BETTER* é importante demais, à medida que começamos a povoar todos esses ricos componentes sensoriais antes que o cérebro sintetize esses componentes para gerar conceitos únicos e excelentes, fundindo ideias que refletem a essência de uma marca e, portanto, expressando seu DNA por meio de um *storytelling* multifacetado.

◢ Dê vida à marca e crie conexão emocional afetando os cinco sentidos

Muitas vezes, as pessoas perguntam: "Como decidir qual dos cinco sentidos é mais apropriado para dar vida a uma experiência de marca?" A resposta é consultar o produto e a *personalidade de marca* para se inspirar. Pense em todos os sentidos dos elementos sensoriais: visão, tato, cheiro, som e gosto (Figura 6.6), integrando todos os apropriados em cada caso e contexto, e pense em como tirar inspiração da abordagem dos "três atributos-chave" para a ideação, tornando a experiência autêntica, positivamente conectada e pessoalmente significativa.

Isso constituirá a base de uma ideia que gera um ambiente de marca multissensorial positivo e imersivo, começando a construir uma *conexão emocional*.

Elementos multissensoriais: visão

Filtros e percepções visuais tendem a ser muito marcantes e a desencadear fortes estímulos emocionais. Assim como sons e aromas, cores podem desencadear respostas automáticas muito específicas no córtex cerebral. Elas podem ativar pensamentos, lembranças e comportamentos particulares. Cores diferentes podem impactar humores e sentimentos de várias formas. O amarelo, por exemplo, fica bem na faixa intermediária de comprimentos de onda que nossos olhos conseguem detectar. É a cor mais brilhante e a que mais facilmente atrai a atenção das pessoas – cenas de crime, equipamentos de segurança e cones de trânsito frequentemente usam a cor. Em geral, as cores que possuem comprimento de onda mais longo (como o vermelho) são provocantes e estimulantes em comparação com as que possuem comprimento de onda mais curto (como o azul), que reduzem a pressão arterial, pulsação e respiração.[12]

Figura 6.6 Nossas percepções sensoriais são impactadas por nossa frequência total

FLUXO DE INFORMAÇÕES SENSORIAIS		Frequência Total	Frequência Consciente
SABOR		10 milhões	40
AROMA		100 mil	30
VISÃO		1 mil	5
SOM		100 mil	1
TATO		1 mil	1

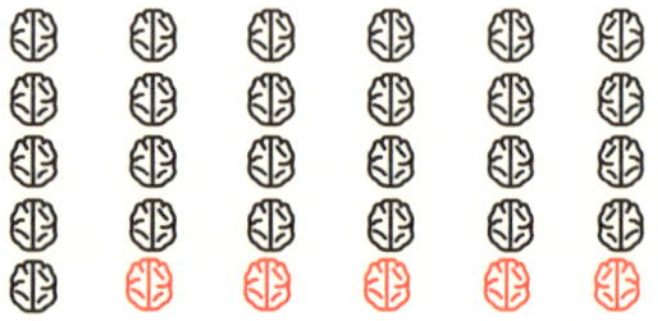

Fonte: Adaptado de J Van den Bergh e M Behrer (2013), *How Cool Brands Stay Hot: Branding to generation Y*, Kogan Page, London

A cor roxa

Há muito tempo a Cadbury conhece o poder de suas embalagens em evocar nostalgia e despertar lembranças de longa data associadas à infância e sensações positivas.

Em 2012, a Cadbury ganhou o direito de registrar sua marcante cor roxa para embalar chocolate ao leite. O roxo da Cadbury é um ativo distintivo da marca, com enorme importância em torná-la memorável e reconhecível aos clientes, construindo, a partir daí, disponibilidade mental e valor comercial.

Em um trecho de "pesquisa de *storytelling*" citado em Bergh e Behrer,[13] um menino britânico descreveu sua marca de chocolates favorita, a Cadbury: "A embalagem roxa familiar. É quase um membro da minha família, algo que esteve por aí desde a infância. Confio nela como um consolo, uma guloseima e um motivador. O chocolate da Cadbury já me viu em provas, com estresse e dor de cabeça. Ele está por perto quando tenho uma comemoração e espero que continue por algum tempo". Ao lermos essa história de marca, fica imediatamente claro que o menino não está falando apenas dos aspectos funcionais do chocolate Cadbury. Notam-se várias referências emocionais, como ser parte da família, ajudar a passar por momentos estressantes e estar por perto em comemorações. O *Guardian* reportou em 2012 o veredito: "fica claro que a evidência apoia a conclusão de que a cor roxo é característica dos chocolates ao leite da Cadbury".

Sentindo em cores

Christian Louboutin garantiu a marca registrada do vermelho característico que marca as solas do sapato que desenha; a Harrods garantiu o próprio tom de verde distintivo; e a Tiffany detém os direitos do azul em forma de casca de ovo que embrulha todas as embalagens que saem de suas lojas.[14]

Quando as cores são de propriedade intrínseca da marca, é fundamental dar vida a elas de maneira vívida, eficaz e com o tom adequado ao longo de sua experiência de marca em todos os materiais e formatos. Em quais elementos do mundo real você consegue pensar durante essa etapa do modelo *BETTER* que refletiria com perfeição a cor de sua marca, a embalagem do produto ou ativos da campanha? Que texturas e ativos físicos a expressariam de maneira incomum, relevante e autêntica?

Elementos multissensoriais: tato

O sentido do tato é crucial. É nele que as texturas e embalagens do produto podem ser avivadas, fora da escala e do contexto, ou os sentimentos podem ser expressos em suas contrapartes físicas, aumentando a chance deuma conexão relevante e envolvente e, logo, aprofundando a experiência de marca.

ESTUDO DE CASO

Samsung

A Samsung criou uma experiência imersiva e multissensorial para apoiar uma experiência, em realidade virtual (RV), de surfe no Taiti:

- Um fone de ouvido RV, uma prancha de surfe que vibrava, jatos de água e ar se uniram para criar uma experiência transformadora para o participante.

- Este é um excelente exemplo de como uma marca líder dá vida a seu conteúdo e anúncios por meio de uma instalação interativa imersiva e multissensorial que acabará proporcionando uma ocasião mais aprofundada e memorável ao cliente que um anúncio tradicional.

- Conforme um relatório de Jack Morton apresentando o Melhor de Cannes de 2016, a meta era criar um sentimento profundo de "presença", que o editor da *New York Times Magazine*, Jake Silverstein, descreveu como o ponto de referência criativo de sua nova oferta de conteúdo de RV.

ESTUDO DE CASO

A Cadbury tem gosto do quê?

A Cadbury Dairy Milk e sua agência experiencial RPM deram vida a uma infinidade de "experiências intensamente satisfatórias" como parte da campanha Tastes Like This Feels, que começou com um evento para estourar plástico bolha, conforme relatado pelo The Drum:[15]

- Um enorme tapete de plástico bolha convidada os compradores a vivenciar a diversão de pular em bolhas de ar em tamanho gigante.

- Chocolates ao leite eram distribuídos nas ativações e uma música "alegre" era tocada, envolvendo, dessa forma, os sentidos do paladar e da audição para complementar a experiência imersiva impulsionada sobretudo pelo tato.

- A marca exibiu o conteúdo divertido em seus canais sociais, usando uma perspectiva de jogos em primeira pessoa, para ajudar mais as pessoas a "imaginar de fato as bolhas estourando à sua frente, mesmo que não estivessem presencialmente lá", afirmou a gerente-assistente de marca Carly Sharpe, no artigo.

- "A experiência permitiu às pessoas que evocassem a sensação incrível de satisfação intensa obtida ao se estourar o plástico bolha e dramatizou a sensação de alegria que acontece ao se provar o clássico Dairy Milk da Cadbury", acrescentou Carly.

◢ Elementos multissensoriais: gosto

O sabor e a experiência gastronômica podem ter poder maior para nos transportar emocional e experiencialmente para outra época ou local, seja reacendendo lembranças nostálgicas por meio de sabores ou acessando uma vontade imediata, uma expressão ou simplesmente nos proporcionando satisfação e, em troca, gerando novas emoções positivas.

ESTUDO DE CASO

Bombay Sapphire

A Bombay Sapphire e a especialista em imersão The Robin Collective lançaram uma campanha pan-europeia chamada The Grand Journey:

- A atividade consiste em uma experiência ao vivo de 60 minutos que mergulha o público na história da marca de bebidas.

- A marca visitou sete cidades europeias com um conjunto de ferramentas personalizado, transformando cada lugar em uma estação de trem e vagão seguindo um estilo vanguardista especialmente projetado.

- Passageiros "embarcavam" no trem antes de fazer um estonteante passeio virtual pelo mundo, aliando oportunidades culturais para explorar a arte, a procedência e os sabores exclusivos inspirados nas 10 plantas encontradas na Bombay Sapphire.

- Atores interagiam com os convidados para incorporá-los em uma aventura cênica ao vivo em todo o mundo, com o trem 'parando' em cada um dos 10 lugares de origem das plantas da Bombay, como Espanha, Gana e China.

- Os participantes recebiam um coquetel exclusivo, feito por um mixologista, inspirado no país para o qual tinham "viajado".

- Componentes extras exclusivos da experiência multissensorial incluíam ilusionistas e degustações de alimentos, desencadeando, assim, uma conexão emocional profunda por meio dos sentidos e dando vida de forma autêntica à procedência, à herança e à *personalidade de marca* da Bombay Sapphire.

■ **Teatro imersivo como veículo para o engajamento com a marca**

A mistura de experiência de marca e atuação imersiva age em uma tendência mais ampla, em que os orçamentos para marketing estão aumentando conforme os clientes começam a preferir esse nível de comunicação a outros canais tradicionais de marketing. A The Grand Journey da Bombay Sapphire é só uma entre muitas plataformas de eventos imersivos e multissensoriais criadas por marcas de bebidas que buscaram aproveitar o poder do teatro para trazer vida a seus produtos em públicos do mundo todo.

Elementos multissensoriais: cheiro

Um componente importante dentro do processo de *brainstorming* multissensorial na *conexão emocional* é considerar transmitir as emoções por meio do sentido do olfato. O cérebro límbico adiciona emoções com base nas observações sensoriais do cérebro visceral. "Deve-se prestar atenção especial ao olfato", destaca Martin Lindstrom no livro *Brand Sense*. Existe uma conexão direta entre o centro de emoções do cérebro (a amídala-hipocampo) e a região olfativa desse órgão. O cheiro nunca é filtrado: ele é instintivo e involuntário.

Portanto, o nariz sempre é levado para "emoções e memórias evocadas". Ele pode se lembrar facilmente do cheiro de muitos produtos e reviver a emoção estimulada. Pense nos aromas artificiais da massa de modelar da Play-Doh que trazem de volta lembranças da infância. Certos cheiros de perfumes, loções pós-barba e desodorante nos fazem recordar de pessoas que amamos, por exemplo, ou de nossa mãe pronta para ir trabalhar. Dar à sua experiência de marca ao vivo ou ambiente experiencial um aroma ligado a uma emoção positiva, ou uma jornada com base em cheiros, pode reforçar seu branding emocional.

"T" DE *TARGET AUDIENCE* (PÚBLICO-ALVO)

Até agora, iniciamos o *brainstorming* dos pilares de ativação humanos que geram a *personalidade da marca*, pensando em atributos autênticos, positivamente conectados e pessoalmente relevantes, e combinamos o material com elementos multissensoriais para criar uma *conexão emocional*. O próximo passo é compreender o *público-alvo* e seus aspirações, etapa crucial para a formulação da *interação bidirecional*, que deve estar no cerne de todo conceito de marketing experiencial (Figura 6.7).

Figura 6.7 O "T" de *Target Audience* no modelo criativo BETTER

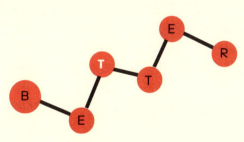

◢ Relevância é tudo

É de extrema importância conhecer o *público-alvo* e garantir que as experiências de marca ao vivo sejam relevantes para eles. O que gostam e o que não gostam são considerações cruciais. O processo de pesquisa de mercado não tem que ser caro e nem sempre precisa ser feito por uma agência de pesquisas de mercado. Se você tiver ideias sobre o *público-alvo* (por exemplo, como se comportam e quais são suas necessidades), já é meio caminho andado. Nesse segmento do processo *BETTER*, as ideias de marketing experiencial são inspiradas por atividades que agregarão valor à vida do público e, ao mesmo tempo, deixá-los empolgados e envolvidos com a marca em si.

Banqueiros e punk-rock talvez não combinem

Se o produto for, por exemplo, uma caderneta de poupança com uma *personalidade de marca* divertida e o *público-alvo* forem corretores ricos e conservadores, não será necessariamente relevante dar vida ao produto apresentado por meio de uma experiência de marca ao vivo com tema de punk-rock!

É improvável que esse *público-alvo* conservador com base em negociações goste de música underground subversiva e anarquista e, portanto, ainda que essa atividade seja relevante para a *personalidade de marca* mais rebelde associada à marca do banco, ela é irrelevante para o *público-alvo* desse produto.

Aproveite e identifique os insights do público para informar ideias criativas

Logo, antes de finalizar e confirmar os elementos multissensoriais da *conexão emocional* que você integrará em seu conceito para se conectar com o *público-alvo*, dar vida às verdades autênticas do produto e transmitir a *personalidade de marca*, certifique-se de que seu *público-alvo* acharão esses elementos pessoalmente relevantes para seu estilo de vida, suas aspirações, seus objetivos e vidas.

Como destacado anteriormente, o objetivo final é criar um vínculo de ouro com os participantes da experiência de marca ao vivo. A *conexão emocional* com eles deve ser elaborada para criar relacionamentos genuínos, sólidos e profundos.

Insights da pesquisa

Como criar relacionamentos com as pessoas na vida? Construímos bases para relacionamentos envolvendo pessoas afins em *interações bidirecionais* ou num diálogo que seja relevante e interessante para ambas as partes. É uma "aposta ganha" concluir que falar com as pessoas sem ouvi-las não facilitaria um relacionamento genuíno. Na verdade, isso poderia irritá-las e levá-las a querer evitar a marca, ou até divulgar um boca a boca negativo. O marketing experiencial visa transformar clientes em embaixadores da marca que amam e advogam por suas marcas favoritas. Ao usar pesquisas qualitativas e quantitativas, você pode saber mais sobre o que atrairá seu *público-alvo* em uma experiência de marca ao vivo.

Interações bidirecionais se baseiam em confiança e relevância

Nesta etapa do *brainstorming*, verifique se quaisquer elementos em que tenha pensado são relevantes para o *público-alvo*, reflita com cuidado sobre o que estimulará os clientes a ficar entusiasmados com a experiência de marca ao vivo e instigue-os a conversar sobre a marca. O diálogo que você criará na *interação bidirecional* (o processo de falar e ouvir/dar e criar) é muito similar à maneira como se constituem os relacionamentos interpessoais, e a admiração por um ente querido ou um amigo. Logo, quaisquer insights sobre o *público-alvo* devem ser resumidos aqui para inspiração e usados para contribuir com a *interação bidirecional*.

Fontes de dados móveis e aprimoradas estão mudando para sempre as classificações demográficas

A Forrester Consulting presumiu que estratégias de marketing que usam a lógica de campanhas tradicionais de segmentação com base em dados demográficos são 'tão predominantes que não parecem pessoais ou relevantes aos clientes'. É fundamental identificarmos insights e tendências comportamentais reais em vez de simplesmente colocarmos os clientes em caixas demográficas.[16] É sempre importante considerar todos os públicos-alvo e desenvolver um conceito para sua experiência de marca que envolva e satisfaça a maioria deles.

Identificando as verdades autênticas do produto que impactem o público-alvo

Experiências de marca *pop-up* e eventos imersivos muitas vezes hospedam atividades diferentes ou programações de eventos, elaborados para públicos distintos, entre eles: influenciadores, mídia, comércio e clientes (às vezes ainda mais segmentados em nichos de interesse individual).

Você já identificou verdades do produto durante a etapa de *conexão emocional* do *brainstorming BETTER*; agora, é hora de focar quais são os mais pessoalmente relevantes para seu público.

Comece a considerar como esses "elementos autênticos" pessoalmente relevantes (para seu público-alvo) poderiam servir de inspiração para atividades em sua *interação bidirecional*. Profissionais de marketing bem-sucedidos usam mensagens que falam com os clientes como indivíduos, abordando circunstâncias pessoais e intenções de compra imediatas.

Mais insights sobre o público

Um processo mais aprofundado de análise do público-alvo para insights e inspiração é elaborado no capítulo *Público-alvo* deste livro, incluindo a "análise diária e aspirações", a ser conduzida como parte do processo de planejamento *SET MESSAGE*.

"T" DE TWO-WAY INTERACTION (INTERAÇÃO BIDIRECIONAL)

Clientes e outros *stakeholders* (influenciadores, mídia, comércio) tendem a agir com reciprocidade, como se estivessem se relacionando com outro ser humano. Em relacionamentos humanos, uma pessoa não pode tirar algo da outra sem dar nada em troca. Da mesma forma, ao criar uma campanha de marketing experiencial, a atividade de experiência de marca ao vivo deve envolver, empolgar e encantar o *público-alvo* dando algo em troca (Figura 6.8). Você precisa tornar a experiência de marca ao vivo uma *interação bidirecional* em tempo real para engajar e empolgar os consumidores. Não importa quão estimulante e incrível seja uma comunicação unilateral, ela não criará um relacionamento tão profundo e genuíno com os destinatários, não importa se eles gostam dela ou não. Eles não sentirão que fizeram parte disso e, portanto, não se importarão nem se conectarão em um nível mais profundo.

Figura 6.8 O "T" de *Two-Way Interaction* no modelo criativo BETTER

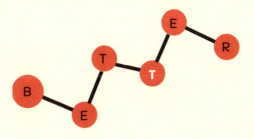

Escute

Imagine um zé-ninguém qualquer que está sempre sozinho e um dia sua sorte muda e, de repente, ele começa a namorar uma modelo. No início, ela parece cativante e linda. Porém, com o tempo fica claro que ela não escuta nada do que ele diz. Ela não parece se importar com ele ou com seus sentimentos, e tudo o que faz é falar de si mesma. Mais cedo ou mais tarde, ela começará a irritá-lo, e a impressão que ele tinha de ela ser bonita se dissolverá. Ele pode ficar por perto e continuar sofrendo por um tempo, mas quando uma garota nova no trabalho aparecer, escutá-lo atenciosamente e rir de suas piadas, fazendo-o se sentir especial e apreciado como pessoa, deixará a indiferente "modelo estonteante" e apreciará a *interação bidirecional e* a *conexão emocional* que está se desenvolvendo com sua beldade **positivamente conectada**.

Receba contribuições

O exemplo ilustra como é importante ter uma *interação bidirecional* positiva com os consumidores. É vital *ouvi-los, receber contribuições* deles e *cocriar* com eles, senão, a comunicação fica unidirecional – e não importa quão teatral e envolvente seja a campanha; na melhor das hipóteses, ela será um entretenimento, na pior, um rompimento, e o consumidor não se conectará de verdade com a marca e sua personalidade.

Cocrie!

Então, como criar uma *interação bidirecional* dentro de um contexto de marketing experiencial? A resposta: na experiência ao vivo de marca. Por exemplo, pode haver um jogo, um serviço ou interação de marca em que os clientes se envolvam, conversam e ouçam. O marketing experiencial tem a capacidade de estabelecer as bases de uma amizade duradoura e um vínculo de ouro com a marca em que o participante desenvolve sentimentos fortes – além da lealdade – pela marca. Ele ou ela se torna embaixador da marca, que a recomendará e a divulgará via boca a boca. Ele ou ela é o evangelista de sua marca.

Permita aos clientes que cocriem e, pelo menos parcialmente, conduzam o enredo. Munidos de uma miríade de dispositivos e meios de comunicação sociais, eles esperam participar do enredo disponibilizado por um anunciante – engajar o consumidor e capacitá-lo a impactar a narrativa.

Aja em vez de ser passivo

O marketing experiencial é o futuro do marketing por causa do foco que as marcas têm em se expressar por meio do 'agir' e engajar o consumidor por meio de *interações bidirecionais* relevantes e autênticas. A meta da *interação bidirecional* (a experiência de marca ao vivo) é criar uma base no mundo real da história de sua marca para todos os seus canais de marketing integrado e comunicações que permitam a seu *público-alvo* saber que sua marca se importa com eles. Cada vez mais os clientes querem fazer parte da história, desempenhar um papel na narrativa que se desenrola. Histórias de marcas dificilmente são lineares, e consumidores não são mais meros acompanhantes.

Aumento do lazer imersivo em todo o mundo

É possível ver esse aumento na forma de produções teatrais novas e brilhantes como as do Secret Cinema, You Me Bum Bum Train e Punch Drunk liderando o grupo. São experiências cênicas imersivas que colocam o público no centro do show, integrando-o a seu universo e deixando-o interagir com o espetáculo em um nível nunca feito antes.

Personalizando o storytelling em massa

Tem-se afirmado que "o marketing one-to-one significa que uma marca não conta mais 'uma' história – ela deve contar sua história no contexto de cada cliente. Em vez de contar uma só história a várias pessoas, você está contando muitas histórias de marca a uma só pessoa."[17]

Segue-se um exemplo de como a *interação bidirecional* individualmente personalizada pode se desenvolver.

Sabores personalizados

Harriet é gerente de marketing de um produto de confeitaria natural que vem em três sabores básicos, morango, laranja e banana, e está disponível em embalagens novas em folha. Harriet queria criar *interação bidirecional* com os clientes e envolvê-los, enquanto descobria quais eram os sabores mais populares (alcançando os objetivos da pesquisa de mercado):

- Harriet decidiu que uma experiência de jogo interativa poderia ajudar a confirmar um sabor e que uma experiência sensorial imersiva conduziria os clientes por uma jornada de sabores.

- Ao renomear cada sabor para que ele constituísse sua própria característica e identidade para dar vida à narrativa, Harriet também esperava fortalecer o impacto da interação entre a marca e os clientes conforme ela humanizava a marca.

- Os *embaixadores da marca* convidavam o *público-alvo* a se identificar com cada sabor, pedindo que interagissem num quiz de personalidade que determinava que, se eles fossem uma fruta, seriam um "morango sexy", uma "banana corajosa" ou uma "laranja organizada".

- Dependendo das respostas, os participantes eram introduzidos no *pop-up* e recebidos em uma parte secreta diferente da experiência de marca ao vivo, com seções desbloqueadas usando gatilhos especiais, e participavam de uma experiência imersiva e teatral que girava em torno de suas escolhas.

- Aparentemente, pedir ao *público-alvo* que defina seu sabor favorito pode ter sido uma forma potencialmente sem-graça de interação.

- Porém, na verdade os *embaixadores da marca* descobriram coisas sobre a identidade deles e comemoraram de maneira imersiva, surpreendente e divertida.

● Os clientes foram conduzidos por uma jornada personalizada, sensorial e turbulenta, e ela fez com que se sentissem bem porque a marca se importava o bastante para interagir com eles como indivíduos.

Faça, diga e venda

Considere que a geração Y prefere "fazer", além de sentir alegria e emoções positivas por meio das chamadas 'atividades gratificantes', que provêm de assumir um papel *ativo* com oportunidade para **impactar e influenciar** o resultado de um ambiente ou, nesse caso, uma experiência de marca.

Dê aos participantes da experiência de marca uma chance para moldar o resultado da história

A *interação bidirecional* deve ser construída em torno de atividades, o mais personalizadas possível de acordo com a *personalidade de marca*, os componentes da *conexão emocional* e o *público-alvo*.

Perguntas interativas, em que as respostas estimulem gatilhos (humanos ou tecnológicos, digitais ou analógicos) que criem uma variação na experiência de marca ao vivo e formulem dados de pesquisas (permitindo, em troca, uma comunicação futura melhor e personalizada) são métodos excelentes para construir defesa de marca por meio do chamado "efeito Hawthorne",[3] conhecer os consumidores, desenvolver um relacionamento verdadeiro, fortalecer conexões, fazê-los se sentirem ouvidos e consultados, ajudá-los a realizar algo, aprender ou melhorar alguma coisa, o que pode gerar "fluxo" e alegria enormes, sobretudo entre as gerações X, Y e Z.

De acordo com a 'Happiness Hypothesis', colocando a sabedoria e a filosofia antigas à prova da ciência moderna, para os *millennials*, a gratificação muitas vezes ocorrerá de "experiências", e os da geração Y ficarão mais felizes ao *experienciar* alguma coisa. Isso não se deve apenas ao estado de fluxo, mas também porque experiências são sobretudo acontecimentos ou atividades que os conecta a outras pessoas.[18]

---

[3] Processo de mudança positiva na atitude dos colaboradores após mudança no relacionamento entre eles e a gerência. (N. T.)

Interação bidirecional

> **Quais atividades deixam os *millennials* e a geração Z felizes?**
>
> **Prazeres:**
>
> - Gostam de componentes sensoriais claros e emocionais fortes (conforme descrevemos na seção sobre usar os cinco sentidos para despertar emoções).
>
> - Eles se sentem bem no presente, MAS memórias sensoriais desaparecem rápido.
>
> **Gratificações:**
>
> - Atividades engajadoras relacionadas a interesses e pontos fortes da geração Y e que lhes permitam perder a autoconsciência.
>
> - Realizar/aprender/aprimorar algo/fortalecer conexões interpessoais, que podem levar a um estado de "fluxo".[19]

Atividades constituem o cerne da interação bidirecional

Durante esse trecho do BETTER, atividades participativas de *interação bidirecional* e oportunidades para o público influenciar e criar devem ser mapeadas na mente nesta etapa, explorando sensações de gratificação e alegria.

Experiências alegres e personalizadas lideram o grupo

Uma obsessão pela alegria dos consumidores, aliada ao foco em proporcionar experiências memoráveis e pessoais para eles são as características-chave das 100 maiores companhias que lideram o 2016 UK Customer Experience Excellence de 2016 da KPMG Nunwood, avaliando perspectivas de marca do cliente em mais de 287 marcas e 10.000 entrevistas com clientes.[20]

Quais atividades do mundo real seus três pilares de personalidade da marca trazem à mente?

Pode ser qualquer coisa, e deve-se tirar inspiração de atividades que representem cada um dos três pilares de *personalidade de marca* (aqui, o céu é o limite!). Combine e integre uma ou mais dessas atividades na parte interativa da experiência de marca.

Como os componentes sensoriais podem sintetizar uma ideia?

Elementos multissensoriais podem ser integrados ao design ambiental, e, ao criar áreas fisicamente separadas e momentos de conteúdo, você pode conduzir os participantes em uma jornada de marca multifases com várias camadas de *storytelling* imersivo, elaboradas para comunicar as verdades autênticas do produto (as que você identificou como pessoalmente significativas para seu *público-alvo* nas etapas anteriores do processo).

Interação bidirecional é a chave

Contanto que a interação não seja uma empreitada unidirecional e leve em consideração as três etapas anteriores *"BET"* (*Brand Personality, Emotional Connection, Target Audience*) do modelo *BETTER*, você está no caminho certo para criar uma campanha fantástica e bem-sucedida de marketing experiencial. A *Interação bidirecional* constitui a base da ideia criativa interativa/inspiração para a experiência de marca ao vivo, e será mais desenvolvida durante a parte da *estratégia experiencial* do sistema de planejamento *SET MESSAGE*.

"E" DE *EXPONENTIAL ELEMENTS* (ELEMENTOS EXPONENCIAIS)

Até agora, no modelo *BETTER*, você integrou a *personalidade de marca*, a *conexão emocional*, o *público-alvo* e desenvolveu o início de uma *interação bidirecional* relevante à marca, que aviva os pilares da *personalidade de marca* e agrega valor à vida dos consumidores. Por meio desses recursos, você está a caminho de construir relacionamentos valiosos com os consumidores, criando lealdade à marca e conquistando suas mentes e corações.

Mesmo que esses benefícios sejam excelentes e produzam resultados que as abordagens tradicionais são menos capazes de alcançar, uma ideia de marketing experiencial também proporciona oportunidades para integrar gatilhos boca a boca, mídias sociais e explorar a chance de gerar enorme burburinho por meio de influenciadores, além de dar às marcas oportunidade para "incubar participantes" em miniclubes, consultando-os e cocriando com eles, no processo de elaboração de embaixadores da marca profundamente instruídos que divulguem conteúdo e sentimentos positivos pela marca (Figura 6.9).

#LiveBrandSocial – combinando o boca a boca e mídias sociais com experiências de marca ao vivo

Na pesquisa "Live Brand Social" da Electrify and Immediate Future, à pergunta sobre o que clientes de marketing eram mais propensos a compartilhar nas redes sociais, a principal resposta dos participantes foi experiência de marca ao vivo (56%). Howell e Smilansky discutiram como o compartilhamento em redes sociais parece estreitamente alinhado com as experiências ao vivo em comparação com anúncios na TV e na imprensa, que fizeram muito menos pontos.[21] A riqueza de conteúdo de experiências ao vivo é um fator provável para esse fenômeno. O caráter instantâneo, relativamente descartável e "ao vivo" de uma experiência tende a atrair um momento alegre e ativar uma postagem de conteúdo, um compartilhamento ou um tuíte.

Figura 6.9 O "E" de *Exponential Elements* no modelo criativo BETTER

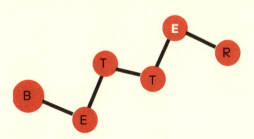

Você não precisa estar lá para captar a mensagem

Nem todo mundo consegue participar pessoalmente de uma experiência ao vivo. Mas essa não é a única finalidade de um evento, não é? Afinal, você quer maximizar seu investimento e estender esse alcance a outras pessoas – deixando todos de olhos arregalados. Quando se pergunta "até que ponto você esteve envolvido em uma experiência de marca ao vivo?", parece que "ver" informações e o conteúdo de um evento divulga as mensagens de forma significativa: 45% viram uma experiência ao vivo, mas não participaram dela, enquanto 29% viram o conteúdo de uma experiência em redes sociais sem participar dela. No fim das contas, combinar ambas amplifica seus esforços. Leva a mensagem de sua marca a um público mais amplo. Uma descoberta-chave da #LiveBrandSocial foi que 56% dos consumidores descobriram uma experiência de marca ao vivo por meio de mídias sociais.

Estimulando o boca a boca

A ideia do marketing experiencial (com foco na experiência de marca ao vivo) deve integrar um *elemento exponencial* em que participantes, influenciadores e outros interessados sejam incentivados a contar a outras pessoas sobre a experiência de marca. Como mencionado anteriormente, o boca a boca é uma das ferramentas mais poderosas, e uma das vantagens mais sólidas do marketing experiencial. A etapa *elementos exponenciais* no modelo *BETTER* é aquela em que analisamos como ativar melhor e rastrear o boca a boca, além de compartilhar a *interação bidirecional* e o conteúdo da experiência de marca ao vivo, estimulando que a mensagem alcance públicos mais amplos, pares dos participantes e assim por diante; assim, essas pessoas são expostas à sua marca na forma do que é, basicamente, uma "recomendação pessoal" de uma fonte confiável de influência ou um amigo. Isso é incrivelmente valioso, e recomendações pessoais têm se mostrado repetidas vezes o principal fator de crescimento de um negócio. A revista *Harvard Business Review* diz que recomendações pessoais são 10 vezes mais eficazes que anúncios na TV.

Aumentando o *Reach* (alcance) do conteúdo por meio de influenciadores e conteúdo autêntico

Vivienne Gan, Vice-Presidente Global de Relações Públicas, Langham Hospitality Group (marca global de hotéis e resorts de luxo)

Há todo um conjunto de variáveis ao escolher influenciadores com quem trabalhar. O número de seguidores é definitivamente uma delas, mas não há uma quantidade definida; você poderia ter apenas 5.000 seguidores, mas se são bons e qualificados, então está ótimo. Além disso, há o tipo de coisas que eles postam; observamos a qualidade das fotos que eles usam e para o conteúdo.

O marketing tem sido um relacionamento mais de mão dupla do que costumava ser, basta ver a forma como as pessoas falam sobre experiências e imagens autênticas — é aí que percebo que os blogueiros e influenciadores autênticos entram. Não é mais uma comunicação unidirecional, e sim bidirecional.

O que eu gostaria de ver são várias empresas se tornando suas próprias fontes midiáticas. Estava pensando sobre por que não podemos ser uma fonte de mídia, onde colocamos o conteúdo primeiro e de maneira direta, colocamos primeiro no Twitter, ou primeiro no Facebook e, então, as mídias podem pegá-lo. Cada vez mais nos afastamos da mídia tradicional, mesmo de algo tão antigo quanto os anúncios.[22]

Em uma campanha experiencial criativa e autêntica, o boca a boca exponencial e a divulgação de conteúdo muitas vezes acontecem por padrão, mesmo quando não considerados da maneira adequada, já que o aspecto da experiência de marca ao vivo é extremamente marcante e estimulante. Consumidores, influenciadores, o comércio, as mídias e todos os principais *stakeholders* que participam da atividade contarão a outras pessoas sobre a experiência de marca ao vivo porque o engajamento as surpreende, empolga, diverte, envolve, instrui ou beneficia. Convidar influenciadores importantes para visualizar e se engajar em sua experiência de marca ao vivo é crucial para gerar conteúdo confiável e exclusivo que vem com um selo fidedigno de aprovação, estimulando o interesse das pessoas expostas a ela, alinhando-a com aqueles em quem confiam e, por sua vez, aumentando o valor de cada contato.

Um relatório encomendado pela agência Good Relations revelou que "os consumidores estão cada vez mais sintonizados com os conteúdos criados por influenciadores para ajudá-los a tomar decisões de compras, com um quinto do consumo médio total de mídia dos consumidores (19%) agora feito por conteúdos de influenciadores".[23] Na pesquisa com 1.000 pessoas acima de 16 anos, eles descobriram que mais da metade (57%) havia feito compras com base somente na recomendação online de um influenciador. Entre os *millennials*, a quantidade subia para 69%. Porém, integrar as oportunidades certas de conteúdo (de preferência sem o uso excessivo da logo da marca), e encontrar maneiras fáceis de gerar e compartilhar conteúdo de marca é fundamental, bem como desenvolver um *call to action* (CTA) apropriado e claro, focando as plataformas certas para a oportunidade de conteúdo e seu público.

Elementos exponenciais: competição ou jogo

Se a gamificação constitui parte de sua experiência de marca ao vivo e você oferece aos jogadores um incentivo competitivo para convidar seus amigos a se juntar a eles na competição ou no jogo e se envolverem, é possível fazer a mensagem e a experiência além do grupo inicial se espalharem como um incêndio.

Elementos exponenciais: cocuradoria

Como alternativa, digamos que sua experiência de marca ao vivo proporcione uma cocuradoria forte ou oportunidade para criar conteúdos. A IA emergente e ouras tecnologias digitais disruptivas podem, vez ou outra, ao menos facilitar parte do diálogo personalizado contínuo para amigos e colegas dos participantes originais, e também participar de uma versão digital similar ou *mobile* da experiência, permitindo, assim, que a experiência e a história contada se espalhem e aumentem, de forma orgânica, o impacto positivo e o alcance da experiência de marca ao vivo. Esses *elementos exponenciais* e CTAs associados podem assumir várias formas diferentes para ativar conteúdo a fim de divulgá-los além dos participantes de uma experiência de marca ao vivo (compartilhar, fotografar, editar, criar, competir, entreter, curtir, etc.).

"R" DE *REACH* (ALCANCE)

Às vezes, o marketing experiencial está sujeito a suposições equivocadas, como: "esse marketing é incapaz de alcançar muitas pessoas". É possível ativar uma experiência de marca ao vivo em um shopping center que gere interações de qualidade com 5.000 pessoas por dia, enquanto um vídeo no YouTube pode proporcionar uma comunicação unidirecional a 5 milhões de pessoas por dia. Na época dos primeiros profissionais de marketing na TV, muitos eram céticos em relação a investir no cenário de marketing experiencial porque a experiência de marca ao vivo em si costuma atingir uma quantidade significativamente menor de pessoas que a mídia de massa sozinha. Porém, deve-se considerar o fato de que cada uma das 5.000 pessoas que interagem com a experiência da marca ao vivo teve uma experiência mais profunda e rica da marca, e provavelmente elas falarão com um número maior de pessoas sobre essa experiência. Assim, ela irá *alcançar* um número cada vez maior de pessoas, já que uma contará para a outra e cada uma delas continuará a contar a outras pessoas. Pode-se notar rapidamente como o boca a boca gerado com base na experiência de marca ao vivo aumenta o *alcance* exponencial da campanha experiencial (Figura 6.10).

Figura 6.10 O "R" de *Reach* no modelo criativo BETTER

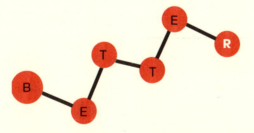

▲ **Traduzindo o conteúdo da experiência de marca ao vivo para as telas pequenas**

Experiências de marca ao vivo têm a capacidade – por conta do impacto visual por meio de um design de produção cada vez mais impactante e criativo – de fornecer e facilitar cenários tanto de cima para baixo (com base no conteúdo gerado pela marca) quanto de baixo para cima (baseado no conteúdo gerado pelo cliente).

Em um relatório da Jack Morton, "The best of brand experience at Cannes [O melhor da experiência de marca em Cannes, em tradução livre]", Caspar Mason, estrategista criativo sênior, afirma: "Como criadores de experiências de marca, enfrentamos um problema. Muitas vezes trabalhamos em um canal – a vida real – ainda não alcançado pela tecnologia. É mais alta resolução do que qualquer coisa que se encontrará em uma tela 4k".[24] Ele continua, afirmando que isso "não se limita a uma moldura. Envolve por inteiro os cinco sentidos. As experiências de marca que criamos são (ou deveriam ser) de 360 graus, imersivas e multissensoriais. Mas a magia de um momento ao vivo nem sempre é a mesma em uma tela 2D, o que dificulta o trabalho de criar conteúdos baseados na experiência que aconteceu" (Mason, 2016).

◢ Antes, durante e depois: *storytelling* com conteúdo

A chance de uma experiência de marca ao vivo ter alcance amplo depende muito da maneira como o conteúdo é abordado em termos de narrativa e *storytelling*: antes, durante e depois da experiência de marca imersiva ou da *interação bidirecional*. Na etapa "R" final do modelo criativo *BETTER*, analisamos como maximizar o *alcance* e elaborar e arquitetar com cuidado a narrativa para cada um de nossos *públicos-alvo*. É aqui que podemos considerar o conteúdo que pode estar disponível para nós antes de nossa experiência de marca ao vivo acontecer. É preciso planejar como aumentar o impacto de nosso evento ou experiência de marca promovendo-os com antecedência.

◢ Divulgar um boca a boca positivo sobre uma experiência de marca ao vivo é crucial

Plataformas de tecnologia como a Eventbrite, YPlan e Design My Night são ótimas formas de adicionar "mídia paga" à mistura para "estimular vendas e reforçar as mensagens principais da marca antes, durante e depois de uma campanha experiencial".

Considere:

1. De que outra maneira o conteúdo poderia desempenhar uma função na comunicação da experiência da marca 'antes' que ela ocorresse?

2. Como esse conteúdo pode ser interessante e envolvente para um público de amplo alcance, inclusive global?

Making-of / nos bastidores

Uma ideia poderia ser produzir vídeos mostrando filmagens do *making of*, se a marca estiver produzindo alguma coisa (que está sendo feita com antecedência) visualmente espetacular para a experiência real. Exemplos desse caso incluem construções especiais gigantescas, veículos sob medida, murais artísticos e conteúdo de realidade virtual.

Imagens de drone da Islândia – Por exemplo, se uma experiência de marca ao vivo vai incluir imagens de drone de 360 graus feitas na Islândia, algumas gravações curtas que registrem a expedição de filmagem em si (onde a equipe de filmagem vai com os drones para gravar o conteúdo) seriam uma opção a se considerar; as imagens poderiam ser captadas e mostradas como um miniteaser de trailer "em breve" ou um convite para evento a fim de promover a experiência de marca ao vivo em si.

◢ Alcance amplo e relevância adequada são a chave

É importante pensar qual conteúdo será mais eficaz para alcançar quantidades maiores de pessoas e se ele deve ser cocriado com influenciadores ou consumidores ou, então, elaborado com um orçamento elevado e distribuído. A relevância do conteúdo é crucial. Você pode captá-lo antes e usá-lo para aumentar a consciência de marca ao vivo antes/durante, a fim de exibir o conteúdo enquanto essa experiência ao vivo acontece, e depois para continuar a história com conteúdo legado, que, por sua vez, também pode contribuir para o *storytelling* de futuras experiências de marca ao vivo, idealmente parte de uma "plataforma de marca" de mensagens consistentes.

◢ Garanta que experiências físicas do mundo real sejam bem traduzidas em conteúdos *mobile*

Produção de marcas artísticas e de bom gosto

Dicas visuais de bom gosto e esteticamente eficientes, além da logomarca corporativa, são fundamentais, sobretudo para *millennials*, a geração Z e nascidos depois de 2005. Volte a pensar na fase "E" de *Emotional Connection* dentro do processo *BETTER* de *brainstorming*, e consulte os elementos multissensoriais que você criou. Considere como alguns deles podem ser usados para garantir que o ambiente seja atraente para os participantes registrarem e compartilharem, e pense na eficácia com que os elementos vão se traduzir em um conteúdo com *alcance* potencialmente mais abrangente.

◢ Engajamento elevado nem sempre cria ótimo conteúdo

Mais precisamente, pode ser muito emocionante para os participantes do evento tomarem parte em jogos de realidade aumentada (AR) e passar por uma jornada de exploração de odores por diferentes áreas; porém, se nenhum desses elementos ficar bem em vídeo ou fotografia, e o conteúdo da experiência não atingir um público amplo, pode ser um investimento caro e mal colocado em um grupo minúsculo de pessoas expostas. O conteúdo é fundamental, e precisamos ajustá-lo aos participantes presenciais de uma experiência ou evento ao vivo de marca, além de garantir que a narrativa de *storytelling* esteja clara antes, durante e depois se traduza em plataformas *mobile* e sociais que, provavelmente, serão usadas pelo público.

Se a experiência de marca ao vivo em si atinge somente uma parte dos participantes do mundo real mas tem um grande *alcance*, impactante e relevante aos que foram meramente expostos ao conteúdo posteriormente, isso é também um grande sucesso.

◢ Como ficará a sua experiência de marca ao vivo muito tempo depois de o evento presencial ter passado?

O marketing de conteúdo e as mídias sociais são mais importantes que nunca para integrar de maneira eficaz o planejamento de experiências de marca ao vivo no mundo real. Já vivemos a vida em paralelo, tanto no mundo digital como no físico. A cada hora, é feito o upload de cerca de 400 horas de conteúdo no YouTube. Filósofos teorizaram que já somos ciborgues por causa da coexistência no espaço tecnológico e que nossa pegada digital continua viva mesmo após a morte de nosso corpo físico! É por isso que 90% das marcas pretendem acrescentar marketing de conteúdo à mistura, conforme relatório da AOL em Cannes.[25]

Se os canais de publicidade tradicionais ainda estiverem sendo utilizados, como a TV, a mídia impressa ou a mídia exterior – frequentemente ineficazes –, estilos antigos de comunicação podem ser usados de um jeito mais inovador para aumentar a conscientização e facilitar a integração com o conceito de *interação bidirecional*, com um *alcance* elevado.

ESTUDO DE CASO

Virgin Holidays

A Virgin Holidays integrou um ambicioso lançamento de marca com *interação bidirecional*, tendo influenciadores e conteúdo como sua experiência de marca ao vivo, que foi ao ar durante uma propaganda na TV ao vivo no decorrer da principal exibição do *The X-Factor*:

- A propaganda exibiu influenciadores em 18 destinos diferentes, já que a empresa esperava mostrar que pessoas comuns, e não somente celebridades, poderiam tornar esses destinos uma realidade.

- Claire Cronin, VP de atendimento ao cliente e marketing da Virgin de Holiday, disse à *Marketing Week* que eles queriam se afastar do ponto de vista inatingível das celebridades e retomar o foco na autenticidade de pessoas reais que executam atividades realistas de férias.[26]

- Esse é um excelente exemplo de como o formato unilateral (propaganda de TV) tradicional (e possivelmente ultrapassado) foi usado para comunicar uma mensagem autêntica e relevante por meio de um evento na TV em grande escala, transmitido em tempo real e de forma remota.

- Esta é uma forma muito eficaz de inovar e gerar participação com influenciadores e clientes por meio de uma experiência de marca de *alcance* elevado.

- Às vezes, integrar propagandas pode amplificar e aumentar o impacto da *interação bidirecional* de uma forma relevante e significativa.

ESTUDO DE CASO

Anúncios de TV interativos da Tostitos

No anúncio Tostitos Superbowl, a marca aproveitou a chance de *alcance* elevado para elaborar uma experiência interativa e lançou um combo antibebidas ao volante que dobrava como um bafômetro. Foi feita uma amostra deles e foram veiculados ao lado de um anúncio, a fim de que as pessoas que "superestimaram" as festividades do Superbowl obtivessem um código Uber gratuito se ultrapassassem o limite. A *interação bidirecional* simples, mas eficaz, com o pacote Tostitos e o *app* da Uber foi um sucesso para ambas as marcas e se destacou entre uma série de mensagens de propaganda unilateral sem-graça que bombardeou os clientes durante o Superbowl.

▴ Marcas participativas criam relacionamentos íntimos

A qualidade do *alcance* das comunicações unilaterais tem muito menos probabilidade de gerar relacionamentos genuínos que as experiências de marca ao vivo. É raro vermos um anúncio no jornal ou assistirmos a uma propaganda na TV ou ao *trailer* de um filme e, mais tarde, contarmos a alguém sobre a 'experiência'. Ao contrário, participar de uma experiência de marca ao vivo por meio de uma campanha de marketing experiencial é estimulante e ficamos muito propensos a contar a várias pessoas sobre ela.

▴ Integre mídia paga, mídia social patrocinada e RP para criar o máximo de consciência sobre a experiência de marca

Ao desenvolver um conceito de marketing experiencial, sempre leve em conta ambos os métodos de aumentar o *alcance* inicial (as pessoas que interagem em primeira mão com a experiência de marca ao vivo) e o *alcance* combinado da campanha de marketing experiencial como um todo (incluindo canais de amplificação como mídia social, conteúdo e RP).

Seu canal de experiência de marca ao vivo não tem que competir com outros canais, alguns dos quais podem ter um *alcance* bastante elevado (como propagandas). Sabemos que outros canais podem ser menos eficazes quando implementados tradicionalmente, logo, para melhores resultados, recomenda-se que a ideia de experiência de marca ao vivo seja conectada e complementada pelos outros canais selecionados. Consequentemente, o conteúdo de marketing experiencial e uma *interação bidirecional* autêntica, pessoalmente relevante e positivamente conectada podem alcançar os maiores volumes possíveis de seu público-alvo.

◢ Como iniciar um *brainstorming* para ampliar o seu *Reach* (alcance)?

O Reach (alcance) da experiência de marca ao vivo

Quando estiver na parte *Reach* do processo criativo *BETTER*, primeiro leve em conta os fatores que afetam o *alcance* inicial da experiência de marca ao vivo. Considere os locais ideais para realizar sua(s) experiência(s). Se ficar decidido que o melhor lugar para realizá-la(s) é no meio de um parque, mas não há sequer ruído de passos nesse parque, o fator *alcance* de primeira mão não é abordado, deixando o *alcance* inicial da campanha mal-sucedido. Por outro lado, se pesquisamos eventos relevantes para a marca a que milhares de pessoas compareceram e o *público-alvo* está sempre presente, esse poderia ser um conjunto mais adequado de lugares.

O conteúdo Reach

Em segundo lugar, deve-se pensar no papel do conteúdo "antes, durante e depois" de suas experiências de marca ao vivo e eventos, criando ambientes físicos e virtuais que reflitam sua marca e criem um posicionamento aspiracional que se traduza de maneira efetiva em vários formatos de conteúdo distintos. Ao fazer a curadoria de uma jornada experiencial de geração de conteúdo para o consumidor conforme ele se move por meio dos estágios de participação de suas experiências de marca ao vivo, você garantirá que o conteúdo orgânico e pago gerado por seu marketing experiencial tenha o maior *alcance* possível. Lembre-se sempre de considerar o escopo potencialmente exponencial do *alcance* boca a boca que uma excelente experiência de marca pode ativar. ■

RESUMO

◢ Como usar o modelo *BETTER*?

Ao usar o modelo de *brainstorming BETTER* para descobrir conceitos de primeira linha para o marketing experiencial, primeiro conclui-se as etapas B, E e T (*Brand Personality, Emotional Connection, Target Audience*), e, depois, combina-se os resultados como elementos para estimular a mente subconsciente antes de adentrar o processo criativo principal, representado pelo segundo T: *Two-Way Interaction*. Isso constitui a inspiração para sua grande ideia, central à sua criatividade. Em seguida, constrói-se o E, o *Exponential Element*, depois o R, examinando a função do conteúdo e canais de suporte na tentativa de atingir o melhor *Reach* possível (a combinação do *Reach* inicial das experiências de marca ao vivo, o *Reach* boca a boca e o *Reach* dos canais de amplificação).

Resumindo, deve-se fazer um *brainstorming* e considerar seis etapas ao desenvolver um conceito de primeira linha para uma campanha de marketing experiencial. O *brainstorming BETTER* abarca estas bases:

*B*rand Personality.	Duas ou três características humanas extraídas para constituir a *Brand Personality* (Personalidade de Marca).
*E*motional Connection.	A marca precisa se esforçar para se conectar em um nível emocional com o público-alvo. Isso é mais bem alcançado por meio de uma combinação de imersão em ambientes multissensoriais de marca e garantindo que a experiência represente os três atributos-chave: autêntico, positivamente conectado e pessoalmente significativo.
*T*arget Audience.	O público-alvo é a chave durante o *brainstorming* da ideia. Muita pesquisa sobre o estilo de vida do público-alvo deve ser trazida à tona, a fim de garantir a experiência certa às pessoas certas.

Two-Way Interaction.

A experiência de marca ao vivo envolve interação entre consumidores e marcas em tempo real (remotamente ou presencialmente). As três primeiras etapas – *Brand Personality, Emotional Connection* e *Target Audience* – devem servir de inspiração.

Exponential Elements.

Os elementos exponenciais devem ser feitos para estimular participantes a passar pela experiência, divulgando o boca a boca na vida real e nas mídias sociais.

Reach.

Sem dúvida, adquirir *Reach* (alcance) máximo para a campanha de marketing experiencial é crucial. O *alcance* inicial da experiência de marca ao vivo, o *alcance* do boca a boca e o *alcance* combinado dos canais de amplificação devem ser levados em conta. Os canais de amplificação corretos devem estar presentes sobretudo para expandir o *alcance* da experiência de marca ao vivo, permitindo, assim, que o conceito da campanha envolva mais pessoas.

O processo completo de *brainstorming BETTER* deve ser finalizado da seguinte maneira. Comece coletando qualquer pesquisa existente e a tenha à mão. Comece pela etapa B (pensando em **B***rand Personality*, identificada pelos três componentes principais da *Brand Personality* e características humanas); então, pense em como criar uma **E***motional Connection* (multissensorial e/αuos três atributos-chave: autêntico, positivamente conectado e pessoalmente significativo); depois, leve em consideração a **T***arget Audience* (o que gostam, o que não gostam, estilo de vida e insights), levando em conta também os influenciadores, o comércio e a mídia. Combine os três primeiros passos para formar a **T***wo-Way Interaction*. Então, construa os **E***xponential Elements* (levando em conta o que despertará a conversa, e um CTA para divulgar o boca a boca), e pense em como maximizar o **R***each* (canais de amplificação e também as interações iniciais em 'primeira mão' com a experiência de marca ao vivo, e o *Reach* do conteúdo mais apropriado e plataformas de influenciadores).

O MODELO CRIATIVO *BETTER* **163**

Notas

[1] MARRANCO, J. The Science of Creativity. HubSpot, 2015. Disponível em: https://blog.hubspot.com/marketing/the-science-of-creativity#sm.000157rw9h10z0e95sdmvsculsjn0. Acesso em: 12 abr. 2016.

[2] MARRANCO, 2015.

[3] ZALTMAN, G.; ZALTMAN, L. *Marketing Metaphoria*: What deep meta-phors reveal about the minds of consumers: what seven deep metaphors reveal about the minds of consumers. Boston: Harvard Press, 2008.

[4] CYTOWIC, R.; EAGLEMAN, D. *Wednesday is Indigo Blue*: Discovering the brain of synaesthesia. Cambridge: MIT Press, 2011; BRANG, D.; RAMACHANDRAN, R. Survival of the Synaesthesia Gene: Why Do People Hear Colors and Taste Words, *Plos Biology*, 2011. Disponível em: http://dx.doi.org/10.1371/journal.pbio.1001205. Acesso em: 13 novembro 2016.

[5] BRADLEY, M. M. *et al*. Remembering pictures: pleasure and arousal in memory. *Journal of Experimental Psychology: Learning, memory and cognition*, n. 18, p. 379–907, 1992.

[6] AESOP. Aesop 2016 Brand Storytelling Survey Results. *AESOP Agency*, 2016. Disponível em: http://aesopagency.com/. Acesso em: 11 jul. 2017.

[7] CHAHAL, M. Top *Storytelling* Brands Capitalise on Smartphone Obsessed Consumers. *Marketing Week*, 2016. https://www.marketingweek.com/2016/09/29/top-*storytelling*-brands-capitalise-on-consumers-smartphone-obsession/. Acesso em: 12 out. 2017.

[8] ALDANA, R. Trecho de entrevista com Rodolfo Aldana, Diretor da Tequila, Diageo, feita por Shirra Smilansky. s. l. 2017

[9] GAINS, N. *Brand esSense*. London: Kogan Page, 2013.

[10] MARRANCO, J. Human-to-Human Marketing: A Trend for 2015 and Beyond. *HubSpot*, 2014. Disponível em: https://blog.hubspot.com/marketing/human-to-human-marketing#sm.000157rw9h10z0e95sdmvsculsjn0. Acesso em: 23 maio 2016.

[11] BRANG; RAMACHANDRAN, 2011.

[12] VAN DEN BERGH, J.; BEHRER, M. *How Cool Brands Stay Hot*: Branding to Generation Y. Kogan Page: London, 2013.

[13] VAN DEN BERGH; BEHRER, 2013.

[14] GAINS, 2013.

[15] DEIGHTON, K. "Satisfying Experiences": Including a Bubble Wrap Carpet. *The Drum*, 2016. Disponível em: http://www.thedrum.com/news/2016/04/05/satisfying-experiences-including-bubble-wrap-carpet-key-cadbury-s-latest-campaign. Acesso em: 20 ago. 2017.

[16] THE DRUM. Consumer Intent: The Future of Marketing. *The Drum*, 2015. Disponível em: http://www.thedrum.com/whitepaper/ consumer-intent-future-marketing. Acesso em: 20 ago. 2017.

[17] ORACLE. The Programmatic Guide. *Oracle Marketing Cloud*, s. d. Disponível em: https://go.oracle.com/LP=72512. Acesso em: 27 ago. 2017.

[18] VAN DEN BERGH, J.; BEHRER, M. *How Cool Brands Stay Hot*: Branding to Generation Y. Kogan Page: London, 2013.

[19] VAN DEN BERGH; BEHRER, 2013.

[20] Você pode ler mais sobre o estudo aqui: KPMG. Customer Experience Excellence Centre. KPMG, s. d. Disponível em: https://customerthinking.kpmg.co.uk/articles/2016-uk-customer-experience-excellence-analysis/. Acesso em: 27 ago. 2017.

[21] HOWELL; SMILANSKY, S. LiveBrandSocial. *Shirra*, 2013. Disponível em: https://www.shirra.co.uk/. Acesso em: 27 ago. 2017.

[22] GAN, V. Trecho de entrevista com Vivienne Gan, Vice-presidente e relações-públicas mundial do Langham Hospitality Group (Global Luxury Hotel e Resort Brands), feita por Shirra Smilansky. s.l. 2017.

[23] MORTIMER, N. Influencer Content Accounts For Almost 20% of Consumer Media Consumption. *The Drum*, 2017. Disponível em: https://www.thedrum.com/news/2017/01/25/influencer-content-accounts-almost-20-consumer-media-consumption. Acesso em: 27 ago. 2017.

[24] JACK MORTON WORLDWIDE. Best of Brand Experience at Cannes Lions. *Jack Morton Worldwide*, 2016. Disponível em: http://www.jackmorton.com/wp-content/uploads/2016/07/TheBestOfBrandExperienceAtCannesLions_JackMorton.pdf. Acesso em: 20 ago. 2017

[25] JACK MORTON WORLDWIDE, 2016.

[26] GEE, R. Screw It, Let's Do It: Virgin Holidays on the Launch of its 'Most Ambitious Campaign' yet, *Marketing Week*, 2016. https://www.marketingweek.com/2016/09/08/screw-it-lets-do-it-virgin-holidays-on-the-launch-of-its-most-ambitious-campaign-yet. Acesso em: 12 jan. 2017.

SET MESSAGE
Um modelo de ativação para a sua estratégia de marketing experiencial

Recapitulando, analisamos o modelo criativo e de *brainstorming* *BETTER*, criamos as ideias principais e as mostramos às áreas que tomarão as decisões, ao chefe ou ao cliente. Como resultado, tomou-se uma decisão sobre qual ideia principal será desenvolvida com mais detalhes, já que são necessários, antes da implementação, uma ideia mais detalhada, estratégias e um plano.

É aí que entra em cena o modelo *SET MESSAGE*. O *SET MESSAGE* é um sistema de planejamento mais detalhado, garantindo que tanto seus *Experiential Objectives* (objetivos experienciais) e *Experiential Strategy* (estratégia experiencial) sejam respaldados por um planejamento sistemático e *Evaluation* (avaliação), permitindo que você mantenha sua campanha no caminho certo. Esses sistemas permitirão aos responsáveis que avaliem com profundidade os planos antes da implementação e *Gauge Effectiveness* [mensuração da eficácia] durante a campanha, e também que a avaliem efetivamente mais tarde.

O MODELO DE PLANEJAMENTO *SET MESSAGE*

O modelo SET MESSAGE é o acrônimo de:

Situation and Background (Situação e histórico)

Experiential Objectives (Objetivos experienciais)

Target Audience (Público-alvo)

Message – Key Communication (Mensagem – comunicação-chave)

Experiential Strategy (Estratégia experiencial)

Selected Locations and Brand Ambassadors (Locais selecionados e Embaixadores da marca)

Systems and Mechanisms for Measurement (Sistemas e mecanismos de mensuração)

Action (Ação)

Gauging Effectiveness (Mensuração da eficácia)

Evaluation (Avaliação)

Figura P2.1 O modelo de planejamento *SET MESSAGE*

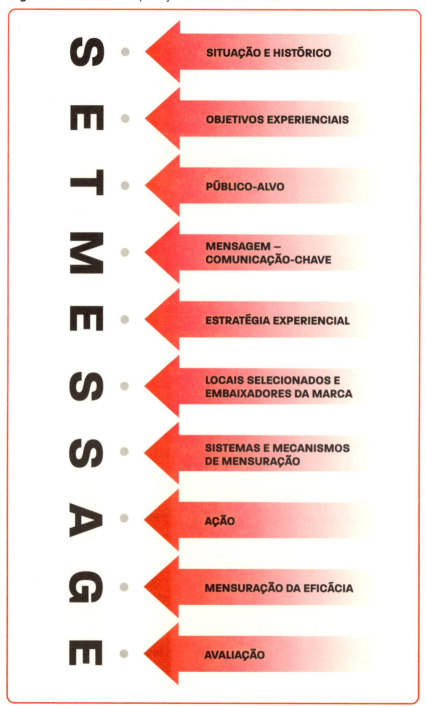

◢ Planejamento sistemático

É importante executar um processo de planejamento sistemático para que, quando você finalizá-lo, tenha um modelo bastante simples para seguir. O plano da campanha se torna um modelo para o êxito da implementação, simplificando a atribuição de tarefas e a administração de segmentos diferentes da campanha. Diz-se que "se você falha em planejar, você planeja falhar". Isso é uma verdade nua e crua no marketing experiencial. A experiência de marca ao vivo deve estar no cerne da ideia de marketing experiencial e, como em qualquer evento ao vivo, há muito mais fatores, externos e internos, que podem fazer as coisas darem errado.

◢ Planejamento detalhado

O planejamento minucioso é a única maneira de evitar os efeitos nocivos de eventualidades inesperadas que ocorrem durante uma experiência de marca ao vivo. Da mesma forma, com um plano detalhado que aborde cada elemento da campanha, você terá respostas a muitas das perguntas que muitos possíveis céticos farão em relação a marketing experiencial, quer essas pessoas perguntando façam parte da sua própria empresa ou de um grupo de clientes, é importante mostrar que você abarcou todas as bases desde o início da campanha até a conclusão.

◢ Consequências negativas

As consequências podem ser sérias se o planejamento não for executado corretamente. Por ser uma pessoa ocupada, você não terá tempo de planejar conforme progride. Se não conseguir planejar sistematicamente, algumas áreas de sua campanha estão fadadas à negligência e sacrifícios terão de ser feitos. Por exemplo, se não decidir com antecedência quais as métricas de mensuração para a campanha ser bem-sucedida, será impossível provar que os frutos foram resultado direto da campanha.

PLANEJANDO SUA INICIATIVA DE MARKETING EXPERIENCIAL

◢ Planejar métricas de mensuração com antecedência é a chave

Imagine que você trabalha numa agência. Um de seus clientes tem um website, e sua tarefa é criar uma campanha de marketing experiencial para promovê-lo. Se você não conseguisse planejar, como controlaria os visitantes do site? Não haveria como provar a correlação direta entre o aumento de visitantes no site e os clientes envolvidos na campanha de marketing experiencial. Nada garante que seu cliente não alegaria que o aumento foi consequência dos £5 milhões gastos com anúncios. Mesmo que você tivesse certeza de que ao menos 60% desse aumento no tráfego foi por causa da campanha experiencial engajadora e estimulante que implementou, isso não é um fato até que consiga prová-lo ao cliente ou *stakeholders*. A parte de *Sistemas e mecanismos de mensuração* do plano *SET MESSAGE* teria capacitado você a planejar como comunicar aos interessados a parte do aumento no tráfego do site consequente à campanha de marketing experiencial. Algo simples como um código promocional ou URL exclusiva seria suficiente. Além disso, o cliente teria concordado com antecedência com essa forma de mensuração e, portanto, apreciaria a relevância dos resultados quando a campanha fosse implementada.

◢ Planejando experiências do mundo real

Não planejar com detalhes uma experiência de marca ao vivo pode significar escolher *embaixadores de marca* inadequados. Independentemente de quão promissora seja a ideia para a experiência de marca ao vivo, se a equipe errada de *embaixadores da marca* interage com os clientes, o conceito por trás da experiência de marca ao vivo pode ser anulado. Além de escolher os *embaixadores de marca* certos (que correspondam à *personalidade de marca* e ao *público-alvo*), sistemas detalhados de gerenciamento de projetos, agendas e horários são essenciais para o sucesso. Se alguém perdesse prazos importantes e, como consequência, tivesse um mau gerenciamento de projeto, a campanha inevitavelmente levaria a uma

172 MARKETING EXPERIENCIAL

execução abaixo do esperado. De maneira similar, se os canais de amplificação não estão adequadamente integrados nas etapas de planejamento para maximizar o impacto da experiência de marca ao vivo, muito dinheiro pode ser desperdiçado com mídias tradicionais que não contribuem de forma significativa para o sucesso geral da campanha de marketing experiencial.

APRESENTANDO O MODELO DE PLANEJAMENTO DE CAMPANHA *SET MESSAGE*

O restante deste livro está formatado conforme a metodologia *SET MESSAGE*, com cada um dos capítulos focando uma letra diferente do sistema de planejamento. Ao final da leitura, você conseguirá perceber a importância de planejar com detalhes uma campanha de marketing experiencial e em ter um modelo claro para isso. ■

Capítulo 7

Situação e histórico

Explorando o contexto empresarial
para o marketing experiencial

PATRIMÔNIO, PROCEDÊNCIA E HISTÓRIA DA MARCA

O "S" de *SET MESSAGE* é de *situação e histórico*. É a primeira categoria de nosso plano de campanha detalhado de marketing experiencial. O propósito da categoria *situação e histórico* é proporcionar uma visão geral do que a empresa e a marca vêm fazendo até o momento, bem como da relevância desse histórico para o plano atual de marketing experiencial. Esta é uma ótima oportunidade para se aprofundar e conhecer os fundamentos da marca, objetivando de fato definir seu patrimônio, procedência, história, trajetória e DNA. No plano em si, esse segmento deve criar o cenário tanto para o contexto de mercado mais amplo, tendências e oportunidades, quanto para a marca atraente/verdades do produto que podem ser expandidos para comunicações autênticas e bem-sucedidas.

É melhor começar pela análise da história da marca e como isso se relaciona à sua estratégia atual.

Bebida energética

Por exemplo, existe uma marca de bebidas energéticas que foca pessoas que praticam esportes ou têm um estilo de vida ativo. A bebida energética foi inventada há cerca de 50 anos e, no início, seu alvo eram crianças doentes. Porém, após perceberem que a bebida atinge de maneira mais efetiva pessoas cujos estilos de vida são ativos, a bebida energética mudou de posicionamento. Vale a pena considerar esse tipo de informação na parte *situação e histórico* do plano *SET MESSAGE*.

◢ Fatores de negócio e de mercado devem ser considerados

Além do contexto histórico, você também deveria explorar fatores de negócio, como o tamanho do mercado e o *market share* atual da sua marca, sua categoria e seus concorrentes.

É muito importante entender de fato e mergulhar na filosofia e *ethos* da marca, bem como definir como sua missão e seu patrimônio podem ser sintetizados em uma frase. Por exemplo, "É uma marca de propriedade familiar que opera com políticas de comércio justo".

INSIGHTS DA CONCORRÊNCIA

Esta etapa do processo de planejamento também pode ser usada para identificar e explorar informações sobre programas de marketing experiencial anteriores da concorrência, bem como outros com públicos ou posicionamento de marca similares. Que tipo de marketing experiencial eles fizeram?

Quando você estava fazendo *brainstorming* usando o modelo *BETTER* e apresentou os conceitos usando o formato *IDEA*, talvez tenha analisado concorrentes com o mesmo tipo de *personalidade de marca,* produto ou *público-alvo*, e também os programas de marketing experiencial que eles criaram. Isso inclui analisar como eles criaram uma *conexão emocional* e quais mensagens sensoriais comunicaram por meio do ambiente da experiência de marca. Tenha isto em mente: essa é uma pesquisa que já deveria ter sido finalizada antes de trazer o conceito à tona, portanto, nesta etapa de seu plano você está tão somente colhendo referências e se referindo a ele para ter insights.

INSIGHTS DE CAMPANHAS DE
MARKETING EXPERIENCIAL ANTERIORES

Também é recomendável analisar iniciativas de marketing e histórias realizadas e comunicadas ao longo dos últimos anos, explorando quais plataformas demarketing e mensagens foram usadas (sobretudo as que vêm sendo utilizadas com mais sucesso ou em que o desempenho da marca não causou impacto) e qual impacto causaram.

Pesquise os fatores que levaram essa marca (sua organização ou cliente)a usar o marketing experiencial.

Marca de jeans

Jessica tem sido gerente de marca de uma empresa de jeans nos últimos cinco anos:

- A maior parte de seu orçamento para marketing foi para anúncios tradicionais, um pouco de RP e uma pitada de patrocínio no último ano.

- O motivo por que agora ela está pensando em alocar experiências de marca ao vivo no cerne de sua estratégia de comunicações de marketing é que o canal de experiência ao vivo é excelente para estimular o boca a boca e pode mudar a percepção da marca.

- Ela esperava que isso pudesse ajudá-la a atingir seu objetivo de reposicionar a marca para um grupo "hipster tendência".

- Após explorar ferramentas como patrocínio, ela decidiu que uma abordagem de marketing experiencial dará mais credibilidade, e que a experiência de marca ao vivo, bem como o conteúdo que ela gera, quando amplificado por meio de mídia e canais RP, será mais eficaz para que ela alcance seus objetivos.

Marca de cerveja
Robert é gerente de marca de uma empresa de cervejas:

- A cerveja é importada da Ásia e tem um sabor muito diferente do de outras cervejas.

- Como consequência, Robert gerenciou programas de marketing com distribuição de amostras e degustação para estimular a experimentação do produto, o que conferiu a força do produto nos últimos três anos.

- As iniciativas anteriores de marketing de campo estimularam, com sucesso, testes de produtos, mas não foram de fato bem-sucedidas em transmitir a herança asiática da marca.

- Assim, se você fosse Robert, nesta etapa do método *SET MESSAGE* examinaria insights-chave, explorando motivos potenciais por que campanhas de marketing de campo podem ter sido bem-sucedidas, ainda que não tenham alcançado todos os objetivos.

- Esse é o motivo por que Robert agora quer tentar uma abordagem de marketing experiencial, substituindo a amostragem de estilo marketing de campo por programas aprimorados e imersivos de experiência de marca ao vivo.

- Agora, ele deveria integrar o conteúdo da experiência de marca ao vivo na história de suas outras comunicações de marketing, como mídia paga, RP e marketing de influenciadores para formar seu programa completo de marketing experiencial.

Marca de bens de consumo de alto giro

Frank era diretor de marketing de uma marca de bebidas à base de leite condensado:

- Em resposta a uma decisão recente de adotar uma estratégia de desenvolvimento de marketing cujo novo alvo seria um público de homens caribenhos difíceis de atingir, Frank decidiu que uma abordagem tradicional não seria apropriada.

- Se usasse mídia haveria muito desperdício, e a agência de pesquisa de mercado de Frank sentiu que esse grupo não reagiria tanto a métodos tradicionais.

- Logo, ele direcionou uma parte significativa do orçamento de marketing para um programa de experiência de marca ao vivo, e escolheu RP, canais digitais e de rádio para ampliá-la e compor a campanha completa de marketing experiencial.

- Frank destacou isso ao preparar a parte da *situação e histórico* de seu plano *SET MESSAGE*.

MUDANÇAS E CLIMA ORGANIZACIONAL

Na *situação e histórico*, também se deve mencionar quaisquer mudanças importantes dentro da organização e fatores mais abrangentes de natureza corporativa, social ou de negócios que sejam relevantes.

Às vezes, uma metodologia de marketing experiencial marca a introdução de uma nova estratégia para uma mistura completa de comunicações. Os motivos para isso podem variar.

Por exemplo, eles poderiam ser:

1. uma reação a uma orientação para uma experiência do cliente e da marca em desenvolvimento na organização;

2. que os líderes identificaram que experiências do mundo real combinadas com uma mensagem RSC (Responsabilidade Social Corporativa) voltada ao público serão a melhor forma de expressar suas missões e valores;

3. que a marca impulsionou sucesso com base em um patrimônio arraigado e seus fundadores sabem que nada supera uma recomendação pessoal.

Existem vários fatores em relação à direção a tomar, portanto, certifique-se de se concentrar inclusive nas tendências mundiais ou futuras mais amplas, se elas ressoarem com a experiência de sua marca ou forem suscetíveis a impactá-la. ∎

 RESUMO

Resumindo, a parte da *situação e histórico* de seu plano *SET MESSAGE* deve fornecer uma visão geral sobre a história da marca, sua situação atual ou resumida e o que aconteceu no passado. Analisamos por que ela foi ou não foi bem-sucedida ao criar iniciativas ou estratégias de marketing experiencial anteriormente, e também ao identificar insights de outras experiências de marca de outras marcas, especialmente com *personalidades de marca* ou *públicos-alvo* similares.

Capítulo 8
Objetivos experienciais
Como estabelecer e definir objetivos de forma criativa

O segundo passo da metodologia de planejamento *SET MESSAGE* foca qual dos *objetivos experienciais* escolher nesta etapa do plano. Você já terá uma ideia do tipo de objetivos que gostaria de alcançar porque terá decidido a respeito como parte da estratégia de comunicações de marketing mais amplas. Ao surgir com seus *objetivos experienciais*, muitas vezes pode ser mais criativo que com abordagens tradicionais porque o marketing experiencial facilita ir ao encontro de muitos objetivos que, de outra forma, podem ser mais difíceis de atingir. Como discutido anteriormente, há muito a se ganhar executando campanhas de marketing experiencial bem-sucedidas, e, portanto, há muitos objetivos empolgantes a escolher. Porém, não se deve ater a mais de três deles.

TENHA OBJETIVOS *SMART*

É importante incluir todas as informações relevantes ao apresentar seus *objetivos experienciais*. Tente apresentá-los em formato *SMART*:

Formato SMART

Specific (Específico)

Measurabel (Mensurável)

Achievable (Alcançável)

Realistic (Realista)

Timebound (Com prazo definido)

Por exemplo, atingir o objetivo X, para a marca X, com o público-alvo X, no local X, no dia X. Um exemplo específico, portanto, seria: *Aumentar as vendas da Barley Bars, entre mulheres de 20 a 30 anos, na França, em janeiro de 2020.*

A esta altura, deve haver uma ideia inicial para desenvolver no plano.

Antes de embarcar no sistema de planejamento *SET MESSAGE*, você já terá finalizado vários brainstormings *BETTER*, apresentado conceitos criativos e selecionado uma ideia para desenvolver em detalhes. Nesta etapa, talvez você precise adaptar o conceito que garanta que ele seja apropriado e se encaixe nos *objetivos experienciais*.

No relatório da Eventbrite The Complete Guide to Experiential Marketing, Jason Megson, diretor e vice-presidente da George P. Johnson, afirma:

> Como em todas as atividades de marketing, a primeira coisa que você precisará fazer antes mesmo de falar com uma agência de experiência de marca é definir o problema de negócio que está tentando resolver... É tão simples quanto começar sempre com o 'por quê?' e, então, continuar a referência a esse objetivo geral por meio de planejamento, entrega e pós-atividade[1]

Vamos analisar alguns exemplos dos objetivos da campanha de marketing experiencial.

OBJETIVO 1: DAR VIDA À PERSONALIDADE DA MARCA

John é um gestor de marketing responsável por uma lanchonete de café da manhã com uma *personalidade de marca* **esportiva** e **ativa** que foca homens e mulheres saudáveis de 18 a 35 anos. John queria dar vida à *personalidade de marca* da lanchonete nos Estados Unidos:

- Sua agência de marketing experiencial elaborou uma experiência de marca esportiva ao vivo que vigorou por um mês em cada um dos maiores parques do nordeste norte-americano.

- A experiência de marca ao vivo montou equipamentos de treinamento em circuito, em que os clientes eram convidados a participar de um desafio em várias estações de exercícios com esteira de corrida, equipamento de remada, flexão de braços e barras.

- Depois, eles foram convidados a medir a pulsação e a fazer um teste de frequência cardíaca.

- Uma parede com a marca, que exibia a lanchonete, sua logo e seu esquema de cores circundava os equipamentos do circuito.

- Clientes que completaram o desafio do circuito em menos de dois minutos ganharam uma sacola contendo: uma amostra de barra de cereais, um cupom de promoção de vendas (para estimular compras futuras), uma camiseta e um cronômetro da marca.

Após a experiência, pesquisas mostraram que o *público-alvo* associou essa lanchonete a um estilo de vida **esportivo** e **ativo**, portanto, a campanha atingiu seu objetivo. Ela também atingiu o segundo e o terceiro objetivos de incentivar a testagem do produto (com a amostra na sacola) e as vendas (com o cupom na sacola).

A agência de marketing experiencial trabalhou na campanha em parceria com a agência de mídia de John, que é responsável pela mídia da marca (criação, planejamento e compra). A experiência de marca ao vivo foi filmada pela agência de mídia e os clipes foram editados, contribuindo para um anúncio digital e de TV que promoveu tanto o produto em si quanto as experiências de marca ao vivo seguintes. Os anúncios foram transmitidos durante horários cuidadosamente alocados antes dos principais eventos esportivos na TV.

A integração bem-sucedida de experiências de marca ao vivo, cupons com promoção de vendas e anúncios na TV foi um resultado da boa comunicação entre a agência de marketing experiencial de John, a agência de promoção de vendas e a agência de mídia, que trabalharam juntas para proporcionar a campanha integrada de marketing experiencial.

OBJETIVO 2: ESTIMULAR O BOCA A BOCA

Mark é gerente de marca de um novo jogo de basquete para computadores com personagens revolucionários. Ele queria estimular o boca a boca sobre o jogo entre rapazes urbanos de 16 a 21 anos:

- Sua agência de RP criou uma experiência com jogos realizada fora das quadras de basquete nas cidades-alvo.

- Eles contrataram uma agência de marketing experiencial para elaborar "zonas de relaxamento" da marca.

- Os ambientes tinham sofás confortáveis, telas de 360 graus com sistema de som *surround*, consoles de jogos e frigobares com bebidas não alcoólicas (com imagens de elementos dos jogos).

- Antes de jogar o videogame, os participantes eram solicitados a fornecer dados de contato ao entrarem na "zona de relaxamento".

- Quem fazia mais pontos (cerca de 40% dos participantes) ganhava a oportunidade de receber cartões de visita gratuitos (da marca) com seus próprios dados de contato impressos.

- Cada jogador que pontuava mais tinha um status especial de "membro do time" da "equipe de pré-visualização" dos fabricantes do videogame.

- O *elemento exponencial* foi muito marcante, porque o *público-alvo* usou os cartões de visita ao socializar e passar o número de telefone aos colegas.

- Sempre que entregavam um cartão de visita a alguém, eles tendiam a mencionar o videogame e seu engajamento com ele (sobretudo porque a participação na equipe de pré-visualização se tornou um ponto "legal" de discussão).

A agência de RP convidou jogadores de basquete e influenciadores esportivos para inaugurar o primeiro dia da experiência de marca ao vivo sempre que se visitava uma cidade nova. Consequentemente, foram bem-sucedidos em obter uma farta quantidade de anúncios e em atrair grandes multidões.

Quando o mesmo fabricante de videogames quis atingir seus objetivos de pesquisa de mercado e incubar fãs em um programa de embaixadores de marca, convidou os "membros da equipe de pré-visualização" para sessões exclusivas de pré-visualização do videogame e distribuiu versões "demo" dos jogos.

Essa atividade – ao consultar e permitir que o público participasse do universo da marca – gerou um ponto de discussão que incentivou o boca a boca entre o *público-alvo*. Assim como atingir o objetivo primário do boca a boca, essa experiência obteve objetivos secundários: ganhar cobertura de RP, captar dados e posicionar a marca como o jogo de videogame de basquete com as melhores credenciais entre um *público-alvo* jovem da geração Z, que teria sido menos responsivo a canais tradicionais.

OBJETIVO 3: CRIAR UMA EXPERIÊNCIA DE MARCA MEMORÁVEL

Sandy tem um site de viagens que vende pacotes de férias para lugares exóticos no Caribe e regiões quentes no mundo todo. Ela havia gastado uma quantia significativa de dinheiro com sua agência de publicidade e se beneficiado de um aumento substancial no tráfego da web quando exibiram anúncios impressos, porém, assim que parasse de pagar pelos anúncios, o tráfego do site despencaria. Ela queria fazer uso de uma abordagem de marketing que tivesse um efeito mais permanente e viável.

Seu principal *objetivo experiencial* era **criar uma experiência de marca memorável**. Ela também esperava **transmitir a** personalidade **exótica** da marca da empresa de experiências de viagens por meio da campanha, com a meta de que, após participar da experiência de marca ao vivo, seu *público-alvo* pensasse em sua marca ao reservar as próximas férias. Seu desejo era que eles se **lembrassem** de sua empresa e a experiência positiva de marca que tiveram nos anos seguintes, e ela fez questão de incluir uma chance de **instruí-los** sobre as incríveis experiências de viagem oferecidas pela empresa:

- Ela elaborou uma experiência de marca ao vivo com uma praia caribenha turística e *embaixadores da marca* usando roupas típicas do Caribe.

- A experiência de marca ao vivo percorreu o país durante o verão e teve famílias como alvo. *Embaixadores de marca* cuidadosamente posicionados tiravam fotos dos clientes enquanto eles visitavam as 'praias' (artificialmente aquecidas com o uso de lâmpadas especiais).

- Os participantes entravam em uma experiência de praia de Realidade Virtual (RV), onde eram digitalmente transportados e, por meio de gatilhos multissensoriais, levados a inúmeras e autênticas miniexperiências caribenhas locais oferecidas pela agência de turismo.

- Os participantes, então, recebiam folders bonitos e interativos por meio de Realidade Aumentada (RA) que promoviam o conteúdo e as experiências da viagem, e também convidava os clientes a inserir dados de contato; depois disso, eles tinham a opção de compartilhar o conteúdo com amigos e familiares para ganhar prêmios.

- Essa campanha de experiência de marca ao vivo criou conteúdos e experiências de marca altamente memoráveis, e também atingiu uma cobertura secundária na imprensa e objetivos de captura de dados, que por fim levaram a um aumento nas vendas.

OBJETIVO 4: DAR VIDA AO LEGADO DO PRODUTO E INSCREVER MEMBROS EM UM CLUBE

Uma marca de cuidados naturais para a pele líder de mercado na Ásia foi lançada no Reino Unido. Eles procuraram uma agência experiencial para trabalhar no lançamento, bem como em atividades constantes de experiência de marca ao vivo:

- A agência construiu um *pop-up* experiencial com uma área de café em que se ofereciam refrescos gratuitos a quem assinasse a revista mensal de beleza da marca, e módulos na parte de trás para influenciadoras fazerem demonstrações de cuidados com a pele.

- O cenário também contou com expositores que exibiam as revistas do clube de beleza, ao lado da marca e de sinalizações de alta visibilidade que refletiam a identidade da marca e a *mensagem – comunicação-chave*.

- O *pop-up* experiencial exibiu shows de beleza relevantes para a marca e eventos populares de grande escala.

- Uma equipe de *embaixadores da marca* cuidadosamente treinada refletia visualmente a marca (e tinha experiências relevantes no setor de beleza) e eram a interface entre a marca e os convidados dos shows.

- O *pop-up* continha detalhes de produção bonitos e de alta qualidade, inspirados por uma cabana de arrozal japonesa fotografada por sua equipe de pesquisadores enquanto se encontravam com fornecedores de suprimentos em regiões remotas.

- *Embaixadores da marca* usavam uniformes sob medida que misturavam os estilos japonês e inglês, dando vida ao patrimônio da marca.

- Ao envolver os clientes com ofertas de análises gratuitas de pele e rituais japoneses de cuidado com a pele (juntamente com uma amostra), a equipe inscreveu uma boa quantidade do público-alvo no fã-clube e revista exclusivos da marca Beauty Advocates.

- As demos exclusivas de influenciadoras foram filmadas e o conteúdo foi transmitido ao vivo nas plataformas de mídias sociais.

- Membros do clube receberam conteúdo extra exclusivo e tutoriais desbloqueados de rituais de cuidados com a pele, o que também permitiu a esse grupo de superclientes a oportunidade de fazer perguntas diretas, de forma remota, aos influenciadores convidados, por meio de uma live no Instagram.

A experiência de marca ao vivo atingiu os *objetivos experienciais* de **estimular a experimentação de produtos** entre o *público-alvo*, bem como de gerar **alcance social orgânico** significativo e **inscrever pessoas como membros** do clube. Outra consequência da atividade foi um aumento no **tráfego e nas vendas** D2C no site, atingindo, portanto, outros objetivos.

OBJETIVO 5: PROMOVER A EXPERIMENTAÇÃO PERSONALIZADA DO PRODUTO NO PONTO DE VENDA

Quando Mary, gerente de marca de uma marca popular de iogurte, recebeu a tarefa de **aumentar vendas** e **engajar mães** com filhos pequenos, ela pediu à agência de promoção de vendas que lançasse um conceito criativo de experiência de marca ao vivo. Sua agência de promoção de vendas trabalhou em conjunto com uma agência de marketing experiencial porque eles sabiam que experiências de marca ao vivo são mais propensas a estimular reflexões sobre compras do que qualquer outro canal:

- A agência de marketing experiencial criou uma narrativa com cada um dos personagens-frutas, dando vida a todas as frutas que geralmente se encontram nas embalagens dos iogurtes.

- Atores do lado de fora dos supermercados (onde os iogurtes eram vendidos) usavam fantasias e engajavam quem passava em uma simulação teatral imersiva e multissensorial.

- Os personagens-frutas atraíam crianças pequenas, envolvendo-as no enredo por meio de interação improvisada, perguntando a elas quais eram suas frutas preferidas e surpreendendo-as com um convite para entrar em uma barraca de frutas sensorial, que usava ativadores de tecnologia interativos para oferecer a elas uma amostra grátis de iogurte (no sabor da fruta que escolheram).

- *Embaixadores da marca* cuidadosamente treinados contavam às mães o valor nutricional dos iogurtes naturais, enquanto lhes davam um livreto nutricional com adesivos para raspar e cheirar (para as crianças) e um cupom de desconto (que podiam resgatar nos supermercados).

Essa campanha **aumentou as vendas**, em média, em 80% nas lojas participantes e criou um **engajamento de marca** positivo com as mães. Ela também atingiu os objetivos secundários de **estimular a experimentação do produto** e **proporcionar mensagens complexas de marca** sobre o valor nutricional dos iogurtes à base de frutas.

OBJETIVO 6: COMUNICAR MENSAGENS DE MARCA COMPLEXAS

Vladimir era o empreendedor por trás de uma marca superior e elegante de vodca artesanal. Ele deixara seu lucrativo trabalho urbano como banqueiro para recriar uma antiga fórmula russa e familiar da bebida. Procurou uma agência de marketing experiencial com a tarefa de levar sua vodca a outro patamar, enquanto comunicava **mensagens de marca complexas** sobre a vodca por meio de uma propriedade de marca e **dava vida à marca "no varejo"** para as massas:

- A vodca tem um processo exclusivo de purificação em cinco passos, onde "vai e volta do inferno" (minerais e cinzas vulcânicas) para obter sua pureza incomparável.

- Eles criaram um clube noturno secreto exclusivo inspirado em um antigo cofre de banco, cinco andares abaixo do nível da rua.

- No clube, celebridades, criadores de tendências, influenciadores e clientes superfãs festejariam a noite toda em eventos eletrônicos imersivos em constante evolução.

- Por meio da decoração, da aparência e do tema do local, mensagens de marca complexas foram simbolicamente avivadas em todos os níveis.

- A marca do clube exclusivo que ele criou se transformou em uma "propriedade de marca própria" bem-sucedida e geradora de receita, e que se tornou onipresente com os projetores da subcultura e estilo musicais.

- Como parte de uma "miniexperiência" de varejo em projeção, que objetivava dar às massas um gostinho da experiência inspiradora de clubes noturnos, clientes foram convidados a entrar em estruturas de caixa preta em cubos ativados por sensores e sem marca.

- Ali, eles eram convidados a se sentar em uma luxuosa e enorme "cadeira de purificação", recebiam óculos escuros de realidade mesclada e começavam a ser "purificados", enquanto "imagens" de anjos flutuantes apareciam à sua frente.

- Eles também recebiam uma massagem aromática na cabeça e ombros feita por um "anjo de purificação" na vida real, enquanto vivenciavam virtualmente, ao mesmo tempo, o conteúdo imersivo de 360 graus de algumas das noites mais sedutoras no clube – observado por meio dos óculos futuristas.

OBJETIVOS EXPERIENCIAIS

- Finalmente, cada participante recebia uma dose de vodca para finalizar o "processo de purificação" de várias fases.

- Durante a experiência, os clientes eram informados de que passariam por um "processo de purificação de cinco etapas", assim como a vodca, dando vida à premissa 'piorar para melhorar'.

- Essa experiência de marca ao vivo comunicou com sucesso a mensagem complexa da marca, que outros canais de marketing teriam sido menos capazes de transmitir com tanta facilidade e tangibilidade.

OBJETIVO 7: TER CREDIBILIDADE DE NICHO, APELO MUNDIAL

Savio é diretor de vendas e marketing de uma marca de moda esportiva que vende roupas de jérsei confortáveis e coloridas feitas de algodão orgânico, na Austrália. Ele queria criar uma campanha para **posicionar sua marca de roupas esportivas como uma tendência**, a melhor opção em moda confortável *streetwear*, usando influenciadores de música eletrônica que tivesse impacto

Por meio de pesquisa de mercado, ele sabia que seu *público-alvo* gostava de dançar, e que as verdades do produto ressoavam com a necessidade de conforto e preço dos jovens clubbers, aliadas à percepção de que estampas ousadas e soltas do jérsei estavam voltando ao cenário *rave underground*:

- Ele decidiu fazer uma jogada ousada para investir no lançamento de uma série de eventos de uma *propriedade de marca* "própria" para ganhar credibilidade com o público, mantendo uma plataforma de experiência de marca ao vivo em formato de rave-tour.

- Os eventos foram realizados em antigos estádios de esportes para refletir as credenciais esportivas da marca, e foram montados imensos sistemas de som como palcos de caixas de som empilhadas para os modelos que usavam as roupas da marca dançarem acima da multidão.

- As pistas de dança e as áreas para relaxar ficaram lotadas de DJs e influenciadores de club-kid, enquanto nos bastidores o camarim do artista funcionava como uma suíte VIP para distribuir produtos de presente, a fim de expandir ainda mais o alcance da marca nos guarda-roupas de outros influenciadores.

- O conteúdo de música e vídeo foi transmitido ao vivo no Periscope, Instagram e no SoundCloud, e números recordes de pessoas se sintonizaram de cantos distantes do mundo por conta da quantidade impressionante de DJs de música dance que se apresentaram.

- O resultado disso foi uma enxurrada de pedidos de muitas regiões novas de clientes mundiais de países que desconheciam a marca.

- Ele chegou a criar "mini raves" à prova de som em alguns dos cubículos dos vestiários de sua loja, para que os compradores pudessem se transportar para as raves por um momento e se conectar mais profundamente com a marca.

- Obter credibilidade com esse nicho e público de difícil alcance foi um desafio superado, criando uma plataforma de marca de baixo custo e rica em conteúdo com valores próprios e fluxos de receita de franquia.

- Essa série de eventos foi um enorme sucesso, assim como o boca a boca e a publicidade gratuita que o conteúdo das raves gerou.

Teria sido impossível conseguir tudo isso por meio de canais de mídia tradicionais ou somente patrocínio.

OBJETIVO 8: FOCAR UM NOVO PÚBLICO

Quando um novo "colar inteligente" foi lançado por uma das "plataformas de mídia social para negócios" mais populares do mundo, o desejo era atrair um público novo a adquirir as "joias inteligentes". Originalmente, o colar se direcionara ao mercado empresarial, mas a marca estava ansiosa para **atrair segmentos de público mais amplos e novos**, profissionais atribulados e *millennials* sociáveis.

Grace, que era responsável pelo marketing do colar inteligente, queria criar interações personalizadas que ajustassem quais dos vários recursos e vantagens do produto seriam demonstrados ao usuário. Ela queria comunicar que a "joia" perolada do colar, que se dobrava como uma tela de conteúdo retangular e interativa, era ideal para organizar a agitada vida social dos clientes:

- Ela contratou uma agência que fornecesse *embaixadores de marca* cuidadosamente selecionados (que passavam por treinamento intensivo para compreender as características e benefícios do produto e aprender como mostrar os colares).

- Durante a atividade da experiência de marca ao vivo – que assumiu o formato de uma atividade sutil no transporte público – os *embaixadores da marca* se envolveriam em uma rotina para demonstrar as características e também mostrar um tutorial em looping.

- Os *embaixadores da marca* também ficaram do lado de fora das lojas participantes aos finais de semana, com a tarefa de atrair novos consumidores para participar de uma demonstração feita sob medida dos recursos do colar inteligente.

- Os *embaixadores da marca* faziam perguntas aos consumidores como "em quais plataformas sociais você passa mais tempo?" e "como você passaria o fim de semana dos seus sonhos?" – então, adaptavam a experiência para se adequar a eles.

- As respostas davam aos *embaixadores da marca* uma indicação de quais recursos mostrar. Consumidores interessados em saber mais sobre os produtos e estilos diferentes disponíveis eram direcionados a consultores de vendas especializados e elegantes dentro da loja.

- Ao adaptar as demonstrações, os atributos e benefícios do produto exibido eram específicos para as necessidades do consumidor.

- As experiências de marca ao vivo atingiram com sucesso o principal *objetivo experiencial* da campanha: **atrair um novo consumidor**/*público-alvo* para entender e experienciar o colar inteligente, um produto novo e original.

OBJETIVO 9: AUMENTAR A LEALDADE DO CLIENTE

Marco é proprietário de uma conhecida rede de pizzarias que passava por uma rápida expansão desde que ele franqueou a marca, e queria criar um programa para **aumentar a lealdade do cliente**. Ele já tinha oferecido um desconto único de 30% a clientes que haviam visitado 10 vezes o restaurante, mas suas margens eram reduzidas e logo descobriu que a promoção não valia o investimento. Os consumidores de Mario não ficaram muito empolgados com a perspectiva de 30% de desconto, e o esquema de lealdade foi extremamente malsucedido:

- Após ouvir de um amigo sobre os benefícios das abordagens do marketing experiencial, ele concluiu que deveria começar implementando uma experiência de marca ao vivo.

- Ele decidiu testar a abordagem inovadora para aumentar a lealdade dos clientes.

- Ele projetou um incentivo experiencial de um *"workshop* de fabricação de pizzas"* gratuito com seu conhecido especialista em pizzas, o Chef Tony.

- O incentivo foi dado a todos os clientes que visitaram 10 vezes o restaurante (isso era monitorado com selos em um cartão).

- O novo esquema de lealdade experiencial deu certo. Não somente o prêmio estimulou clientes a completar as dez visitas como, também, ao participarem de um *workshop*, falavam empolgadamente sobre a experiência aos amigos.

- Assim, Marco atingiu seu objetivo primário de **aumentar a lealdade do cliente** enquanto alcançava os outros objetivos: **estimular o boca a boca** e **diferenciar a marca da rede de pizzarias** da concorrência.

OBJETIVO 10: AUMENTAR O TRÁFEGO NA LOJA

Amanda é gerente de marca de uma varejista popular de moda de rua. A varejista vende roupas da moda baratas e tem meninas adolescentes como público-alvo. Após uma crise econômica, ela recebeu a tarefa de

aumentar o tráfego na loja. Depois de instalar novos dispositivos de detecção de tráfego em todas as lojas, os chefes de Amanda estavam ansiosos para ver um aumento rápido. Ela havia lido na imprensa recente especializada que o marketing experiencial estava proporcionando resultados imediatos e de longo prazo quando se tratava de **direcionar o tráfego para as lojas de varejo**, e decidiu experimentar:

- Seu orçamento não era lá essas coisas, e ela resolveu cortar algumas despesas com mídia impressa e usar o restante da verba para essa mídia para publicar anúncios em uma revista lida frequentemente por meninas adolescentes.

- Os anúncios continham uma competição, dando a leitoras que queriam se tornar uma "modelo de vitrine" durante o dia (e ganhar uma minimaratona de compras) a chance de fazer parte da campanha.

- As leitoras da revista ficaram extremamente empolgadas com a chance de ser modelo por um dia, com milhares de inscrições após a visualização do anúncio

- Ela contratou uma agência de marketing experiencial para cuidar da campanha de marketing experiencial e a fez treinar as 100 sortudas vencedoras da competição para se tornarem 'modelos de vitrine' (manequins vivas posando em vitrines de lojas).

- Todas as participantes da competição que perderam a oportunidade de serem "modelos de vitrine" foram convidadas para ver as coleções da nova estação um dia antes de a campanha entrar no ar.

- Elas ficaram empolgadas com esse privilégio, e a ideia de ver a coleção antes do público fez com que contassem essa honra às amigas.

- Além das vencedoras como modelos vivas nas vitrines, a agência também contratou modelos profissionais para desfilar nas minipassarelas que montaram fora das lojas, com *embaixadoras da marca* distribuindo convites para consultas de moda dentro das lojas.

- Antes da campanha, cada gerente de loja foi convidado para uma sessão de treinamento de fim de semana, em que aprenderam a dedicar seu tempo para treinar a melhor equipe interna da loja a dar consultoria de moda.

- A equipe da loja (que recebeu boas comissões pelas vendas) tentava, de toda maneira, aconselhar os clientes sobre moda, o que comprovou a boa aceitação do programa de treinamento pelos vendedores.

- Amanda também envolveu sua agência de RP, que enviou membros da imprensa local para fotografar o espetáculo e aumentar o burburinho da passarela no lado de fora.

A campanha integrada de marketing experiencial resultou em um frenesi de consumidores, com filas de meninas adolescentes (membros do *público-alvo*) esperando para ter consultorias de moda, um fluxo de compradores empolgados entrando nas lojas e um aumento nas vendas por conta das consultorias. Todo mundo estava contente.

Houve **80% de aumento no tráfego de loja** medido pelos dispositivos de monitoramento recém-instalados. As 'meninas da vitrine' e do pré-lançamento divulgaram boca a boca sua experiência como modelo e as maratonas de compras. As **consumidoras ficaram contentes** por serem tratadas como celebridades, com estilistas particulares, e a **equipe da loja gostou** da **comissão** extra que recebeu. ■

RESUMO

É de suma importância adaptar o conteúdo de sua ideia para que ele corresponda aos *objetivos experienciais*. Em última instância, os *objetivos experienciais* são o motivo por que você está implementando campanhas de marketing experiencial e experiências de marca ao vivo, portanto, atingi-los sempre deve ser o foco de suas campanhas.

O marketing experiencial pode atingir muitos objetivos, mas não sobrecarregue seu plano; atenha-se no máximo a três metas principais e garanta que todos os seus objetivos sejam mensuráveis. Como vimos, o marketing experiencial é excelente para alcançar uma vasta gama de objetivos diferentes, inclusive:

- dar vida à *personalidade de marca*;

- posicionar ou reposicionar a marca;

- criar uma experiência memorável;

- comunicar mensagens de marca complexas;

- ganhar ROI elevado em longo prazo (uma fórmula LROI é apresentada mais adiante neste livro);

- aumentar a lealdade do cliente;

- adquirir credibilidade com *públicos-alvo* específicos;

- estimular o boca a boca;

- criar defesa de marca;

- aumentar as vendas;

- aumentar a consciência da marca;

- incentivar tráfego em lojas físicas ou cliques online ou dentro da loja.

De fato, os *objetivos experienciais* mensuráveis são infinitos. Mais adiante no livro, você aprenderá como construir um plano de *Sistemas e Mecanismos para Mensuração* que se relacione diretamente a cada *objetivo experiencial*.

Notas

[1] EVENTBRITE. The Complete Guide To Experiential Marketing. *Eventbrite blog*, s. d. https://www.eventbrite.co.uk/blog/experiential-marketing-guide. Acesso em: 12 jan. 2017.

Capítulo 9
Público-alvo
Coletando insights holísticos e conhecimento dos clientes

Como em todo o marketing, é crucial conhecer profundamente seu *público-alvo* ao planejar campanhas de marketing experiencial. Se não conhecemos as pessoas para quem estamos vendendo, é impossível adaptar nossa campanha da maneira correta. É importante especificar os *públicos-alvo* a fim de que possamos criar a experiência certa para as pessoas certas.

Conforme abordamos anteriormente, o marketing experiencial é capaz de atingir grandes quantidades de pessoas por meio do boca a boca e de conteúdo compartilhado. Não se trata, apenas, de que a experiência de marca ao vivo possa alcançar diretamente uma quantidade enorme de pessoas, mas que o impacto da comunicação seja exponencial.

CULTIVANDO GRUPOS DE INFLUENCIADORES PARA CONSEGUIR O MÁXIMO DE ALCANCE

Para aproveitar o processo do boca a boca, é importante saber que o primeiro grupo atingido é de fato o melhor grupo, por ser o grupo que influenciará os outros. Às vezes conhecidos como "líderes de opinião" ou influenciadores em ascensão, o primeiro grupo deve ser composto de pessoas acostumadas a divulgar informações e a compartilhar conteúdo com os colegas, e que já são consideradas fontes confiáveis de informação.

Se essa meta for atingida de forma eficaz, o *alcance* inicial e o consequente *alcance* boca a boca serão muito maiores, e a defesa de marca será o cerne e o motor impulsionando a campanha rumo ao sucesso e à obtenção de seus *objetivos experienciais*. Antes de continuar o modelo de planejamento *SET MESSAGE*, é importante realmente refletir, pesquisar e analisar o estilo de vida do cliente, ou o dia a dia de seus clientes ideais e reais, e também considerar seu "estilo de vida aspiracional".

◢ Como conduzir uma análise do dia a dia ou aspiracional?

Com isto, entende-se que é aconselhável identificar e especificar o que eles querem, quem admiram e o estilo de vida das pessoas que eles aspiram ser, bem como os influenciadores com quem se identificam. Começamos o processo de análise sobre o *público-alvo* enquanto usamos o modelo criativo *BETTER*; p o r é m, durante essa etapa foi apenas uma análise superficial. Agora, precisamos conduzir uma análise muito mais aprofundada, que nos forneça respostas importantes para o restante do modelo *SET MESSAGE*. Por exemplo, ao selecionar locais e *embaixadores da marca,* seremos inspirados diretamente pelos dados que coletaremos nessa fase do planejamento.

◢ Apropriado para todos os públicos

O marketing experiencial é particularmente eficaz em atingir *públicos-alvo* específicos no mundo real, bem como em ser a abordagem mais apropriada para se comunicar com os consumidores na vida cotidiana e apelar para o estilo de vida a que aspiram. Ele tem se revelado eficaz para todos os grupos de consumidores, inclusive públicos de nicho ou de massa e, conforme anteriormente abordado, *millennials*/gerações X, Y e Z.

ANALISANDO PÚBLICOS-ALVO

Os exemplos a seguir mostram como analisamos *públicos-alvo* particulares no contexto de cenários específicos e setores variados. Para começar, vamos examinar jovens mães britânicas com filhos de 1 a 6 anos e um certo nível de renda disponível.

Para realizar uma campanha experiencial para esse público, teríamos de analisar o grupo por meio de uma pesquisa de mercado. Há várias recursos que podem ajudar a fornecer pesquisas aprofundadas existentes sobre diferentes grupos de nichos. Embora esses relatórios possam ser caros, a informação pode ser extremamente valiosa e a chave para o sucesso da estratégia de campanha. Portanto, vale a pena investir na aquisição ou na criação dos dados certos e na identificação dos insights corretos quando pesquisas secundárias se provarem insuficientes.

◢ Jovens mães abastadas

Análise do dia a dia de uma jovem mãe

- Ela acorda e prepara a merenda escolar do filho. Talvez também garanta que ele tenha as coisas importantes de que precisa, incluindo livros e material para educação física.

- Quando a criança estiver pronta para ir para a escola, é provável que a mãe a leve de carro, possivelmente levando consigo uma criança mais nova ou um bebê.

- Por ser uma mãe mais abastada, possivelmente tem uma babá ou alguém que cuide do filho mais novo durante o dia.

- Após deixar as duas crianças na escola, provavelmente ela tomará café da manhã com outras mães jovens em uma lanchonete ou um restaurante.

- Ela pode fazer compras durante a manhã ou ir à academia, almoçando com outra amiga em seguida.

- Depois, provavelmente voltará para casa antes de pegar o filho na escola.

- Após a escola, talvez ela o deixe em uma atividade extracurricular, como uma atividade esportiva, ou na casa de um amigo.

- Em casa, é provável que prepare o jantar e que assista a alguma coisa online antes que seu companheiro volte do trabalho.

- Quando o companheiro chega e o filho volta da atividade extracurricular, eles podem fazer uma refeição em família.

- Outra opção: ela e o companheiro podem sair para jantar fora enquanto um(a) amigo(a) ou uma babá cuida dos filhos.

- Quando saem para jantar, provavelmente vão até a cidade e comam em um lugar mais elegante ou intimista, e não no mesmo restaurante em que comeriam em família aos fins de semana.

Isso em dias úteis típicos. Aos fins de semana…

- É provável que a família toda saia junta no sábado.

- Eles podem ficar em casa, mas a mãe ficará com o companheiro durante todo o fim de semana.

- Eles podem, inclusive, passar o fim de semana fora, possivelmente visitando parentes ou indo para o interior a fim de descansar do agito da cidade.

- Eles podem fazer compras e visitar um shopping local, uma mostra ou um show, bem como ir ao cinema.

- Férias escolares exercerão grande influência sobre esse *público-alvo*, porque, se houver uma pausa, é provável que a família saia de férias ou visite atrações voltadas para crianças, como um zoológico, um parque de diversões ou um centro de lazer local.

Aspirações gerais de uma mãe jovem e abastada

A análise aprofundada finalizada durante o processo de planejamento *SET MESSAGE* na "etapa T"/"*Target Audience*" (Público-alvo) mostrou que essas mães tendem a admirar influenciadores que também têm filhos e conseguem manter um estilo de vida agitado e uma boa aparência. Também revela que as mães almejam filhos extremamente inteligentes e criativos. Mesmo que não seja possível prever comportamentos exatos de pessoas em particular, ao retratar uma imagem de um dia típico de seu *público-alvo* você começará a compreender quando, onde e como engajá-lo.

A seguir, vamos examinar alguns exemplos de como essa análise pode influenciar as ideias de certas marcas de produtos específicos voltados para esse grupo.

Uma marca de iogurte

Com essas informações básicas em mente, podemos nos concentrar na marca de iogurte mencionada anteriormente. A marca teve como alvo mães com filhos de 1 a 6 anos, e usou experiências de marca ao vivo para aumentar as vendas em supermercados. A gerente da marca, Mary, trabalhou com sua agência, que utilizou o modelo *BETTER* para conceber mais ideias para experiências de marca ao vivo – desta vez, com o objetivo principal de criar uma experiência memorável. Após apresentar as ideias ao diretor de marketing, elas foram reduzidas a uma só ideia para aprimoramento posterior usando o modelo *SET MESSAGE*:

- A ideia escolhida envolvia ter os mesmos *embaixadores da marca* usando fantasias de frutas, desta vez atraindo as crianças e convidando-as para tirar fotos junto com eles.

- No entanto, antes de poder levar as fotos para casa, os *embaixadores da marca* dariam às mães livretos com informações nutricionais, e também discutiriam os benefícios nutritivos do iogurte.

- Os livretos foram reimpressos com informações adicionais e direcionados às mães em uma plataforma da marca criada especialmente para a experiência do iogurte.

Após analisar cuidadosamente o dia a dia de uma mãe jovem e abastada, Mary decidiu que seria melhor implementar a campanha durante as férias escolares:

- Esse seria o momento mais eficaz para atingir e influenciar quantidades grandes de mães e crianças.

- Após pesquisar cuidadosamente a movimentação dos lugares que provavelmente serão visitados durante férias escolares, concluiu-se que zoológicos e parques de diversão seriam os melhores locais para a experiência de marca ao vivo.

- Como a pesquisa inicial e a análise aprofundada mostraram que o *público-alvo* admirava outras mães que mantinham uma boa aparência física, considerou-se que os *embaixadores da marca* deveriam refletir essa imagem e personalidade.

- Mary decidiu que deveria usar essa informação quando chegou à parte dos *lugares selecionados e embaixadores de marca* do processo de planejamento *SET MESSAGE* (isso será abordado no Capítulo 12).

Uma alternativa, embora seja uma abordagem potencialmente menos eficaz, teria sido gastar dinheiro extra com anúncios tradicionais que promovessem o iogurte. Porém, isso poderia ter sido menos engajador e, portanto, não ter inspirado as mães ou as crianças pequenas a compartilhar com outras pessoas suas experiências sobre o iogurte. Enquanto é improvável que alguém diga a outras pessoas que viu um anúncio tradicional em um outdoor, na TV ou numa revista, é fácil imaginar como essa experiência de marca ao vivo poderia alcançar muita gente (via boca a boca e mídias sociais) para cada uma das pessoas que interagiu com a experiência:

- Como já vimos em relação ao estilo de vida da mãe, ela passa muito tempo encontrando pessoas, seja uma amiga para tomar café ou almoçar, o pessoal que vê todos os dias na academia, ou as outras mães na escola.

- Seu companheiro, inspirado pela fotografia do filho com uma pessoa fantasiada de fruta, também pode contar aos colegas e mostrar a foto na internet.

- Eles podem encaminhar a foto a familiares e amigos, sobretudo se também têm a oportunidade de usar um cupom com uma promoção de vendas.

- Quando a mãe voltar ao supermercado, provavelmente ela usará o cupom, encontrado no livreto com as informações nutricionais.

- A criança também contará aos amigos da escola, ou nas atividades extracurriculares, sobre os personagens-frutas.

- Ela pode até enviar a foto aos amigos ou carregá-la em uma rede social como o Snapchat ou o Instagram, onde a marca pode estimular engajamento posterior dos participantes digitais que não viram a experiência na vida real mas ainda podem participar usando filtros de marca personalizados e posts patrocinados.

Uma marca de brinquedos educativos

Quando Harry estava planejando uma campanha, promovendo brinquedos educativos para mães jovens e abastadas e seus filhos, ele pensou em uma ideia usando o modelo *BETTER*. Após apresentar três variações dela ao restante da equipe responsável por tomar as decisões, escolheram uma só ideia para o lançamento de um novo brinquedo infantil. O brinquedo era semelhante a um cavalete de pintor, mas possuía elementos multifuncionais, inclusive calculadora, tela sensível ao toque e *slots* especiais para materiais de arte diferentes:

- A ideia para a experiência de marca ao vivo envolveu uma competição de desenhos, em que as crianças teriam a chance de usar o produto e criar imagens, que seriam expostas na parede de uma galeria como parte do cenário experiencial.

- Os desenhos também podiam ser escaneados e mostrados em uma exibição de slides numa superfície grande projetada. As crianças também teriam a chance de usar a tela sensível ao toque do cavalete para transformar seus desenhos em cartões comemorativos digitais para seus pais e parentes.

- Esses cartões comemorativos também estariam disponíveis para visualização em mídias sociais e para compartilhar com outros familiares ou amigos da família.

Com base nos insights identificados ao finalizar a análise do "dia a dia" do *público-alvo*, durante a fase relevante do processo de planejamento *SET MESSAGE*, Harry concluiu que seria melhor focar toda a família junta no fim de semana:

- Fins de semana permitiriam continuidade. Ele também concluiu que shoppings centers seriam os melhores lugares para essa campanha, em parte porque a pesquisa mostrou que mães e filhos visitariam esses locais, mas também porque o produto estaria disponível para compra lá.

- Ele também notou, com base nos insights identificados durante a pesquisa inicial sobre as aspirações dessas mães (durante o processo criativo *BETTER*), que muitas estavam focadas na inteligência dos filhos, e que admiravam outras mães cujos filhos demonstravam sinais de inteligência precoce e criatividade.

- Isso o levou a decidir que *embaixadores da marca* não somente precisariam ter experiência com crianças, ou ter os próprios filhos, como também precisariam demonstrar esses atributos.

- Alguns *embaixadores da marca* formariam "A Equipe Tecnológica", que representaria a inteligência, e outros formariam "A Equipe Artística", que mostraria a criatividade.

Harry se perguntou quanto do orçamento para a experiência de marca ao vivo teria gastado se não tivesse descoberto essa nova técnica criativa. Porém, ele estava certo de que a opção alternativa – anunciar em fóruns de mães voltados para mães jovens e abastadas – não teria sido tão eficaz, porque nem todas essas mães liam os mesmos blogs. É improvável que o anúncio fosse envolvente ou lembrado por muito tempo, ou que servisse como inspiração para um presente de aniversário ou de Natal. Por outro lado, Harry estava muito empolgado com os planos atuais para experiências de marca ao vivo, e já estava conversando com sua agência para discutir a amplificação de canais que seriam integrados para formar a campanha de marketing experiencial completa para o lançamento:

- Ele sabia que as crianças iriam gostar de brincar com o cavalete criativo de brinquedo, já que pesquisas de mercado e grupos de foco já haviam provado que crianças responderam extremamente bem ao produto.

- Ele sabia que, provavelmente, depois de brincarem com o brinquedo, elas pediriam aos pais que o comprassem, possivelmente atormentando-os até o próximo aniversário ou férias.

- Ele também estava seguro de que, após ver os filhos se envolvendo em uma experiência educativa, estimulando sua criatividade e inteligência, as mães jovens e abastadas sentiriam que o brinquedo poderia contribuir com o estilo de vida a que aspiravam.

Uma marca de roupas de dança para meninas

Quando Maggie, diretora de marketing, estava planejando uma campanha para lançar uma nova linha de roupas de dança para crianças em 20 de suas lojas, ela sabia que podia ser difícil atingir os resultados desejados com um orçamento limitado. Ela pensou em anúncios, mas sabia que não poderia pagar por eles durante mais de dois meses.

Ela não estava segura o suficiente de que o plano de marketing antiquado da empresa – que envolvia colocar anúncios em revistas e jornais locais lidos pelo *público-alvo* de pais e mães (e suas filhas) no sudeste da Inglaterra – causaria impacto significativo nas vendas. Embora pudessem aumentar a conscientização sobre a coleção, não criariam uma demanda alta o suficiente da parte das meninas a ponto de implorarem aos pais que lhes comprassem a roupa. Maggie queria alcançar as crianças, mas não sabia por onde começar e se sentia que não tinha recursos suficientes:

- Uma amiga lhe contou sobre o sucesso que uma colega teve ao usar experiências de marca ao vivo para lançar seu novo restaurante moderno e exclusivo. Sua agência de RP obteve grande cobertura da imprensa a partir dessas experiências.

- Eles tinham trabalhado com uma agência de marketing experiencial que criara "experiências degustativas", em que os clientes foram convidados a interagir com a marca do restaurante e degustar canapés em vários eventos de moda.

A história inspirou Maggie, que decidiu que deveria tentar uma estratégia experiencial, e, após aprender o modelo *BETTER*, ela teve uma ideia para criar uma experiência interativa de balé:

- A experiência seria alocada em shoppings locais, onde as lojas de varejo estavam situadas, com cenários temáticos de balé especialmente elaborados.

- Os cenários seriam compostos de um piso rosa da marca, contendo a logo da linha de roupas, uma barra de balé e espelhos.

- Ela alocaria a coleção de roupas, incluindo leggings, collants, polainas, cardigãs de dança e tutus.

- Ela planejou convidar mães para inscrever suas filhas em uma aula de balé, enquanto elas, as mães, poderiam fazer compras por meia hora.

A ideia era simples: as meninas poderiam aprender um pouco de balé e experimentar as roupas de dança novas e descoladas no meio do lançamento. Ela também lhes daria a chance de receber uma bolsa com itens gratuita, uma mochila de cordão com a logo da marca de roupa. Dentro da bolsa, haveria um cupom de promoção de vendas.

Após usar o modelo *BETTER* para elaborar a ideia, Maggie começou a planejar com mais detalhes usando o *SET MESSAGE*:

- Após considerar o dia a dia dos pais, junto com o *público-alvo* principal, suas filhas crianças, e analisar suas aspirações, ela descobriu que elas admiravam garotas mais velhas que eram boas no balé.

- Foi assim que ela definiu a identidade das *embaixadoras da marca*. Ela decidiu contratar uma agência experiencial para gerir a campanha.

- Ela instruiu a agência a recrutar garotas, no fim da adolescência, apaixonadas por balé. As *embaixadoras da marca* usariam as roupas de dança e ensinariam técnicas de balé.

- Sua pesquisa também descobriu que havia competições de dança locais, então, instruiu a agência a aproveitar experiências de marca ao vivo nesses eventos.

- Maggie decidiu reforçar ainda mais o conceito experiencial. Ela contratou bailarinas no fim da adolescência para trabalhar em suas lojas.

- Preferencialmente, essas bailarinas seriam as mesmas que se tornariam suas *embaixadoras da marca* durante a campanha de experiência de marca ao vivo.

- Assim, depois que as meninas mais novas aprendessem balé com as garotas mais velhas (e *embaixadoras da marca*), elas poderiam ser convidadas para voltar às lojas para mais orientações sobre balé e roupas de dança.

- Isso fortaleceria ainda mais o relacionamento entre a marca e o *público-alvo*, trazendo, ao mesmo tempo, uma perspectiva de gestão da experiência do cliente para a marca.

Então, Maggie finalizou o restante do sistema de planejamento *SET MESSAGE* (com ajuda de sua agência) e descobriu que ainda tinha um pequeno orçamento disponível. Ela o usou com sua agência de RP, que tinha um relacionamento excelente com uma produtora que fazia shows no YouTube para crianças pequenas. A produtora gostou tanto do conceito da campanha de experiência de marca ao vivo que concordou em criar um reality show para transmitir a campanha como uma série de conteúdo de marca para o canal do YouTube.

Maggie estava segura de que essa campanha de marketing experiencial para a coleção de roupas de dança não apenas daria vida à *personalidade da marca*, mas aumentaria a consciência, as vendas e ganharia credibilidade do *público-alvo*. Ao comparar a ideia de sua campanha com anterior, de fazer uma campanha usando anúncios em revista, em escala relativamente pequena, o que seria caro e despertaria um nível de consciência relativamente baixo da marca, ela ficou muito satisfeita com o crescente potencial da campanha de marketing experiencial.

◢ Profissionais abastados

Análise do dia a dia de um "profissional abastado"

Em dias úteis:

- Esse grupo tende a ir trabalhar de manhã, provavelmente durante a hora do rush, usando o transporte público ou o próprio carro.

- É possível que pulem o café da manhã ou comprem um salgado de massa folhada no caminho e talvez comam uma barra de cereais ou tomem um café quando começarem a trabalhar.

- Eles tendem a se ocupar verificando e-mails, retornando e fazendo ligações telefônicas, correndo para reuniões e, muitas vezes, estão ocupados demais para almoçar.

- Eles podem, simplesmente, pegar um sanduíche e trazê-lo para o escritório. Ou, então, podem sair para almoçar e comer num restaurante e, ao mesmo tempo, fazer uma reunião de negócios.

- Então, eles voltarão ao trabalho e, dependendo da quantidade de tarefas, podem sair às 18h. Se ficarem até mais tarde, podem ir direto para casa o mais cedo que conseguirem.

- Como alternativa, eles podem participar de alguma atividade social com colegas de trabalho em um bar local. Talvez tenham um jantar de negócios ou um evento para ir, como uma cerimônia de premiação.

- Às vezes, eles podem fazer networking à noite. Se tiverem uma atividade social, podem encontrar o(a) parceiro(a) para jantar ou beber alguma coisa.

Aos fins de semana:

- Profissionais abastados tendem a espairecer e relaxar da semana agitada e podem participar de atividades de lazer, que, dependendo dos próprios interesses, podem ser muito variadas – entre elas, compras ou atividades de lazer como teatro, música, balada ou concertos. De fato, em geral os interesses variam muito.

Em viagens:

- Profissionais abastados também tendem a viajar, alguns mais que outros, e na classe executiva ou econômica.

- No aeroporto, talvez tenham muito tempo à toa antes do voo, momento em que podem fazer compras ou ficar nas salas VIP disponíveis para a classe executiva.

- Talvez não tenham nada para fazer nesse meio-tempo e fiquem entediados.

- Eles poderiam usar o laptop ou fazer umas ligações de último minuto, dependendo de sua agenda e interesses.

Aspirações de um profissional abastado

Observar quem os profissionais abastados almejam ser é a chave. Insights na primeira pesquisa podem mostrar que eles admirariam empresários de sucesso e homens/mulheres de negócios que se destacam na mídia. Talvez admirem pessoas bem-sucedidas no mundo dos negócios, sobretudo no setor em que eles trabalham.

Por exemplo, se um profissional abastado trabalha com tecnologia, ele ou ela poderiam admirar Bill Gates ou Elon Musk. Se fosse profissional de marketing, ele ou ela poderia admirar alguém famoso e bem-sucedido nas áreas de marketing ou criatividade, como o fundador de uma agência disruptiva como Oliver (que coloca equipes de agências dentro de empresas-clientes).

Influenciadores aspiracionais

O grupo de influenciadores aspiracionais para esse público deve incluir empreendedores muito bem-sucedidos cujo estilo de vida seja luxuoso, confortável e conveniente. Essas pessoas de patrimônio elevado almejam viajar em carros Tesla ou Faraday Future e jantar em restaurantes criativos e com estrelas Michelin, viver em belas casas e ter funcionários à disposição. A análise também revelou que muitos desses executivos de alto nível admiram colegas e conhecidos que demonstram boa perspicácia para fazer negócios, e eles mesmos desejam dominar conversas que demonstrem conhecimento abrangente de negócios de sucesso e suas práticas.

Adapte ideias, locais e mecanismos na fase de planejamento detalhado

A pesquisa sobre a vida de nosso *público-alvo*, no caso, o profissional abastado, nos dá a chance de influenciar e desenvolver ideias existentes, ideias de lugares e de imaginar um conteúdo apropriado que gostaríamos de elaborar por meio das experiências de marca ao vivo enquanto planejamos usar o *SET MESSAGE*.

Vamos examinar alguns exemplos de como a análise pode influenciar as ideias para algumas marcas de produtos específicos voltados para esse grupo:

Marca de companhia aérea

Rob era um gerente de marketing responsável por promover uma oferta nova e aprimorada de classe executiva para a marca de uma companhia aérea. A empresa em geral estava começando a moldar suas ações com base na experiência do cliente, e a filosofia se prestava excepcionalmente bem ao marketing experiencial. O chefe de Rob queria que ele divulgasse a mensagem de que a nova experiência de viagens de negócios era muito mais confortável que as ofertas precedentes:

- Rob usou o modelo *BETTER* para fornecer alguns conceitos de experiência e ofereceu quatro opções.

- Ele os reduziu a um único conceito após uma cuidadosa discussão com o restante da equipe de marketing da companhia aérea. O conceito era simples, mas Rob estava seguro de que ele seria eficaz.

- Ele envolvia a criação de "zonas de negócios", que eram ambientes experienciais fechados. Rob decidiu replicar a seção de negócios dos aviões nos ambientes experienciais.

- As zonas apresentariam réplicas das novas "cadeiras para teste" especiais instaladas nas classes executivas.

- Rob pensou que seria uma ótima ideia integrar uma experiência gastronômica à experiência de marca ao vivo, para que ele pudesse comunicar a melhoria na qualidade dos cardápios da companhia aérea.

- Os profissionais abastados poderiam degustar canapés deliciosos, provar pratos e provar bebidas originárias dos países das principais rotas da companhia aérea enquanto relaxavam nas "cadeiras de teste", que proporcionavam uma massagem shiatsu especial.

- Os *embaixadores da marca* treinados refletiriam o calibre dos comissários de bordo recém-treinados. Em geral, a experiência de marca levaria cinco minutos para terminar.

- O cliente seria convidado a se sentar na cadeira de teste, comer um aperitivo, tomar uma taça de champanhe e conversar com um dos *embaixadores da marca* sobre a nova oferta para a classe executiva.

- Os clientes também se sentiriam revigorados por emissão de odores da aromaterapia.

Aplicando os insights

Embora Rob tivesse a ideia acima da linha aprovada pela equipe, ainda estava inseguro com a implementação até começar a analisar seu *público-alvo*. Ao usar o modelo *SET MESSAGE*, ele analisou o cotidiano do *público-alvo* e também as aspirações dele.

Isso o levou a entender que esses profissionais abastados **não tinham muito tempo** para aproveitar o almoço. Por serem sobretudo pessoas ocupadas, não arriscariam ir comer longe do escritório durante o dia. Ele também percebeu que pessoas que trabalhavam em centros de escritórios comerciais careciam de opções na hora das refeições. Portanto, ele decidiu alocar as experiências de marca ao vivo nos centros de negócios desse tipo, permitindo às pessoas um almoço de cinco minutos na classe executiva. Isso não somente agregaria valor ao satisfazer sua fome, mas comunicaria todos os benefícios e a *personalidade de marca* do novo serviço de classe executiva voltado à experiência.

Insights aspiracionais

Ao analisar o estilo de vida aspiracional do *público-alvo*, Rob notou que eles admiravam pessoas bem-sucedidas nos negócios e indivíduos de grande visibilidade em suas áreas.

- Então, ele decidiu acrescentar outro elemento às experiências de marca ao vivo. Ele levaria a "área de negócios" em turnê para visitar conferências e seminários, onde líderes de opinião, como palestrantes e organizadores, também poderiam participar.

- Ele sabia que se associar a essas pessoas convincentes impressionaria seu *público-alvo*.

- Também sabia que, se os palestrantes participassem da divulgação boca a boca, a aprovação deles poderia influenciar outras pessoas.

Após finalizar o plano *SET MESSAGE* e contratar uma agência para implementar a campanha, Rob percebeu resultados excelentes.

Depois do enorme sucesso do lançamento da oferta aprimorada da classe executiva, Jake (o novo CEO) ficou nas nuvens. Rob também continuou a trabalhar em conjunto com sua agência de publicidade, que foi contratada para preparar anúncios mais inovadores para canais no YouTube relacionados a negócios, promovendo a chance de "testar a nova experiência de viagens de negócios".

Após a campanha inicial de experiência de marca ao vivo, ele começou a integrar todos os canais de comunicação de marketing para amplificar as experiências de marca ao vivo, direcionando, ao mesmo tempo, uma parte grande do orçamento total a futuras experiências desse tipo.

Desde que a companhia aérea adotou um programa de gerenciamento de experiência do cliente (CEM) e Rob foi o pioneiro no uso do marketing experiencial para promover os novos serviços aprimorados, a marca tirou vantagem da crescente fatia de mercado e não olhou para trás.

Uma marca varejista de roupas

Francesca, gerente de contas de uma agência de comunicação integrada, recebeu uma orientação de um de seus maiores clientes. O cliente era uma bem-sucedida rede de lojas de roupas que proporciona roupas elegantes e bem-feitas para jovens mulheres profissionais que querem andar na moda e mudar o guarda-roupa a cada estação – ideais para trabalhar e para sair à noite. A qualidade das roupas era razoável, e o preço, acessível. As coleções da marca também contam com uma pequena variedade para homens. O conceito por trás da linha de roupas é que o cliente pode usar um traje para ir ao escritório, dar uma incrementada nele para sair à noite e até usá-lo aos fins de semana. O cliente queria comunicar aos consumidores que a roupa se adapta a muitos ambientes.

Francesca era muito mais familiarizada em coordenar campanhas publicitárias que experiências de marca ao vivo; logo, quando o cliente passou as orientações, presumindo que a agência de publicidade também poderia se responsabilizar por anúncios integrados e experiências de marca ao vivo para constituir uma abordagem completa de marketing experiencial, ela consultou uma agência de marketing experiencial para uma ajuda especializada.

A equipe de criação da agência experiencial sugeriu uma ideia, que tiveram fazendo um *brainstorming* com o modelo *BETTER*:

- A ideia era de uma campanha experiencial integrada envolvendo experiências de marca ao vivo, outdoors e anúncios em pontos de ônibus.

- O canal da experiência de marca ao vivo, em formato de veículo de roadshow, rodaria pela cidade, proporcionando às profissionais uma minitransformação pós-expediente, ideal para um drinque depois do trabalho.

- Os outdoors promoveriam o roadshow da transformação ao lado da exibição de imagens de uma mulher transformando rapidamente suas roupas, de trajes de escritório para roupa de sair à noite.

- Haveria tecnologia interativa nos pontos de ônibus, que permitiria aos consumidores apertar um botão para transformar uma mulher de vestida apropriadamente para o trabalho a vestida na moda para sair à noite.

Depois que Francesca optou pela ideia, ela quis desenvolver mais o conceito usando o *SET MESSAGE* antes de apresentá-la ao cliente. Ela terminou de analisar o dia a dia e pesquisou o estilo de vida aspiracional do *público-alvo*. Descobriu que a ideia do marketing experiencial se adaptava bem ao *público-alvo*:

- Francesca descobriu que as funcionárias de escritório que ela focava tendiam a sair à noite direto do trabalho, e queriam ficar bonitas sem ter de passar em casa primeiro.

- Assim, a versatilidade da coleção de roupas era um ponto crucial para as vendas: seria possível **transformar** rapidamente uma **roupa chique de escritório** em um traje glamouroso sofisticado para a noite.

- Ela desenvolveu ainda mais a ideia da experiência de marca ao vivo adicionando um elemento extra: os *embaixadores da marca* visitariam os escritórios na hora do almoço, trazendo o café da marca e convites para o roadshow da transformação.

- Logo após o expediente, o ônibus do roadshow estacionaria do lado de fora de grandes edifícios de escritórios em um horário específico.

- Transformações eram oferecidas, e mulheres recebiam instruções sobre como ir do escritório ao glamour noturno com aquela marca de roupas.

Ela tinha certeza de que o cliente adoraria a ideia, e estava certa. A ideia realmente deu vida à *personalidade de marca* e demonstrou ao *público-alvo* do que a marca tratava. Esse contexto de vida real é difícil de alcançar apenas com mídias tradicionais.

Por ter trabalhado em uma agência de publicidade, Francesca sabia que tinha acesso a uma coisa muito poderosa: o amplo alcance da propaganda. Ela sentiu que o conceito da campanha de experiência de marca ao vivo poderia ser amplificado pela publicidade tradicional já existente em seus planos de mídia, conforme sugerido pela agência de marketing experiencial:

- Ela conversou com algumas equipes de criação e planejamento de mídia e os convenceu a veicular anúncios diferentes em outdoors e pontos de ônibus para amplificar a "grande ideia".

- Então, o conteúdo dos outdoors estimulou as pessoas a participar da experiência de marca ao vivo.

- Mesmo quem não tinha necessariamente participado da experiência de marca ao vivo estava empolgado ao pensar nessa marca atingindo pessoas exatamente como elas.

- Então, transmitiu-se conteúdo ao vivo a partir das experiências de marca em painéis digitais, gerando mais empolgação e boca a boca.

- Influenciadores compareceram aos eventos e foram apresentados ao lado dos clientes no conteúdo cocriado para a mídia externa.

Após a implementação da campanha, o cliente de Francesca ficou satisfeito. Não apenas ele recebera a campanha de marketing experiencial desejada, como Francesca também conseguira maximizar o impacto de cada canal ao integrá-los para formar um conceito experiencial unificado. A pesquisa de mercado que a marca de roupas conduziu após a campanha revelou que as percepções do *público-alvo* a respeito da marca mudaram significativamente após a campanha, porque os clientes puderam entender sua proposta a partir de uma perspectiva totalmente diferente.

A campanha foi adaptada para o estilo de vida agitado de profissionais do sexo feminino, e, ao perceberem que a marca as atendeu, desenvolveram um laço genuíno com ela. A campanha experiencial implicou que a marca compreende e aprecia suas vidas cotidianas e as conecta com a identidade de executivas glamourosas cujos estilos de vida elas aspiram ter.

Um site de apostas

Por conta das mudanças nas regulamentações sobre publicidade, uma empresa de apostas online queria atingir seu *público-alvo*, homens britânicos abastados, sem usar anúncios. Sem ideias, ela contratou sua firma de RP, com orientações para gerar cobertura de imprensa:

- O cliente sugeriu criar algumas manchetes atraentes por meio de uma pesquisa do consumidor com método para atingir seus objetivos. Infelizmente, a agência de RP não ficou nada entusiasmada.

- Disseram que seria difícil conseguir qualquer tipo de cobertura, por causa das percepções negativas sobre apostas na mídia.

- Entretanto, o cliente estava muito interessado, já que tinha havido uma mudança recente nas regulamentações e o cliente estava nervoso com uma possível perda de rendimentos.

- A agência de RP estava preocupada com o fato de que promover apostas poderia atrair atenção negativa da mídia, e eles não queriam correr o risco de gerar cobertura indesejada. Disseram que, independentemente de quanto o cliente gastasse para implementar um projeto de pesquisa ou um feito elaborado, seria difícil controlar a cobertura, e isso poderia se transformar em um esforço desperdiçado.

Os chefes da agência de RP passaram as orientações para Larissa, executiva de contas com experiência em eventos. Ela recomendou que a companhia de apostas levasse as pessoas a seu site e *app*, gerando registros de membros por meio de experiências de marca ao vivo. Larissa, então, chamou uma agência de marketing experiencial com a qual já tinha relacionamento. Juntas, ela e a agência de marketing experiencial fizeram um *brainstorming* para lançar uma ideia criativa. A *personalidade de marca* e a mensagem do site de apostas online (originário do Extremo Oriente) foi **transformar a sorte** e **trazer fortuna** a outras pessoas. A palavra "fortuna", que era central à *personalidade de marca*, e geralmente representada pelo imaginário **oriental** em anúncios, tornou-se ponto focal da campanha de experiência de marca.

- Usando o *brainstorming BETTER*, tiveram uma ideia para focar homens e mulheres de negócios com uma experiência autêntica ao estilo oriental.

- A *interação bidirecional* foi elaborada para atingir homens e mulheres de negócios abastados e envolveu um jogo de adivinhações sobre as empresas da Fortune 500.

Após finalizar o *brainstorming BETTER*, o conceito ainda não estava totalmente desenvolvido, mas todos estavam ansiosos para apresentar uma proposta à diretoria assim que possível. Havia uma preocupação crescente na firma de RP com a perda da conta, que sabia que o cliente lutaria para manter sua fatia de mercado sem uma boa campanha. A firma temia que o cliente procurasse outro lugar se Larissa não fizesse uma proposta promissora.

Então, Larissa e a agência de marketing experiencial continuaram a planejar a ideia com mais detalhes usando o modelo *SET MESSAGE*:

- Ao chegar à seção *público-alvo* da etapa de planejamento, identificaram alguns pontos-chave.

- Após finalizar a análise do cotidiano e identificar insights e aspirações-chave do *público-alvo,* descobriram que profissionais abastados passavam grande parte do tempo viajando e esperando voos.

- Identificou-se que espera e tédio eram fatores negativos que pessoas de negócios associavam a pegar voos, e que elas estariam potencialmente abertas a se envolver com outras coisas durante esse período.

- Além disso, porque o cliente estava focando o segmento executivo mais antigo desse grupo, muitas vezes os profissionais viajariam na classe executiva. Esse insight foi essencial para inspirar o lugar ideal para a ideia: as salas VIPs dos principais aeroportos.

Com base nesses insights e desenvolvendo um pouco mais a *personalidade de marca* "fortuna", Larissa decidiu desenvolver a ideia:

- Eles alugariam pequenas seções das salas VIPs durante a campanha e as decorariam com temas orientais autênticos, um *branding* sutil e exibiriam a página inicial do site de apostas em grandes painéis digitais interativos sensíveis a gestos e mesas sensíveis ao toque.

- *Embaixadores da marca* atenciosos, vestidos com trajes orientais autênticos, cumprimentariam os viajantes a negócios esperando pelos voos.

- Os *embaixadores da marca* dariam aos viajantes biscoitos da sorte contendo códigos promocionais que possibilitariam aos participantes jogar com quantidades variadas de "dinheiro gratuito" ao fazer apostas no site dentro da área interativa do lounge.

- Para gerar burburinho e inspirar a participação das outras pessoas aguardando nos lounges, *embaixadores da marca* convidariam o *público-alvo* a participar de um quiz sobre a Fortune 500, objetivando entreter as pessoas que aguardavam seus voos nas salas VIP.

- O jogo também proporcionaria ao *público-alvo* a chance de exibir seus conhecimentos sobre negócios, procedimento que, anteriormente, identificou-se como agradável para eles.

A experiência de marca ao vivo levaria simultaneamente as inscrições para o site de apostas, engajando, de maneira autêntica e relevante, o *público-alvo* com a *personalidade de marca* enquanto tivessem tempo disponível. A agência de RP finalizou o plano *SET MESSAGE* e o apresentou ao cliente, recebendo uma resposta positiva em relação à proposta. Porém, o cliente afirmou que ainda queria que a agência de RP amplificasse a experiência de marca ao vivo e obtivesse cobertura na mídia para o site de apostas, pois esse era o objetivo original.

Inspirada pelo novo conceito, a agência de RP agora encarava a campanha de forma muito diferente de quando recebeu as orientações pela primeira vez.

Maior cobertura editorial: Colette, membro sênior da equipe de Larissa, agora havia se comprometido e tinha um bom contato: a editora de uma revista de bordo de uma das principais companhias aéreas. Colette resolveu jantar e tomar um vinho com a editora, convencendo-a a escrever uma resenha sobre suas experiências, referindo-se a elas como 'as salas VIPs mais modernas e revolucionárias de todos os tempos'. Tão logo o cliente aprovou a ação a campanha foi executada. Colette e a editora visitaram uma das salas VIP que ofereciam a experiência.

A editora ficou tão empolgada com a experiência e o ambiente elegante imersivo que a marca de apostas havia criado que uma foto incrível da experiência projetada no painel interativo apareceu na capa da revista da companhia aérea.

Gerando resultados para o negócio: Essa conquista amplificou o alcance da experiência de marca ao vivo e gerou enorme interesse e downloads do *app* pelo *público-alvo*, e ao mesmo tempo impressionou *stakeholders* da empresa, que viram a cobertura durante as próprias viagens de negócios.

A quantidade de novos membros que se inscreveram no site de apostas como resultado direto da campanha de marketing experiencial quebrou recordes. Excedeu, e muito, a quantidade que o cliente recebera anteriormente ao fazer campanhas de propaganda impressa tradicionais; curiosamente, houve maior retenção e uso de cupons da parte dos que se inscreveram como resultado da experiência, em contraste com o índice de retenção de inscrições geradas por afiliados. O CEO do site de apostas decidiu que tinha sido uma 'bênção disfarçada' o fato de as regulamentações sobre publicidade terem mudado porque, de outra forma, ele nunca teria considerado uma abordagem tão inovadora – a experiencial, que desde então tem sido central em sua estratégia de comunicação de marketing.

◢ Focando públicos diferentes

Começamos conduzindo uma análise do dia a dia de uma mãe jovem e abastada, e vimos de que maneira, ao finalizar esse processo durante o *SET MESSAGE*, diferentes marcas de setores diferentes puderam desenvolver seus conceitos de mídia tradicional, aprimorando-os com insights sobre os estilos de vida e aspirações dessas mães. Também examinamos como conduzir uma análise do cotidiano de um profissional abastado pode influenciar os planos de três empresas bem diferentes. É preciso notar que as pessoas mencionadas anteriormente não são o único *público-alvo* em potencial. Na verdade, sabe-se que experiências de marca ao vivo geram boa resposta dos *públicos-alvo*, em todos os setores. A etapa *público-alvo* do *SET MESSAGE* pode ser um processo extremamente útil, não importa quem a campanha esteja focando.

◢ Análise do dia a dia de uma pessoa da geração Z

Experiências de marca ao vivo podem ser particularmente eficazes em mirar grupos nascidos após 1982, a saber, *millennials* e as gerações X, Y e Z. Com 60% de consumidores da geração Y afirmando que experiências de marca ao vivo são muito influentes na maneira como percebem a marca, *millennials* e a geração Z tendem a preferir táticas de base orgânica e marcas conscientes, e muitas vezes evitam qualquer marketing que não beneficie, de alguma forma, a si, à sua comunidade ou ao planeta, a menos que tenha relevância aspiracional a seu estilo de vida.

Vamos examinar alguns exemplos de como a análise pode influenciar as ideias de algumas marcas de produtos específicos que focam grupos de gente mais jovem:

Uma marca de vodca

Quando Dan, gerente de marketing de uma marca de vodca, recebeu a tarefa de lançar uma nova versão de coquetel em lata feito para jovens antenados com a moda, imediatamente fez um *brainstorming* com a equipe de criação de sua agência de comunicação para gerar ideias:

- A agência queria alocar uma experiência de marca ao vivo no cerne de uma campanha integrada de marketing experiencial.

- Essa direção para o lançamento foi decidida coletivamente entre os membros da equipe, por conta da pesquisa que revelou que o *público-alvo* responderia excepcionalmente bem ao marketing experiencial.

- O *brainstorming* gerou uma ideia vencedora que foi bem apreciada, mas precisava de mais desenvolvimento usando a metodologia *SET MESSAGE*.

- A ideia envolvia estimular a degustação do produto da versão em coquetel da bebida enlatada, que já era popular com o *público-alvo*.

- Inspirados pelo fato de a bebida vir em diferentes sabores de coquetel, o pessoal da criação quis comunicar a *Mensagem – Comunicação-chave*: "*What is your flavor?*[4] (Qual é seu sabor/estilo?)" em uma plataforma de evento de experiências de marca ao vivo e todos os canais relevantes de amplificação.

- Eles queriam brincar com a gíria "*flava*" e seu duplo sentido, insinuando tanto uma afirmação relacionada a estilo e cultura quanto uma preferência por sabores específicos. O conceito envolvia estimular as pessoas a participar de um teste de humor que definiria seus sabores particulares.

- O teste de humor envolveria uma barra de bebidas sensíveis à cor, que os clientes poderiam tocar, e mudaria de cor conforme seu humor (na verdade, isso era uma reação ao calor corporal, conhecido por ser associado ao humor).

- Então, eles receberiam uma amostra da bebida no "*flavor*" (sabor) que correspondesse a seu humor (a cor que a barra adquiria ao ser tocada).

Esse conceito experiencial era interativo e divertido, e Dan estava seguro de que o público jovem compraria a ideia. Ele acreditou que eles gostariam das amostras grátis e que a interatividade extra posteriormente fortaleceria o relacionamento com o produto e a marca.

Isso mostraria a eles que a marca levava em consideração suas preferências e estado de espírito. Em outras palavras, ela diria, de maneira subliminar, "Nós nos importamos com o que você sente" e "Nós entendemos". O conceito central foi originalmente desenvolvido durante a etapa de *conexão emocional* do *brainstorming BETTER*.

---

[4] "Qual é seu estilo", em tradução livre. Em inglês, *flava*, ortografia alternativa de *flavour* (sabor, gosto), refere-se ao estilo individual de uma pessoa. (N. T.)

Desenvolvimento posterior

Após decidir usar o *SET MESSAGE* para desenvolver mais a ideia, Dan e sua agência de pesquisa de mercado conduziram uma análise do dia a dia do *público-alvo*. A agência integrada também consultou várias de suas próprias fontes da vida real para descobrir mais sobre o estilo de vida dos jovens antenados.

Eles continuavam deparando com os mesmos insights: festivais de música eram muito populares, influenciavam os gostos das pessoas e reuniam multidões em um só lugar. Além disso, a análise aspiracional revelou que muitas pessoas dos dois grupos principais a que os consumidores aspiravam – DJs e colegas da moda – estariam presentes nos festivais. Estes permitiriam à marca um cenário em que ela poderia atingir ambos. Ao mesmo tempo, Dan estava seguro de que os efeitos do boca a boca e o alcance do conteúdo de mídias sociais seria alto, pois a experiência de marca ao vivo atingiria as pessoas certas nos lugares certos.

Dan e a equipe da agência desenvolveram mais a ideia usando os insights-chave:

- Somente ter um bar patrocinado e os direitos de servir a bebida não seriam mais suficientes para obter destaque em um ambiente desorganizado.

- Eles decidiram construir 'Tendas Flava' imersivas e de marca, com temas de música e moda do festival, e alocá-las em festivais de música selecionados.

- Com suas próprias áreas no evento, a marca teria mais controle de curadoria da experiência do *público-alvo*.

- Por exemplo, os bares seriam totalmente interativos, e a única bebida servida seria o novo coquetel de vodca em seus vários "*flavas*" diferentes.

- Além disso, a experiência de marca ao vivo apresentaria desfiles de moda noturnos em festivais (de marcas emergentes de moda em festivais vanguardistas), bem como DJs de dance music popular e apresentações de música ao vivo (de talentos *underground*).

- Os outros canais de comunicação de marketing usados para amplificar a experiência de marca ao vivo seriam anúncios publicitários (nos guias dos festivais e plataformas de ingressos online selecionadas) e mídias sociais/RP (direcionados a influenciadores de mídias sociais, blogs e sites relevantes em moda e festivais de dance-music).

- Os anúncios digitais seriam vinculados a transmissões ao das "Tendas Flava", os anúncios promoveriam a chance de ganhar ingressos para os festivais em que as tais tendas estariam localizadas, e a atividade social/de RP alavancaria o alcance dos canais sociais pertencentes aos DJs, marcas da moda e músicos que se apresentariam nas "Tendas Flava".

O plano de lançamento estava concluído, e o chefe de Dan o adorou, aprovando-o imediatamente. A estratégia de marketing experiencial integrada foi um grande sucesso, e embora a agência tenha terceirizado parte da campanha para uma agência especializada em marketing experiencial, ela fez um trabalho incrível para garantir consistência por todos os canais selecionados e aproveitar o conteúdo da experiência de marca ao vivo para o máximo de exposição orgânica.

O elemento *público-alvo* do processo de planejamento *SET MESSAGE* facilitou uma compreensão melhor sobre como desenvolver o conceito inicial em um plano completo e relevante, e demonstrou ser uma etapa crucial no desenvolvimento desta empolgante campanha. Dan ficou muito satisfeito com o resultado de sua iniciativa ao comparar essa campanha engajadora com algumas das alternativas possíveis, inclusive as campanhas de lançamento de algumas das concorrentes da marca do coquetel de vodca, como marketing de campo (amostragem, merchandising no ponto de venda e promoções) e mídia externa tradicional.

Uma marca de comida para micro-ondas

Craig é gerente de marketing de uma fábrica de comidas saudáveis para micro-ondas. Ele foi orientado a planejar e implementar uma campanha presencial voltada para estudantes. Ele sabia que era muito importante dar uma ideia relacionada ao estilo de vida de seu nicho de público. Por ser ele próprio um ex-estudante, já estava ciente de alguns hábitos desse grupo.

Depois de ter algumas ideias usando o processo criativo *BETTER*, ele as mostrou ao chefe em uma apresentação formatada no modelo IDEA para opiniões e feedback. Uma das ideias se destacou, e ele sugeriu desenvolvê-la usando a metodologia *SET MESSAGE*. Ele havia finalizado as etapas "S" (*situação e histórico*) e "E" (*objetivos experienciais*) e, até então, estava satisfeito com o plano, mas sabia que ainda estava faltando certa relevância para o *público-alvo*:

- O conceito envolvia distribuir comida de micro-ondas para alunos em troca do preenchimento de um questionário.

- Esse questionário obteria insights valiosos sobre seus hábitos alimentares, que poderiam ser vantajosos para a equipe de desenvolvimento de produto, que haviam contribuído com parte do orçamento para a atividade experiencial.

Quando Craig começou a planejar usar o *SET MESSAGE* e foi à parte *público-alvo*, analisou cuidadosamente várias fontes de dados secundários sobre estudantes e hábitos alimentares. Ele também conduziu pesquisas primárias organizando grupos de foco.

Ele adquiriu dados suficientes para poder preparar uma análise do dia a dia, bem como identificar as aspirações do *público-alvo*. Ele percebeu que estilos de vida de estudantes não tendiam a envolver atividades culinárias, e que estudantes – muitas vezes sustentados pelos pais – prefeririam gastar seu dinheiro minguado em lazer e atividades sociais em vez de "refeições adequadas". Com frequência, eles compravam comida barata para levar ou itens enlatados porque, geralmente, não sabiam como preparar as refeições com que estavam familiarizados em casa.

A análise também revelou que os estudantes sentiam vontade de comer comidas mais saudáveis e de cozinhar para si mesmos, além de admirarem colegas bons de fogão, mas sua falta de experiência era a principal barreira para realizar essas aspirações culinárias. Ele descobriu que, às vezes, eles sentiam falta do ambiente acolhedor de casa que conheciam antes de irem para a universidade.

Essa informação inspirou Craig a desenvolver mais a ideia:

- Em vez de simplesmente entregar as comidas saudáveis de micro--ondas, ele contrataria uma agência especializada em criar *pop-up*s de experiências de marca ao vivo com temas referentes ao lar nas universidades.

- Haveria pequenos cenários em formato de casa com toques de decoração dos anos 1950, representando uma cozinha familiar tradicional.

- Os estudantes reservariam o horário do jantar após serem convidados a visitar as "casas" e saborear refeições caseiras, que se mostravam fáceis de preparar no micro-ondas.

- Isso mostraria aos estudantes que eles ainda podiam experimentar comidas caseiras simplesmente apertando um botão no micro-ondas.

- Enquanto aguardassem o preparo das refeições, os estudantes poderiam preencher os questionários no tablet ou em pesquisas pelo celular.

- Logo, no cenário do ambiente acolhedor e com a promessa de uma refeição deliciosa chegando, o questionário não pareceria uma obrigação e a experiência seria relevante para seus estilos de vida.

- Após finalizar as etapas de planejamento remanescentes, Craig estava certo de que a marca de refeições saudáveis para micro-ondas extrairia um enorme benefício da estratégia de experiência de marca ao vivo, que se alinhava com as necessidades dos estudantes. ∎

RESUMO

◢ Uma análise aspiracional e do 'dia a dia'

Agora, exploramos como conduzir uma 'análise do dia a dia' e explicamos os insights gerados na parte *público-alvo* do processo de planejamento *SET MESSAGE*. O processo é simples. Durante a etapa *público-alvo* da metodologia de planejamento *SET MESSAGE*, pesquisa-se cuidadosamente o estilo de vida e o estilo de vida aspiracional do *público-alvo*, então, analisam-se os dados para extrair insights centrais. Mais tarde, no processo de planejamento, esses insights permitirão verificar se a estratégia experiencial possui todos os três atributos-chav to é, se é autêntica, positivamente conectada e pessoalmente significativa – e adaptá-la se necessário.

◢ Experiências de marca ao vivo centradas no cliente deveriam constituir o cerne de sua campanha

Em geral, o marketing experiencial é mais bem-sucedido quando tem como cerne uma experiência de marca ao vivo, criando a experiência certa para as pessoas certas. Em outras palavras, essa etapa do processo de planejamento o ajudará a garantir que a experiência se adapte ao estilo de vida e aspirações do *público-alvo*.

◢ Mire alto, e não se esqueça dos influenciadores para credibilidade e boca a boca

Planejar com cuidado o alvo é muito importante, sobretudo quando 10% de um *público-alvo* (formadores de opinião) geralmente moldam opiniões e compras dos outros 90% (seguidores de opinião).[1] Esse é o motivo por que pode ser extremamente vantajoso mirar influenciadores do grupo de seu *público-alvo*, que continuará influenciando o restante dessa população, divulgando o boca a boca por meio de mídias sociais ou pessoa a pessoa, expandindo o alcance da campanha. Ao aplicar as técnicas abordadas neste capítulo, seu plano continuará relevante para os consumidores com quem ele deseja se engajar, colocando você a um passo de construir relacionamentos sólidos entre seu *público-alvo* e a marca, com o objetivo de gerar e manter a defesa da marca e a lealdade do cliente.

Notas

[1] WEIMANN, G. *The Influentials*: People who influence people. New York: University of New York Press, New York, 2003; KELLER, E.; BERRY, J. *The Influentials*: One American in ten tells the other nine how to vote, where to eat, and what to buy. New York: Simon and Schuster, 2003.

Capítulo 10

Mensagem

Comunique as principais mensagens da sua marca usando o marketing experiencial

Este capítulo tenta aprimorar a maneira como você pode se comunicar com seus *públicos-alvo*, fornecendo uma estrutura de planejamento que facilita um nível superior de engajamento com o consumidor por meio de campanhas de marketing experienciais. Nesta parte do *SET MESSAGE* analisaremos a importância da *Mensagem – Comunicação-chave* de sua campanha. Abordaremos o processo de integrar os componentes da mensagem de sua marca em sua campanha de marketing experiencial, começando com a experiência de marca ao vivo. Então, recomenda-se que você utilize os outros canais de comunicação do marketing para amplificar a experiência de marca ao vivo, que, em si, torna-se o conteúdo para a mensagem mais ampla da campanha.

A MENSAGEM PODE SE ESTENDER MUITO ALÉM DOS PARTICIPANTES DE UMA EXPERIÊNCIA DE MARCA AO VIVO

O propósito da seção *Mensagem – Comunicação-chave* de seu plano é munir você de uma abordagem sistemática para garantir que os participantes interpretem suas experiências de marca ao vivo conforme a intenção. Subsequentemente, quando os outros canais de comunicação do marketing se integram para formar a campanha finalizada de marketing experiencial, a *Mensagem – Comunicação-chave* desses canais será transmitida pela experiência de marca ao vivo. Quando membros de seu *público-alvo* ouvem ou veem sua experiência de marca ao vivo, ainda que eles próprios não sejam participantes, ainda identificarão que sua marca está alcançando-os, tentando beneficiar suas vidas. A sensação de que a marca se importa com eles o bastante para interromper o que está fazendo e criar uma experiência positiva voltada para eles será o suficiente para inculcar a marca e sua mensagem positiva em suas consciências.

É possível que você já tenha planejado a *Mensagem – Comunicação-chave* de sua marca, pois em geral essas mensagens já estão integradas em todos os seus processos de marketing e anúncios. Se você já possui uma *Mensagem – Comunicação-chave* de marca, é hora de inseri-la no processo de planejamento.

COMBINANDO MENSAGENS EMOCIONAIS E RACIONAIS

Mensagens verbais – ou 'slogans' – e comunicações-chave são essenciais em todo tipo de campanha. Materiais e anúncios de marketing traduzem as *Mensagens – Comunicações-chave* das marcas que estão promovendo em mensagens emocionais, mensagens racionais ou uma combinação de ambas. Mensagens emocionais tendem a se relacionar com o estilo de vida aspiracional do *público-alvo* e tambémvisam causar estados de espírito e sensações, sendo, portanto, focadas no cliente. Mensagens racionais tendem a focar a transmissão dos atributos e benefícios de um produto ou serviço, e, portanto, são focadas no produto. Essa escolha entre uma mensagem racional ou emocional muitas vezes se relaciona ao fato de o produto ou o serviço ser uma aquisição de baixo ou de alto engajamento. Com frequência, comunicações bem-sucedidas combinam mensagens emocionais e racionais.

INCLUA A MENSAGEM NA SUA EXPERIÊNCIA

Independentemente da abordagem que adote, você terá de codificar a mensagem que deseja transmitir na *interação bidirecional* (a experiência de marca ao vivo). A mensagem deve ser autêntica, consistente e clara o bastante para os participantes a decodificarem da forma correta durante a experiência. Enquanto os consumidores estiverem participando da *interação bidirecional*, a mensagem terá de ser transmitida com êxito para eles tanto de forma mental (o que sentem e pensam) quanto física (por meio dos sentidos e do ambiente). Experiências de marca ao vivo fornecem oportunidades excelentes para dar vida aos diferentes componentes que constituem a *Mensagem – Comunicação-chave* de sua marca (Figura 10.1).

Nesta etapa, é preciso dissecar suas mensagens genéricas para extrair sua essência. Ao fragmentar mensagens genéricas em vários componentes essenciais e, então, codificá-los na interação e no ambiente de sua experiência de marca ao vivo, a probabilidade de que a experiência dos participantes incorpore a mensagem que você visa comunicar crescerá. Se a experiência de marca ao vivo tiver êxito nesse aspecto, você aumenta as chances de que os participantes começarão a divulgar aos colegas a comunicação-chave desejada.

Figura 10.1 *Mensagem – Comunicação-chave*: mensagens de marca codificadas em experiências dos participantes

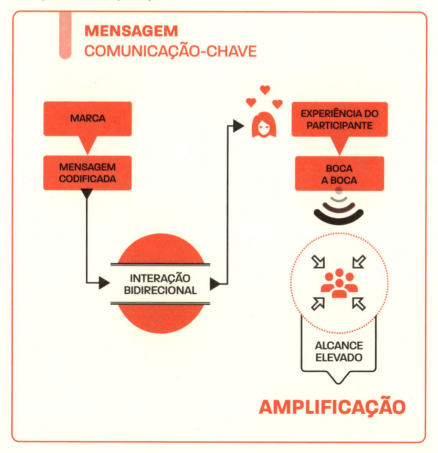

DESTILANDO A MENSAGEM À SUA PRÓPRIA ESSÊNCIA

Pergunte-se o seguinte: em relação a nossa marca, o que queremos que o *público-alvo* entenda, acredite ou se identifique? De posse da resposta, você pode identificar e focar esses elementos e integrá-los à experiência de marca ao vivo. É preciso refinar sua experiência de marca ao vivo para garantir que a mensagem da marca seja comunicada de forma eficiente e concisa, de modo a ser corretamente interpretada pelos participantes. A mensagem também precisa ser relevante à atividade com que eles estão se engajando, embora isso não devesse ser um problema porque a atividade em si já precisa refletir a *personalidade de marca*. A mensagem deve representar a natureza identitária do que você deseja que o seu consumidor saiba, faça e acredite.

ADAPTAÇÃO PARA FORMATOS OU PLATAFORMAS EM TEMPO REAL E LOCALIZAÇÃO DE MENSAGENS

Você pode adaptar a *Mensagem – Comunicação-chave* de sua marca para combinar com o ambiente da experiência de marca ao vivo. A comunicação pode ser diferente da mensagem de um anúncio, porque a mensagem constitui parte de um diálogo bidirecional, e permite feedback e opiniões imediatos dos consumidores. É sempre importante adotar uma abordagem coordenada. A mensagem usada no canal da experiência de marca ao vivo deve ser consistente com as mensagens utilizadas em seus outros canais de comunicação. Para manter mensagens consistentes em todos os canais, recomenda-se primeiramente adaptar a mensagem para combinar com a experiência de marca ao vivo; depois, amplificar a mensagem e o conteúdo pelos outros canais de comunicação selecionados.

EMOÇÕES: O PRINCIPAL MOTOR DAS COMPRAS

A parte autêntica e genuína da personalidade de sua marca deve se tornar as fontes de inspiração para muitos elementos ao longo da experiência de marca ao vivo. Se você compreende o que sua marca de fato defende e em que acredita, está no caminho certo para refletir essa filosofia por meio das mensagens comunicadas pela campanha. As emoções são propulsores essenciais de nosso comportamento de compras. O YouTube está lotado de *vloggers* e consumidores desembrulhando com muito entusiasmo seus consoles de jogo ou dispositivos recém-adquiridos. Sempre que marcas de jogos lançam um novo jogo cobiçado, muitas vezes centenas de pessoas passam alegremente mais de 12 horas acampando em frente às lojas para serem umas das primeiras da fila a conseguir um. E não é necessário ser um fanático para ficar emocionado com as coisas que se compra. É só dar uma olhada nos produtos presentes ao seu redor. Agora, pense por que você os comprou. Para alguns deles, talvez encontre uma explicação bem razoável. Porém, para a maioria, temos certeza de que você não consegue se lembrar do motivo exato. Talvez se lembre da ocasião ou do contexto em que adquiriu o produto. Sem dúvida, você se recordará de como se sentiu naquele momento. Cada vez mais as aquisições racionais são substituídas por compras emocionais.

DANDO VIDA À MENSAGEM

Uma marca de água aromatizada

A mensagem de marca de uma água naturalmente aromatizada é "Quench your soul" ("Sacie sua alma", em tradução livre):

- Decompondo essa mensagem à sua essência, foram descobertos os tais componentes que fazem bem à alma: reidratação, vitaminas, extratos naturais, um belo corpo, relaxamento natural e efeitos revigorantes.

- A marca queria comunicar sua mensagem de forma eficiente e, ao mesmo tempo, promover três propriedades distintas: relaxamento, vigor e refrescância.

- Ao criar uma série de experiências de marca ao vivo em feiras e festivais, a marca deu vida aos componentes da mensagem da marca de cada um de seus produtos por meio da atmosfera e interação de cada experiência.

- Uma experiência apresentou uma "área de relaxamento", onde os convidados podiam receber uma massagem relaxante, sentir o cheiro de lavanda silvestre e se expor a uma iluminação ambiente relaxante e música.

- Ao mesmo tempo, eles provariam uma amostra da variedade "relaxante" da água.

- Também havia uma "área de revigoramento", onde os clientes tinham a chance de pular em uma cama elástica da marca ao som de músicas energizantes, enquanto aspiravam o aroma revigorante de óleos essenciais cítricos e alecrim antes de receberem uma amostra da variedade "vigor" da água.

- Assim como o "relaxamento" e o "revigoramento", a marca também tinha uma "área de refrescância" em que os clientes eram convidados a fazer uma minilimpeza facial aromática antes de receberem uma máscara de olhos gelada à base de gel para usar.

- Enquanto se envolviam na limpeza facial, aromas refrescantes de grama recém-aparada preencheriam a sala úmida (a umidade era causada por um umidificador).

- Após receberem a minilimpeza aromática facial, eles ganhavam uma amostra da variedade 'refrescância' de água.

- Enquanto frequentadores do festival aguardavam sua vez, o conteúdo de vídeo da marca (com entrevistas com especialistas em homeopatia, explorando as propriedades benéficas das plantas e flores conforme colhiam ervas frescas na natureza e transmitindo a comunicação-chave "Quench your soul") foi projetado em superfícies planas emolduradas integradas às estruturas da experiência de marca ao vivo.

- As molduras de projeção foram adornadas com ingredientes naturais, conforme exibido no conteúdo do vídeo.

- Além disso, *embaixadores da marca* usando roupas de ioga convidavam os visitantes do festival para entrar nas áreas de imersão e "saciar as almas" e, ao mesmo tempo, distribuíam presentes da marca como lenços demaquilantes aromaterápicos (refrescância), bolas contra estresse (relaxamento) e cordas de pular (revigoramento), todos contendo a mensagem de marca "Sacie sua alma".

O efeito geral foi completamente imersivo, dando vida a todos os componentes e elementos que constituíam a *Mensagem – Comunicação-chave* da inovadora marca de água. Tudo isso garantia que, quando os participantes da experiência de marca ao vivo divulgassem pelo boca a boca e compartilhassem conteúdos nas redes sociais, passariam uma mensagem que refletisse a essência da marca.

Uma marca de sabão em pó

Um exemplo de uma marca que integra efetivamente mensagens racionais em sua comunicação é um sabão em pó com fortes credenciais ambientais. Sua mensagem "Get Clean, Be Green" ("Fique limpo, seja verde", em tradução livre) é feita para comunicar que o sabão em pó combina desempenho superior de limpeza com ingredientes e embalagens ecologicamente corretas. A *Mensagem – Comunicação-chave* visa se referir a dois dos aspectos-chave importantes para seu *público-alvo*, sendo o primeiro aspecto o fato de conseguir limpar suas roupas com eficiência; o segundo, de causar a sensação de que estão fazendo algo positivo para o ambiente.

- A campanha da marca de sabão em pó envolveu converter centenas de lavanderias automáticas que antes funcionavam com moedas em cenários de experiências imersivas de marca ao vivo como *pop-ups* temáticas, em que os clientes eram convidados a entrar e lavar as próprias roupas. Os componentes da mensagem ganharam vida por meio do design especial do cenário e do serviço agregador de valor disponibilizados nas lavanderias.

- Primeiro, a marca mudou o design das lavanderias, colocando em cada superfície mensagens e imagens com sua marca, garantindo que a decoração visual combinasse com a identidade da marca.

- Depois, gravaram a *Mensagem – Comunicação-chave* "Get Clean, Be Green" em todas as máquinas de lavar e secadoras.

- Usando materiais reciclados e madeira reaproveitada para construir os bancos de espera, e minimizando o desperdício (estimulando os clientes a trazer as próprias sacolas para levar a roupa para casa), eles foram bem-sucedidos em transmitir as credenciais ambientais.

- Eles até instalaram máquinas de lavar novas e ambientalmente eficientes, cortesia de uma marca líder em eletrodomésticos com quem a marca estabelecera parceria.

- Além do componente verde da mensagem, também era vital comunicar o componente limpo.

- Assim, a marca investiu em garantir que as lavanderias estivessem imaculadamente limpas e tivessem um fantástico cheiro de lavanderia limpa, que lançaram como uma fragrância de edição limitada para RP e cobertura de mídias sociais.

Os *embaixadores da marca,* responsáveis por lavar e secar as roupas dos participantes e envolvê-los em diálogos relevantes, tinham experiência em trabalhar com instituições beneficentes de preservação ambiental. Eles foram cuidadosamente selecionados e treinados para lavar as roupas com perfeição e manter a aparência impecável do uniforme:

- Depois que terminavam de lavar a roupa, os *embaixadores da marca* devolveriam aos clientes a roupa 'limpa e verde' bem dobrada, com uma amostra grátis do sabão em pó e um cupom de promoção de vendas.

- O cupom oferecia um desconto em futuras compras do produto e a promessa de que uma porcentagem das vendas seria doada a uma instituição beneficente ambiental. As pessoas que não traziam a própria sacola para colocar a roupa ganhavam uma ecobag em troca de uma doação a alguma instituição ambiental que escolhiam.

- Além da reforma concedida às lavanderias locais, a marca também deu a seus proprietários treinamento nos sistemas de lavagem amigos do meio ambiente que ela instalou, bem como em reciclagem e práticas para economia de energia. A marca ajudou a montar caixas permanentes de doação, permitindo aos clientes continuarem contribuindo com causas ambientais. Os relacionamentos que a marca estabeleceu com as lavanderias e seus clientes continuaram, e, ao ajudar pequenas empresas a adotar a mensagem e a filosofia "limpa e verde" da marca, reforçaram o impacto da *Mensagem – Comunicação-chave.*

Os participantes da experiência já estavam acostumados a operar manualmente as máquinas e a esperar enquanto elas completavam os ciclos.O cenário imersivo com temática ambiental, aliado à roupa limpa pronta para levar, foram recebidos com muito entusiasmo. Após o custo inicial da preparação, a contínua experiência de marca ao vivo se pagou sozinha, e o boca a boca e menções na mídia social (o canal de amplificação de RP gerou uma cobertura enorme) ajudaram a aumentar as vendas para a marca em mais de 50%.

Uma marca de cosméticos

Há uma marca de cosméticos cuja *Mensagem – Comunicação-chave* é "Beauty Secrets from Japan" ("Segredos de beleza do Japão", em tradução livre). A mensagem foi criada com o objetivo de transmitir

os componentes importantes que constituem a identidade da marca: elegância, beleza e tradição japonesa. A mensagem também implica que segredos de beleza são transmitidos em forma de recomendações pessoais cobiçadas. A inspiração desse processo é a filosofia holística da marca. Dar produtos como amostras para fazê-los serem testados é na verdade um dos principais objetivos das comunicações de marketing. Distribuir amostras é importante para essa marca porque eles descobriram que, quando as pessoas testam o produto, elas ficam impressionadas com os resultados, compram a história da marca, sentem que descobriram "segredos de beleza" e, então, contam esses 'segredos' aos amigos em forma de recomendações pessoais. Essa marca enfatiza muito o canal da experiência de marca ao vivo, pois ele facilita a comunicação tangível de segredos de beleza (por meio das amostras de produtos) e proporciona uma plataforma excelente para dar vida à *Mensagem – Comunicação-chave*.

Os elementos centrais da mensagem estão integrados, física e mentalmente, em cada aspecto da comunicação da experiência de marca ao vivo – dos *embaixadores da marca*, seus uniformes e a embalagem das amostras a seus folders informativos, diálogo verbal e ambiente físico, cada ponto de contato é projetado para incorporar e dar vida a essa *Mensagem – Comunicação-chave*. ■

RESUMO

Quando você está na etapa *Mensagem — Comunicação-chave* do *SET MESSAGE*, é hora de abordar sua filosofia organizacional, patrimônio, procedência e história, bem como mensagens já existentes, por meio de "slogans" e conteúdo. Você deve decodificar/decompor as mensagens escolhidas em seus componentes mais importantes e, então, recodificá-los na experiência de marca ao vivo. A experiência em si e seu conteúdo podem, então, tornar-se a mensagem para amplificação por meio de canais selecionados, com *call-to-action* e inclinações ajustadas e variadas conforme o meio, o canal e a plataforma. O que você quer que os participantes de sua experiência de marca ao vivo saibam, acreditem e façam em relação a sua marca deveria estar no cerne da *interação bidirecional*, para que eles comuniquem sua mensagem efetivamente por meio do boca a boca.

Pode ser especial e único recodificar sua mensagem numa experiência porque seu *público-alvo* terá a chance de interagir de forma pessoal e visceral com suas mensagens principais. As mensagens serão profundamente internalizadas por seus *públicos-alvo* por meio de experiências da vida real e lembradas por conta do impacto de seus pontos de contato multissensoriais, muito mais propensos a apreciar e transmitir do que mensagens de massa que recebem de vários canais de mídia.

◢ Ambientes imersivos e estímulos emocionais são cruciais para codificar mensagens de marca de forma eficaz

Para atingir essa resposta desejada, precisamos integrar elementos multissensoriais e emocionais (inspirados pela mensagem e pelas comunicações-chave da marca) à ativação de conceitos para criar uma ligação genuína entre os mecanismos, sentimentos e pensamentos sensoriais. Essas três áreas, em interação harmoniosa, geram impressões permanentes na mente do participante, levando-o a agir. Isso porque elas alinham quatro das partes principais de uma pessoa: sentir, pensar, ser e fazer. O primeiro princípio proveniente da teoria psicodinâmica é que toda ação que foi ativada pela comunicação é resultado da tradução emocional da mensagem da marca porque ela é percebida não de forma consciente, mas inconsciente, por meio da filtragem do "universo interno[1] dos participantes".

Notas

[1] ISAACS, S. The Nature and Function of Phantasy. *In*: KLEIN, M. (Ed.). *Developments in Psycho-analysis*. London: Haygarth, 1952.

Capítulo 11
Estratégia experiencial
Como desenvolver estratégias e modelos
de experiência de marca ao vivo

Estratégias são essenciais a qualquer plano. Estão no cerne da realização de seus *objetivos experienciais*. Esta é a parte do plano em que você evidencia suas intenções experienciais, os princípios-guia mais importantes da campanha e os conceitos de execução. É a resposta às perguntas: "Como atingiremos nossos *objetivos experienciais*?" e "Qual é a grande ideia?" Este livro recomenda que a grande ideia para a campanha de marketing experiencial tenha como base uma *interação bidirecional* entre o consumidor e a marca em tempo real. Em outras palavras, uma experiência de marca ao vivo.

OS ELEMENTOS MAIS COMUNS DE QUALQUER ESTRATÉGIA EXPERIENCIAL

Quase todas as estratégias de marketing experiencial incluem duas ou mais das 10 STRATEGIES (ESTRATÉGIAS): 'Elementos Experienciais'. Esses elementos podem ser mesclados em qualquer combinação para criar a estrutura da *estratégia experiencial*. A essa altura do processo de planejamento, você deve, pelo menos, ter uma ideia geral do tipo de coisa que quer fazer na campanha de marketing experiencial, pois já terá feito um *brainstorming* de ideias criativas para a *interação bidirecional* e estratégias de amplificação se utilizou o modelo criativo *BETTER*. No *SET MESSAGE*, você já abordou as etapas *Situação e histórico, Objetivos experienciais, Público-alvo e Mensagem – Comunicação-chave*. No processo, terá planejado os objetivos; decidido os componentes da mensagem que irá codificar e integrar na experiência de marca ao vivo; e analisado cuidadosamente o estilo de vida e aspirações do *público-alvo*.

STRATEGIES é um acrônimo que lhe permite escolher os "Elementos Experienciais" pelos quais você optou e combiná-los a fim de formular seu modelo de *Estratégia Experiencial*:

> **STRATEGIES (Estratégias)**
>
> **S**ervice (Serviço)
>
> **T**heatre (Teatro)
>
> **R**esearch (Pesquisa)
>
> **A**dverts (Publicidade)
>
> **T**elevised or Broadcast (Televisionada ou Transmitida)
>
> **E**ntertainment and Culture (Entretenimento e Cultura)
>
> **G**ame (or Competition) (Jogo, ou Competição)
>
> **I**nteractive Technologies (Tecnologias Interativas)
>
> **E**ducational (Educacional)
>
> **S**et (Cenário)

◢ "S" de *Service* (serviço)

Serviço é algo que você pode fornecer como um elemento agregador de valor para o *público-alvo*. *Serviço* pode significar várias coisas: um serviço de lavanderia, lavagem de carros, transporte, entrega, mimos ou uma reforma. Nesse contexto, qualquer coisa que seres humanos (ou, em alguns casos, *bots* e novas tecnologias) façam como um processo que agregue valor pode contar como um *serviço*. Ao usar o elemento *serviço* em sua *estratégia experiencial*, você pode dar vida à *personalidade de marca* e beneficiar os consumidores. O *serviço* pode facilitar a *interação bidirecional*.

◢ "T" de *Theatre* (teatro)

O teatro é claramente um elemento importante, e tem havido muitos exemplos de como o *teatro* de uma marca vem sendo usado para proporcionar *storytelling* com criatividade e imergir os clientes em um mundo alternativo onde eles se tornam participantes profundamente engajados na narrativa da experiência de marca ao vivo. O *teatro* é um elemento-chave de muitas *estratégias experienciais* e pode ser integrado a outros elementos, acrescentando um componente empolgante e imersivo ao engajamento.

◢ "R" de *Research* (pesquisa)

O marketing experiencial é perfeito para proporcionar pesquisa qualitativa e quantitativa como parte de uma campanha. Estratégias de pesquisa podem ser facilmente integradas à interação de uma forma que não seja indiscreta para os consumidores e, ainda assim, consigam revelar informações extremamente valiosas. Além de beneficiar a organização com novos insights, envolvendo clientes para que, com suas opiniões, influenciem e moldem o futuro de uma marca ou campanha, é a maneira mais eficiente de gerar defesa de marca e estimular uma resposta acalorada. De fato, o elemento *pesquisa* é muito popular porque faz a maior parte da interação com o *público-alvo*. Marcas e agências de marketing estão descobrindo que campanhas de marketing experiencial que elas gerenciam lhes proporcionam insights sobre as ideias, sentimentos, estilos de vida e comportamento de compra dos consumidores, e que, ao engajá-los e buscar suas opiniões, eles se transformam em evangelistas da marca que "fazem o marketing por você" por recomendações pessoais, boca a boca, criação de conteúdo de mídias sociais e compartilhamento. É fácil construir mecanismos simples para reunir dados valiosos em forma de conversa e pesquisa com os consumidores, porque sempre há contato direto com eles em uma experiência de marca ao vivo, e muitas experiências desse tipo envolvem interação presencial que permite *interação bidirecional* e diálogo em tempo real.

◢ "A" de *Adverts* (publicidade)

Nesse contexto, o elemento Publicidade representa um dos vários elementos que se combinam para formar a *estratégia experiencial*. Assim como um anúncio pode amplificar uma experiência de marca ao vivo, uma experiência como essa pode dar vida à criação ou conteúdo de uma campanha publicitária. Primeiro, a experiência de marca ao vivo pode reforçar a publicidade a que o *público-alvo* talvez já tenha sido exposto, depois, ela dá aos clientes a sensação de que eles são mais próximos da marca, e que a marca é uma parte real e importante de suas vidas cotidianas.

Experiências de marca ao vivo podem ser usadas para comunicar o conteúdo de uma peça de *publicidade* em situações em que provavelmente o *público-alvo* não a veria. Por exemplo, se não há nenhum local para outdoors em uma determinada área ou evento, uma experiência de marca ao vivo que reflita o tema e o conteúdo da peça publicitária é a alternativa perfeita. Se há um evento esportivo e patrocínio está fora do orçamento, às vezes o custo-benefício vale mais a pena (e é mais interessante) para dar vida à campanha publicitária com um elemento experiencial. Da mesma forma, usar uma *estratégia experiencial* para transmitir a mensagem da publicidade pode ser uma forma eficaz de tornar a campanha mais memorável e permitir a interação do consumidor com a marca, resultando em uma relação mais profunda, que estimule o boca a boca, gere conteúdo exclusivo e relevante à marca e amplie o *alcance* nas mídias sociais.

◢ "T" de *Televised* (televisionada) ou *Broadcast* (transmitida)

Imagine até que ponto você pode expandir o alcance de sua experiência de marca ao vivo se ela for televisionada ou transmitida. Isso pode acontecer formando-se uma parceria com meios de comunicação, transmitindo-a pela TV, rádio, canais digitais ou de mídias sociais. Assim, você pode criar um evento ao vivo de longo alcance, acessível para ver e interagir a grandes distâncias. Uma parceria midiática que informe os consumidores sobre uma experiência de marca ao vivo antes que ela aconteça e, então, transmita a experiência ao vivo, aumentando seu alcance para além dos que podem assisti-la pessoalmente, pode ser muito bem-sucedida em reforçar a posição da marca como alguém que se importa com todos os seus clientes. Essa percepção pode ser alcançada entre os que não participam da experiência de marca ao vivo (mas simplesmente a viram/ouviram falar dela) e entre os que têm chance de interagir e participar em primeira mão.

◢ "E" de *Entertainment* (entretenimento) e *Culture* (cultura)

Entretenimento e cultura podem inspirar elementos de sua *estratégia experiencial* possivelmente valiosos em termos de acrescentar interesse e dar oportunidade para alinhar a marca a pontos que se alinhem profundamente com o público-alvo, explorando seus assuntos de interesse, muitas vezes reunindo uma grande quantidade de pessoas em uma experiência de marca ao vivo e posicionando a marca de uma forma particular. De fato, muitas empresas criam os próprios festivais de música relevantes à marca, eventos esportivos e familiares, mostras de arte, concertos ou experiências gastronômicas como elementos centrais em suas estratégias experienciais, a fim de gerar conteúdo de valor e engajamento do consumidor. Nesse contexto, o elemento *entretenimento e cultura* pode representar música, moda, esportes, artes, comida ou atividades baseadas em cultura. Criar sua própria extensão de marca do tipo evento-propriedade-marca pode ser uma excelente alternativa a patrocínios caros e restritos, ao mesmo tempo que abre novas fontes de rendimento e oportunidades para licenciar a marca. *Entretenimento e cultura* podem fornecer incentivos fabulosos para o boca a boca, conteúdo compartilhável e capital social positivo, enquanto exploram os interesses pessoais dos clientes para gerar relacionamentos profundos entre as marcas e seus *públicos-alvo*.

◢ "G" de *Games* (jogos) ou *Competitions* (competições)

Jogos ou competições são maneiras excelentes para criar *interações bidirecionais* relevantes à marca para consumidores e marcas. Para produtos com base em jogos, criar uma experiência lúdica é uma opção bem objetiva. Mas isso não significa que este elemento deva se limitar apenas a jogos ou marcas de brinquedos. Na verdade, a gamificação pode ser usada para dar vida inclusive a uma *personalidade de marca* inteligente e estratégica (pense em xadrez gigante/interativo, sudoku ou jenga).

Explore jogos já existentes como inspiração

Se está pensando em usar jogos como elemento de sua *estratégia experiencial,* analise jogos, esportes, jogos de tabuleiro e *gameshows* já existentes para se inspirar e garantir que selecione e adapte componentes para mecanismos relevantes à marca e envolventes, a fim de engajar seu *público-alvo*. Há uma enorme variedade de jogos de que tirar inspiração para seu propósito específico. Considere *pesquisar gameshows* de TV, jogos de quiz e de tabuleiro, brincadeiras tradicionais de playground, partidas de times esportivos, fliperama e jogos de lógica simples, como palavras cruzadas, sudoku e pedra-papel-tesoura. Também vale a pena *pesquisar* o amplo leque de jogos online e do mundo dos *apps*, que fazem um sucesso enorme em engajar os consumidores e despertar seu lado competitivo.

A gamificação é ótima para criar **buzz**

A gamificação pode fornecer inspiração para mecanismos efetivos estimularem um boca a boca em massa, conforme analisado na etapa *elementos exponenciais* do processo criativo *BETTER*. Usar mecanismos ao estilo "quadro de líderes" que incentivem divulgação de conteúdo pode ser um ótimo método para estimular o *alcance* em mídias sociais.

A melhor coisa em se inspirar em jogos clássicos no contexto do marketing experiencial é que é possível pegar algo que já sabemos ser divertido ou enriquecedor e personalizá-lo conforme a marca, os objetivos e o público, tornando-o superior. Mesmo quando o elemento **jogo** não é totalmente relevante ou apropriado em um sentido imersivo, participativo ou interativo em que pode ser central para a *interação bidirecional*, você ainda pode elaborar com eficiência um mecanismo de **competição**, em que o próprio prêmio seja uma experiência que, por sua vez, forneça meios de dar vida à sua *personalidade de marca* e gerar mais conteúdos. Ao integrar um componente simples, mas eficiente, de **jogo** ou **competição** em sua *estratégia experiencial*, você pode criar uma experiência memorável e divertida para os participantes que atice o espírito competitivo da natureza humana a fim de atingir altos níveis de engajamento e compartilhamento nas mídias sociais.

◢ "I" de *Interactive Technology* (tecnologia interativa)

Ao estudar o modelo *BETTER*, você já compreende a importância da *interação bidirecional* no marketing experiencial, bem como o valor que pode ser gerado de atividades participativas e relevantes à marca como tecnologia interativa para seu *público-alvo*. Vivemos numa era digital de rápidos avanços tecnológicos e constante inovação em suas possíveis aplicações. A cada dia, torna-se mais e mais econômico personalizar a tecnologia para servir melhor às necessidades e desejos dos clientes. As conexões pessoais que temos com *apps* digitais promoveram um nível profundo de interatividade por meio de nossos dispositivos móveis. Produtos *smart* (inteligentes), aparelhos domésticos e dispositivos "vestíveis" estão fornecendo dados e facilitando a inovação das experiências do cliente em áreas exclusivas e anteriormente estagnadas. Mesmo em interações mais analógicas, pense em visitar um museu ou uma instalação de arte e participar de uma exibição interativa, levantando abas, apertando botões, puxando alavancas e desfrutando do processo de descoberta, apresentado de uma forma criativa: a chave é a interação.

Gatilhos

Tecnologias que reagem a gatilhos, como sensores de movimento, de pressão e botões podem facilitar uma gama impressionante de *interações bidirecionais* face a face e remotas. Quando integrada em sua *estratégia experiencial*, a *tecnologia interativa* pode ser um excelente catalisador para interagir profundamente com seus *públicos-alvo*, quer seja usada para reunir dados, educar, demonstrar ou provocar reações. Mesmo (e sobretudo) quando seu produto não faz parte de um setor baseado em tecnologia, o elemento *tecnologia interativa* pode ser formulado de um jeito interativo relevante por meio de um engajamento que seja divertido, *educativo* ou inspirador – e transmita mensagens complexas de marca.

◢ "E" de *Education* (educacional)

O marketing experiencial é um modo fabuloso de instruir consumidores sobre seu produto ou *serviço*. Além disso, você pode criar uma experiência concebida em torno da **educação**. A chance de instruir seu público sobre algo aparentemente separado, que dá vida à sua marca, alinhando-se a ela e gerando uma associação temática. O elemento educativo pode ser integrado para comunicar o patrimônio de seu produto, suas características e vantagens, ou temas que reflitam sua *personalidade de marca* e demonstrem relevância ao estilo de vida a que seu *público-alvo* aspira. Estratégias de marketing experiencial baseadas na educação têm sido historicamente popular com órgãos governamentais, que desejam instruir os *stakeholders* em questões relativas a voto, saúde e criminalidade. Mas, da mesma maneira, se sua campanha é para uma marca de carro superior a outros carros de sua categoria, um de seus principais objetivos pode ser instruir seus consumidores sobre sua tecnologia, caso em que a educação tende a ser um elemento-chave de sua *estratégia experiencial*. Esse elemento pode ser especialmente vantajoso para transmitir mensagens racionais, e pode fazer parte de sua estratégia independentemente do setor.

◢ "S" de *Set* (cenário)

O elemento cenário da *Estratégia experiencial* representa um ambiente elaborado/projetado para a experiência de marca ao vivo, e isso se aplica tanto a *cenários* presenciais quanto virtuais. O *cenário* também pode constituir uma parte ou a totalidade do ambiente varejista ou *pop-up*. Ele poderia ser alojado em um ambiente incomum, como um veículo convertido (um barco, ônibus, caminhão ou avião), ou num ambiente temático construído para esse fim, como um jardim, uma praia, uma balsa, entre outros. Aquisições de locais existentes inesperados geralmente dão certo, como um apartamento na cobertura, uma escola abandonada, um estacionamento ou conjunto de escritórios. O *cenário* é qualquer ambiente que se torna palco e local da experiência de marca ao vivo. Ele deve ser projetado com todos os elementos de sua *Mensagem – Comunicação-chave* em mente, além de refletir a identidade visual e a personalidade da marca. Tirar inspiração dos elementos multissensoriais do *brainstorming* feito durante a etapa de conexão emocional do processo criativo *BETTER* é um excelente ponto de partida ao iniciar o procedimento de exploração de um *cenário* apropriado.

Imersivos e experienciais – ambientes de transporte que evocam sensações e transcendem estados de espírito

Os *cenários* da maioria das experiências de marca ao vivo atraem muito interesse porque são estimulantes para o *público-alvo*. Um *cenário* incomum é um dos melhores incentivos para os consumidores captarem e compartilharem o conteúdo nas próprias redes sociais. Um bom *cenário*, projetado como um ambiente sensorial imersivo, pode ser lembrado pelos participantes por anos a fio. Algumas agências de marketing experiencial terceirizam a produção dos *cenários* elaborados para um propósito que são usados para experiências de marca ao vivo presenciais por empresas que tradicionalmente fazem enfeites e palcos para TV, cinema e *teatro*, ou experiências teatrais imersivas. Essas últimas estão particularmente em ascensão, com o Secret Cinema, You Me Bum Bum Train, Punch Drunk Theatre e uma série de experiências imersivas com zumbis atacando Londres, Nova York, Paris e outras cidades, rendendo muito dinheiro e uma reputação impressionante. Seguindo o exemplo, algumas agências de marketing experiencial terceirizam a produção de *cenários* que são usados para experiências de marca ao vivo remotas/virtuais para agências de produção de conteúdo digital, programadores e produtoras de TV, a fim de permitir aos consumidores que interajam remotamente com uma experiência pelo celular ou dispositivo.

Cenários remotos ou virtuais de experiências de marca ao vivo

Algumas plataformas de mídias sociais e companhias de entretenimento oferecem experiências de marca ao vivo remotas ou virtuais por meio de eventos de transmissão interativa. Esse é outro motivo pelo qual, ao escolher uma agência de marketing experiencial, é bom *pesquisar* sua especialidade, histórico de projetos e saber como ela começou e evoluiu, porque isso lhe dará uma ideia de quais áreas dentro do marketing experiencial são o forte dela, ajudando a decidir se é a melhor parceira para descobrir ou criar seu *cenário* definitivo, a fim de que esse componente se integre à sua *estratégia experiencial*.

Quando relevante, é aconselhável integrar o elemento *tecnologia interativa* ao elemento *cenário* em sua *estratégia experiencial* porque, quanto mais inovador e interativo for seu *cenário*, mais engajadora será sua experiência de marca ao vivo.

INTEGRANDO OS ELEMENTOS SELECIONADOS DO MODELO *STRATEGIES*

É importante lembrar que os elementos que você selecionou do acrônimo *STRATEGIES* precisam se integrar para formar sua *estratégia experiencial*, que será uma combinação de dois ou mais desses elementos. A *estratégia experiencial* fornece um quadro estrutural para sua(s) ideia(s), bem como uma direção clara para seu plano. Ao escolher a combinação de *elementos experienciais* para criar a *estratégia experiencial*, tenha em mente as ideias originais elaboradas com base no processo criativo *BETTER*, e também os passos que você deu até agora para desenvolvê-las e refiná-las.

Já exploramos no Capítulo 6 o conceito original que foi formulado usando-se o modelo *BETTER*:

- B*rand Personality* (Personalidade de Marca)

- E*motional Connection* (Conexão Emocional), com três valores de marca multissensoriais que resumem as características humanizadas da marca: autêntico, positivamente conectado e pessoalmente significativo.

- T*arget Audience* (Público-alvo, os estilos de vida e aspirações desse público).

- T*wo-Way Interaction* (Interação bidirecional, a grande ideia de participação em formato de experiência de marca ao vivo).

- E*xponential Elements* (Elementos exponenciais, os gatilhos e estímulos boca a boca).

- R*each* (Alcance, expandindo quantas pessoas são expostas à experiência, levando em conta o *alcance* da *interação bidirecional*, o *alcance* do boca a boca e o *alcance* dos canais de amplificação escolhidos, como RP, mídias sociais e transmissão).

Desde que começou a mapear o plano no formato *SET MESSAGE*, você refinou mais a ideia, considerando cuidadosamente a *Situação e cenário*, os *Objetivos experienciais, o Público-alvo e a Mensagem – Comunicação-chave*.

Assim como garantir que os elementos da *estratégia experiencial* que você selecionou incluam sua ideia, também é muito importante permanecer aberto a novos métodos e execuções, não importa se já viu exemplos em seu setor de quaisquer ideias preconcebidas que possam existir em relação aos gostos e preferências de seu *público-alvo*.

◢ O acrônimo *STRATEGIES* funciona em todos os setores e públicos-alvo

Independentemente de seus clientes serem executivos abastados, pessoas com mais de 50 anos, influenciadores ou compradores, ou de seu produto ser um bem de consumo de alto giro (como um chocolate ou um creme dental) ou uma compra de luxo de alto envolvimento (como um Rolls-Royce ou um apartamento de férias em um resort fechado em Ibiza), elementos de *estratégia experiencial* podem ser sucessivamente combinados. Contanto que sejam relevantes e tenham sido formulados em alinhamento com as etapas identificadas durante o processo *BETTER*, provavelmente ressoarão e se sentirão ligados com a marca. Ao selecionar elementos que sejam verdadeiros em sua *personalidade de marca*, criando uma *conexão emocional* com os participantes e sempre mantendo o *público-alvo*, seus estilos de vida e aspirações em primeiro plano na sua mente, você pode desenvolver uma *estratégia experiencial* que proporciona o objetivo final, criando a experiência certa para as pessoas certas.

Você deve escolher dois ou mais dos *elementos experienciais* mais apropriados do acrônimo *STRATEGIES* e, então, integrá-los para formar sua *estratégia experiencial*. A seguir, há exemplos de combinações que misturam três ou quatro elementos, ilustrando como você poderia mesclar os elementos selecionados para formular uma *estratégia experiencial*, informando, assim, seu setor de criação e fornecendo a ele um quadro estruturado para suas ideias.

Exemplos de configurações

Educação + serviço + pesquisa + cenário: Quando Sophie – diretora de marketing de uma marca popular de margarina – quis mostrar ao *público-alvo* da marca como a margarina poderia ser usada para baixar o colesterol, assim como dar vida à *personalidade de marca* ativa, preocupada com a saúde e medicinal da marca:

- Ela elaborou uma *estratégia experiencial* envolvendo uma experiência de testagem de colesterol em um trailer da marca de 12m^2. Primeiro, médicos e especialistas de renome deram uma palestra aos participantes sobre os efeitos negativos e riscos do colesterol alto, com versões de conteúdo de vídeo sobrepostas mostrando estatísticas convincentes projetadas nas paredes (**educação**). Depois, disponibilizaram aos convidados testes gratuitos de colesterol e frequência cardíaca (**serviço**) em um ambiente de marca com temática de medicina (**cenário**).

ESTRATÉGIA EXPERIENCIAL **249**

- Sophie recebeu uma contribuição do orçamento de *pesquisa* de mercado para essa campanha e quis coletar dados dos participantes para facilitar a adaptação do marketing e a distribuição às necessidades do cliente.

- Ela quis saber em quais supermercados os membros do *público-alvo* compravam com maior regularidade, com que frequência compravam manteiga ou margarina, quais marcas preferiam e por quê.

- Os *embaixadores da marca*, que auxiliavam os clientes com os testes de colesterol e frequência cardíaca, fizeram a eles algumas perguntas rápidas (**pesquisa**) antes que entrassem no veículo e fizessem os referidos testes.

Em troca de responder às perguntas, os consumidores ganhavam a chance de participar de um teste de colesterol e frequência cardíaca no local (**serviço**), e os que compravam recebiam gratuitamente um bracelete inteligente de monitoramento de frequência cardíaca, que podiam guardar para monitorar seu progresso.

A campanha atingiu com sucesso os *objetivos experienciais* de Sophie: reuniu *pesquisa* criteriosa, estimulou as vendas e deu vida à *personalidade de marca* saudável. Os elementos selecionados da *estratégia experiencial* instruíram os consumidores sobre os benefícios do produto, diferenciando-o dos da concorrência, e forneceram a seus participantes um *serviço* gratuito relevante de um jeito memorável.

Teatro + publicidade + jogo: Mark, diretor de criação de uma iminente agência de publicidade, foi informado de que uma marca de balas queria dar vida a uma campanha publicitária já existente com uma experiência de marca ao vivo. O principal argumento de venda do produto (e um foco importante na *Mensagem – Comunicação-chave*) era que a bala continha um efeito especial refrescante.

- O canal de experiência da marca ao vivo serviu para reforçar a criatividade dos *anúncios* que a equipe de Mark desenvolvera.

- Mark queria dar vida à *personalidade de marca* da bala, logo, analisou com cuidado a parte criativa, procurando inspiração sobre como proceder.

- A peça de publicidade apresentava centenas de personagens-bala em tamanho real que simbolizavam visualmente os "agentes refrescantes", portanto, ele decidiu que eles seriam a inspiração para a experiência.

- A *estratégia experiencial* incorporou **teatro**, um **jogo** e a **publicidade**.

- Atores profissionais se vestiram de agentes refrescantes, com fantasias idênticas às usadas no anúncio (**publicidade**) da TV.

- Os atores, que encarnaram as balas ou os 'agentes refrescantes', participaram de um enredo envolvente e distribuíram amostras das balas refrescantes enquanto envolviam os participantes em um **jogo teatral**, em que foram encarregados de localizar pedras de gelo escondidas como parte de um enredo centrado na necessidade de refrescar o planeta.

- Os que participaram do **jogo** e se envolveram com os atores receberam sacolas térmicas da marca e tiveram a chance de ganhar um feriado para esquiar, o que reforçava a USP[5] da refrescância.

A *estratégia experiencial* integrou, de forma clara e relevante, os elementos a **publicidade**, que acrescentou componentes do **teatro** e um **jogo** relevante para a marca, os quais, em combinação, tiveram sucesso em dar vida à campanha publicitária e atingir objetivos mais amplos para a marca.

Serviço + cenário: Jaleel, gerente de marketing de uma marca de tintas para a casa, fez experiências de marca ao vivo para posicionar sua marca como uma especialista em combinação de cores entre o *público-alvo* de mulheres abastadas de 25 anos ou mais. Sua *estratégia experiencial* foi elaborada para transmitir a *expertise* de combinação de cores da marca, que lançou um novo *app* que permitia aos usuários escanear qualquer objeto e capturar aquele tom exato de tinta, bem como recomendações de cores complementares.

Jaleel fazia questão de mostrar essa habilidade e promover seus três tons de tinta mais vendidos, chamados *Pure* (Puro), *Cirque* (Circo)

---

5 Sigla em inglês de *Unique Selling Proposition* (Proposta Única de Venda, em português). (N. T.)

e *Revolution* (Revolução). O primeiro, *Pure*, era uma gama de tintas neutras; o segundo, *Cirque*, de tintas ousadas; e o terceiro, *Revolution*, de tintas metálicas e iridescentes.

- Ele aliou o que sentia que era a combinação mais apropriada de elementos experienciais para formular a *estratégia experiencial*: serviço (para beneficiar e se relacionar às vidas de seu *público-alvo*) e cenário (para exibir a aparência estonteante das gamas de tinta em paredes de verdade e cercadas por objetos reais em tons complementares que os consumidores poderiam escanear).

- Ele já tinha criado um conceito e finalizado as quatro primeiras etapas do *SET MESSAGE* durante as quais fez **pesquisas** cuidadosas com seu *público-alvo* por meio de grupos de foco.

Ele descobriu que o grupo demográfico almejava ter casas bonitas decoradas por designers de interior profissionais, e desejava, também, ter objetos e artigos exclusivos.

As mulheres também passavam parte do tempo conversando sobre a própria aparência, e almejavam parecer tão na moda e estilosas quanto algumas influenciadoras que seguiam na internet. Esses insights inspiraram a *estratégia experiencial* de Jaleel.

- Ele criou uma experiência de marca ao vivo envolvendo um *cenário* que percorreu as entradas centrais dos principais shoppings onde a tinta estava em liquidação em lojas participantes.

- O *cenário* representava três cômodos adjacentes de uma casa bonita, e cada um deles foi decorado por designers de interiores para refletir uma das três principais tintas da marca: *Pure*, *Cirque* e *Revolution*.

- Os cômodos apresentavam cores complementares de seus respectivos tons de tinta, ao lado de objetos exclusivos fornecidos por influenciadores de mídias sociais, demonstrando a *expertise* da marca em combinar cores.

- O *cenário* de minicasas tinha manicures *embaixadoras da marca* alocadas em cada um dos cômodos, totalmente treinadas nos princípios estilísticos das três gamas de tintas e nas técnicas e *app* de combinação de cores da marca.

- As *embaixadoras da marca*, sentadas em balcões da marca, convidaram as clientes para pintar as unhas nos tons que combinavam com suas roupas e para assistir uma demonstração do *app* de combinação de cores enquanto esperavam as unhas serem finalizadas.

- As mulheres eram convidadas a escolher um dos três temas diferentes para refletir os tons neutro, ousado e metálico oferecidos pela marca.

- Esse processo reproduziu de perto o procedimento que a marca e os consultores da loja usaram para combinar com inteligência os tons de tintas e as opções de cores individuais com o estilo e a decoração da casa dos clientes.

- Os influenciadores que escolheram os objetos e artigos também vieram ao **cenário** para verem "ao vivo" suas escolhas, e ficaram inspirados a tirar e compartilhar fotos, que postaram em seus canais de mídia social de amplo alcance.

- Esta *estratégia experiencial* combinou com êxito dois elementos: **serviço** (combinação de cores e pintura de unhas) e **cenário** (um belo ambiente doméstico) para atingir os *objetivos experienciais* de Jaleel.

Pesquisa + entretenimento + publicidade + jogo: James, um gerente de marca e da marca de um banco bem conhecido, recebeu a tarefa de gerar leads para um novo empréstimo sem garantias que oferecia uma taxa de juros razoável e focava famílias de baixa renda que, geralmente, não se qualificariam. A agência de publicidade de marca criou um anúncio no YouTube que mostrava a equipe das filiais do banco dançando e cantando sobre o novo esquema de empréstimo (ao estilo de um musical da Broadway) a respeito de um produto de empréstimo sem garantias que o banco tinha lançado.

James decidiu reforçar a campanha publicitária com marketing experiencial.

- Ele contratou uma agência de marketing experiencial para produzir uma série de experiências de marca ao vivo que reproduziriam o

ESTRATÉGIA EXPERIENCIAL **253**

anúncio como uma apresentação ao vivo, dando vida, portanto, à criatividade do anúncio.

Durante a etapa *público-alvo* do *SET MESSAGE*, James consultou dados indicando que o grupo demográfico era mais suscetível a pedir empréstimos durante o período anterior às férias escolares, porque esses períodos eram mais populares para tirar férias caras no exterior.

- Levando em conta esse insight, ele decidiu que a performance seria apresentada como uma réplica ao vivo de cinco minutos do anúncio, realizada como uma manobra publicitária em comerciais de cinemas durante as férias escolares.

- Um apresentador ficava ao microfone e apresentava a performance musical. Antes que ela começasse, ele instigava as famílias a preencher uma rápida "pesquisa de férias dos sonhos", disponível em seu site, enquanto *embaixadores da marca* perguntavam sobre seus destinos e atividades de férias ideais.

- Em troca de preencherem a pesquisa online no local, as crianças ganhavam pipoca (em um recipiente da marca) e as famílias entravam numa competição para ganhar suas férias dos sonhos.

Simples e bem-sucedida, essa experiência de marca ao vivo foi apresentada várias vezes por dia durante as férias de verão e de inverno em mais de 20 cinemas, entretendo famílias que talvez não conseguissem bancar uma viagem de férias. A *estratégia experiencial* combinou os seguintes elementos experienciais: **publicidade**, **entretenimento**, **jogo** (ou competição) e **pesquisa** para atingir o *objetivo experiencial* de geração de *leads*, ao mesmo tempo reforçando o impacto da campanha publicitária por meio de uma experiência memorável captada pelos consumidores e compartilhada na internet, gerando, assim, capital social e um *alcance* fantástico.

Jogo + televisionada/transmitida: Andrew é diretor de vendas e marketing de uma empresa de bebidas. Ele estava planejando o lançamento de uma nova marca de rum caribenho. A marca tem uma *personalidade* com temática de piratas, e Andrew estava louco para lançá-la com uma campanha integrada de marketing experiencial. Os *objetivos experienciais* eram dar vida à *personalidade de marca* caribenha e com temática de piratas, estimular a degustação do produto e gerar boca a boca e *alcance* em mídias sociais. Após desenvolver cuidadosamente um conceito, ele ficou interessado em identificar quais elementos estratégicos esse conceito aliava; ele decidiu pelos elementos **televisionada/transmitida** e **jogo** para sua *estratégia experiencial*.

- Após uma sessão de *brainstorming BETTER* com a equipe de criação, ele selecionou uma experiência de uma hora com a temática de pirata "Treasure Hunt Challenge" (Desafio da Caça ao Tesouro) com prêmios como caixas de rum e cruzeiros pelo Caribe fornecidos por uma marca da moda de viagens que focava *millennials*.

- A campanha promoveu seis "Treasure Hunt Challenges" simultâneas, cada uma num de seus principais mercados. Cada cidade foi recriada como um mapa e transformada em um mapa de tesouro de sua própria marca, com pontos-chave identificados como os locais onde buscar as pistas.

- A agência de RP de Andrew garantiu com antecedência cobertura de RP, posts de blog menções em mídias sociais, e sua agência midiática veiculou anúncios direcionados nas redes sociais promovendo o "Treasure Hunt Challenge", assegurando alta quantidade de participação na experiência de marca ao vivo.

- Os artigos orientavam os interessados a formar equipes de cinco pessoas com seus amigos antes de se encontrarem no ponto de partida de cada cidade, onde podiam baixar o *app* e correr atrás de tesouros virtuais.

- Ao chegar nos pontos de encontro, os participantes eram cumprimentados por *embaixadores da marca* (com chapéus de pirata, papagaios de mentira e tapa-olhos) que os inscreviam no jogo e lhes davam kits contendo mapas do tesouro, amostras de rum e camisetas da marca.

- Os participantes corriam pela cidade em busca de pistas – durante o tempo permitido – na esperança de encontrar o tesouro virtual e baús de verdade cuidadosamente alocados que continham os cupons premiados.

- Andrew garantiu uma parceria com a mídia e o "Treasure Hunt Challenge" de âmbito nacional foi transmitido ao vivo na internet num intervalo de uma hora que obteve enorme alcance, mostrando as equipes correndo em cada cidade em busca de pistas e baús de tesouro.

- Um conteúdo especial de 30 minutos foi transmitido no mês seguinte, mostrando os vencedores vestidos de piratas, desfrutando de suas garrafas de rum e cruzeiros no Caribe.

Além dos 10.000 consumidores registrados que participaram do desafio real, outras 70 milhões de pessoas se expuseram à experiência de marca ao vivo por meio do conteúdo mais amplo e do *alcance* de RP.

O elemento **jogo** permitiu um alto nível de *interação bidirecional* entre a marca e os participantes, enquanto o elemento **televisionada/transmitida** possibilitou que a experiência de marca ao vivo atingisse um *alcance* maciço. A *estratégia experiencial* deu vida à *personalidade da marca* caribenha e com temática de pirata do rum, criou conteúdo original e gerou, ao mesmo tempo, um boca a boca enorme e *alcance* em mídias sociais.

Educativa + tecnologia interativa + cenário: Adriana foi a responsável pelo lançamento de um notepad inovador que continha uma câmera de vídeo embutida de alta qualidade. Ele também tinha uma função revolucionária que permitia aos clientes editar e decorar seus vídeos no notepad usando as canetas disponibilizadas, que funcionavam de maneira única, ativando tonalidades de cor e efeitos. O produto denominado *smart* era o primeiro do tipo, e Adriana queria criar uma campanha de marketing experiencial que instruísse os consumidores sobre seus principais atributos.

- Seu *público-alvo* – pessoas da geração Z amantes da diversão – inspirou Adriana a contratar uma agência experiencial e a criar uma experiência de marca ao vivo inovadora em praias de todo o mundo.

- Eles criaram um **cenário** gigante, uma "Zona Smart" com o formato do notepad e o próprio *cenário* da caneta, e os alocaram nas praias que atraíam o divertido e jovem grupo demográfico da geração Z.

- *Embaixadores da marca* eram treinados, e eles estavam munidos do notepad smart e das canetas.

- Eles se aproximaram de grupos de amigos tomando sol na praia ou praticando esportes como vôlei, e os convidaram a serem filmados pelo *embaixador da marca* segurando o notepad smart.

- Os grupos de amigos se animaram com a ideia de fazer e enfeitar os próprios vídeos na praia, e ficaram ansiosos para fazer esse favor e participar.

- Então, os banhistas foram estimulados a entrar na "Zona Smart" para assistir a uma demonstração e um tutorial de instrução sobre edição de vídeos do **cenário** notepad e da caneta mágica.

- *Embaixadores da marca* ensinaram os participantes a usar as características para criar resultados magníficos e os incentivaram a participar da edição dos clipes que eles estrelaram. Projeções em tamanho real nas paredes dos **cenários** exibiam o conteúdo gerado na experiência de outros países.

- Milhares de consumidores empolgados de praias do mundo todo filmaram seu próprio conteúdo nos notepads e editaram cores divertidas e efeitos especiais em seus clipes, que podiam ser votados pelos participantes em outras praias ao redor do globo. Os participantes tinham a chance de postar no YouTube, Snapchat ou Instagram diretamente dos notepads.

- Além de terem a chance de ganhar notepads smart, cada participante recebia bolas de praia da marca e tatuagens falsas, que tiveram alta visibilidade e aumentaram a consciência de marca para outros banhistas.

A *estratégia experiencial* de Adriana apresentou elementos **educativos** e de **tecnologia interativa** elaborados em um **cenário** relevante para a marca e visualmente estimulante (pedestres ficavam empolgados ao verem pessoas formando fila para entrar nos imensos **cenários** do notepad). O conteúdo da experiência de marca ao vivo atingiu um *alcance* orgânico enorme, que também foi amplificado com anúncios digitais estimulando tráfego a seu conteúdo, mostrando alguns dos destaques de vídeo.

A campanha de marketing experiencial atingiu seu *objetivo experiencial* de instruir clientes sobre as características de edição de vídeos do smart pad. Memorável e divertida, a *interação bidirecional* também teve êxito em gerar defesa de marca, incentivando o boca a boca e gerando toneladas de conteúdo exclusivo entre o *público-alvo* divertido e jovem.

TORNANDO A EXPERIÊNCIA MEMORÁVEL E PERMANENTE

Lembre-se de que, mesmo sem nenhuma ação ou gatilhos extras, uma experiência de marca ao vivo é, por natureza, mais memorável que qualquer outra forma de marketing, e que a experiência de marca ao vivo deve estar no cerne da campanha de marketing experiencial.

As lembranças em si não existem apenas ao longo do tempo, conectando presente, passado e futuro, tampouco estão vivas apenas na consciência do indivíduo. Lembranças existem no cerne da "experiência vivida", seja coletiva ou individual.[1] Para garantir que a *estratégia experiencial* crie uma experiência que será lembrada durante o máximo de tempo possível, você pode elaborar reforços externos que consolidem as lembranças das pessoas que ela atingiu, que podem, então, ganhar longevidade e posteridade em plataformas de mídias sociais.

◢ A evidência visual continua viva

Uma excelente opção quando a experiência de marca ao vivo é executada presencialmente na vida real (IRL) é proporcionar aos participantes evidências visuais valiosas, como fotos tiradas por profissionais ou montagens de vídeo que unam vários destaques das experiências que tiveram. Além disso, fornecer um objeto físico ou um souvenir ancora a lembrança da experiência, alinhando-a com as emoções positivas vivenciadas no momento e deixando essas sensações acessíveis muito além do instante inicial da participação.

Por exemplo, você pode tirar fotos dos consumidores enquanto eles estão no **cenário** e depois imprimir suas fotos em objetos que eles usarão ou verão no dia a dia, como canecas/ímãs/adesivos/marmitas/jogos americanos etc. Evidências visuais em forma de souvenir palpável é uma excelente maneira de ativar emoções positivas na memória dos participantes lembrando-os de como eles gostaram da experiência (o souvenir também pode se tornar sentimental e levá-los a romantizar a experiência). Quando disponibilizada em formato digital, a evidência visual pode incorporar um *elemento exponencial* (conforme discutido no processo criativo *BETTER*) como um incentivo do tipo "para aumentar suas chances de ganhar (uma competição), compartilhe e chame cinco amigos para participar".

◢ Gatilhos de memória duram anos e criam laços profundos

Presentes relevantes com a marca são outra ótima forma de ativar lembranças. Nesse caso o presente age como reforço externo, e um "motivo importante por que reforços externos facilitam a memorização é que a presença física de um objeto geralmente estimula mais a memória que imaginar ou pensar".[2] Eles podem ser entregues pessoalmente (quando a experiência de marca ao vivo é presencial e IRL) ou convidando os consumidores a solicitar digitalmente seus presentes gratuitos (quando a experiência de marca ao vivo é remota). Ao disponibilizar aos participantes um *call to action* antes que recebam o presente, tornando, portanto, necessário que eles o peçam ativamente, estimula-se sua intenção de recordar a experiência.

◢ Eles precisarão de uma âncora de memória e um de mecanismo de gatilho

Recomenda-se oferecer aos participantes da experiência de marca ao vivo um mecanismo de gatilho que lhes facilite passar a experiência adiante e, portanto, apoiar esse sistema com um incentivo para fazer isso. Um esquema que estimule os participantes a compartilhar suas experiências, um link para o produto nas mídias sociais, com o incentivo de receberem um presente ou entrarem numa competição, pode aumentar substancialmente o *alcance*.

◢ Passando a informação

Isso constitui um *elemento exponencial* IRL da campanha. Quando o incentivo envolve pedir aos participantes da experiência de marca ao vivo que deem um presente (a quem não está lá), quem recebe os presentes dos participantes também devem ter a chance de dar presentes, assim como os que ouviram falar da experiência de marca ao vivo por meio de um canal de amplificação, garantindo assim que o *alcance* da experiência de marca ao vivo seja revelado e possa crescer exponencialmente. Ainda que as pessoas desses grupos não participem da experiência original, elas têm a chance de receber alguma coisa e ainda participar com o presente. Isso simboliza os sentimentos positivos criados pela experiência da qual ouviram falar por meio de um colega ou um canal de amplificação. Assim, a ajuda externa não serve somente como um reforço palpável da memória do participante, ela também fornece ao destinatário da mensagem a chance de se engajar mais com a marca e estabelecer sua própria conexão pessoal com ela.

Criando uma conexão emocional duradoura por meio de memorabilia

Max Abbott, gerente nacional de defesa de marca da Cellar Trends (portfólio global de marcas de bebidas)

Quando as pessoas saem à noite, é para se divertirem. Se sua marca pode fazer algo divertido ou lhes dar alguma coisa que possam carregar consigo durante o resto da noite, é importante e esperado que elas acordem com esse pequeno item ou o que quer que você tenha lhes dado, e aí vão se lembrar por que o guardaram.

Ainda acho que tem algo bem legal nisso. O que ainda estou interessado em compreender é como fazer o cliente compartilhar novamente a experiência, fazendo-a durar um pouco mais para a marca.

Acho que ainda tenho presas no meu mural de cortiça duas fileiras de fotos de uma balada a que fui há dois anos, e ainda me lembro de ficar olhando a noite toda para aquelas duas coisas simples. Também ainda tenho o chaveiro de uma balada, e isso deve ter sido há cinco anos.

Esses gatilhos nostálgicos criam uma conexão emocional; eles são de fato excelentes, mas é a maneira como você se conecta com eles que conta. Aquilo a que os clientes realmente se apegam são os momentos, e as "coisas" – como fotos ou "cacarecos" – que podem levar embora, saborear e guardar são o que os farão lembrar daquela noite.[3]

◢ Mantenha viva a relação

Ao criar mais interação entre a marca, os participantes e os destinatários, a relação continua além da campanha inicial. Uma interação positiva que perdura é a chave para firmar uma defesa de marca de longo prazo pelo consumidor, sendo este o objetivo final do marketing experiencial. Ao pegar os dados de contato dos participantes de sua experiência e os dos destinatários da mensagem da experiência, contatando-os com convites (talvez particulares) para futuras experiências (a serem oferecidas ou como eventos do mundo real ou remotos, em plataformas de mídias sociais), você pode transformar destinatários de uma mensagem de *segunda mão* de uma experiência de marca ao vivo em *participantes* de uma experiência de marca ao vivo.

◢ Formando vínculos de ouro

Ao *perpetuar* a plataforma de comunicação de marketing experiencial com uma experiência de marca ao vivo em seu núcleo, você pode construir vínculos de ouro com seu *público-alvo* e fortalecer o entendimento de que sua marca é realmente centrada no cliente e quer agregar valor à vida dele. Consequentemente, os consumidores se lembrarão de que o relacionamento que eles têm com você é duradouro e bidirecional, e que ele não termina com o fim da primeira experiência ou compra.

Outro fenômeno que pode ocorrer como consequência de se convidarem clientes (participantes e destinatários) para futuras experiências de marca ao vivo e diálogos contínuos é a formação de vínculos entre as pessoas dos grupos dos convidados, e a memória do grupo se percebendo como memórias individuais.[4] Essa visão de longo prazo deve ser considerada ao se formular sua *estratégia experiencial* de longo prazo, que, quando combinada a uma orientação para a experiência do consumidor dentro de sua organização, estabelecerá as bases para a defesa da marca e relacionamentos de longo prazo com o consumidor. ∎

Em resumo, existem 10 elementos básicos no acrônimo *STRATEGIES*:

> **STRATEGIES (Estratégias)**
>
> **S**ervice (Serviço)
>
> **T**heatre (Teatro)
>
> **R**esearch (Pesquisa)
>
> **A**dverts (Publicidade)
>
> **T**elevised or Broadcast (Televisionada ou Transmitida)
>
> **E**ntertainment and Culture (Entretenimento e Cultura)
>
> **G**ame (or Competition) (Jogo, ou Competição)
>
> **I**nteractive Technologies (Tecnologias Interativas)
>
> **E**ducational (Educacional)
>
> **S**et (Cenário)

Você deve reunir seus conceitos experienciais já desenvolvidos com o modelo *BETTER* (explicado em capítulos anteriores) e explorar os *elementos experienciais* do acrônimo *STRATEGIES* que os definam melhor, desenvolvendo em seguida, e ainda mais, a estrutura e as ideias combinando dois ou mais desses elementos de *estratégia experiencial*.

Todas as *estratégias experienciais* devem:

- dar vida à *personalidade da marca*;
- visar criar uma *conexão emocional* (por meio de elementos multisenssoriais e os três atributos-chave: autêntico, positivamente conectados e pessoalmente significativos) com os participantes;

- ser relevantes ao estilo de vida e aspirações do *público-alvo*.

Você deve sempre ter um *elemento exponencial* ou um ponto de contato que:

- inspire o boca a boca;
- estimule a criação e o compartilhamento de conteúdo;
- se esforce para atingir o máximo de *alcance*.

Isso deve combinar o *alcance* inicial da experiência de marca ao vivo, o *alcance* do boca a boca e o *alcance* dos canais de amplificação (como mídias sociais, influenciadores e RP), mantendo, ao mesmo tempo, a qualidade do engajamento. A *estratégia experiencial* deve se adequar aos *objetivos experienciais*, bem como integrar a *Mensagem – Comunicação-chave* da marca. Use o modelo *BETTER* como checklist para garantir que sua *estratégia experiencial* seja o mais eficiente possível.

Notas

[1] MIDDLETON, D.; BROWN, S. D. The Social Psychology of Experience: Studies in remembering and forgetting. London: Sage, 2005.

[2] GRUNEBERG, M.; MORRIS, P. *Aspects of Memory*: The practical aspects. London: Routledge, 1992. p 154. vol. 1.

[3] ABBOTT, M. Trecho de entrevista com Max Abbott, National Brand Advocate Manager, Cellar Trends (Global Drinks Brand Portfolio), feita por Shirra Smilansky. s. l. 2017.

[4] HALBWACHS, M; COSER, L. A. *On Collective Memory*. Chicago: University of Chicago Press, 1992. p. 40.

Capítulo 12

Seleção de lugares e de embaixadores da marca para a sua estratégia de marketing experiencial

Você já deve ter ouvido várias vezes as frases populares "Lugar, lugar e lugar!"[6] e "Pessoas compram pessoas!". As duas citações podem ser usadas com mais frequência nos ambientes varejistas, imobiliários e de vendas, mas se aplicam a qualquer ponto de contato que um consumidor tenha com uma organização ou marca durante sua jornada com ela. Essa jornada inclui a comunicação de marketing da qual as pessoas participam. Como destacado anteriormente, sugere-se que a grande ideia de sua campanha de marketing experiencial tenha como base uma *interação bidirecional* em tempo real.

A SINERGIA ENTRE LUGARES E PESSOAS É FUNDAMENTAL

Essa experiência de marca ao vivo precisa ser gerenciada de forma positiva e interligada por pessoas, e, se elas forem seus funcionários, representantes ou influenciadores, devem cumprir a função de *embaixadores da marca*. A sinergia entre participantes, lugares e *embaixadores da marca* é muito importante. Para ter sucesso no marketing experiencial, você precisa se esforçar para criar as experiências certas para as pessoas certas, e essas experiências precisam acontecer no lugar e na hora certos.

Quando você finalizou a parte *público-alvo* do plano *SET MESSAGE*, finalizou a análise do cotidiano, analisando também o estilo de vida aspiracional de seus *públicos-alvo*, reservando um tempo para considerar de fato onde encontrá-los e como melhor

---

[6] Em inglês, *Location, location, location!*, frase cunhada por Harold Samuel em 1944 ao fundar a Land Securities, uma das maiores empresas imobiliárias do Reino Unido. (N. T.)

atrair o que desejam. Logo, encontrar os lugares ideais para a experiência (sejam eles presenciais ou IRL, ou remotos e possibilitados por plataformas tecnológicas ou de mídias sociais) e configurá-los com eficiência é crucial.

UMA REPRESENTAÇÃO AO VIVO DE SUA MARCA

Há muitos fatores a serem levados em consideração ao decidir os *lugares selecionados* e *embaixadores de marca* para experiências de marca ao vivo, motivo pelo qual todo o segmento do sistema de planejamento *SET MESSAGE* é elaborado para facilitar esse processo. Este capítulo dará a você um entendimento mais aprofundado do que é necessário considerar nesta etapa de seu plano experiencial, e como a escolha dos lugares e das pessoas acabará tornando a experiência um "ou vai ou racha".

De extrema importância, os *embaixadores da marca* são a principal faceta deste capítulo. Durante a experiência de marca ao vivo, eles precisam incorporar a identidade da marca – são a única interface humana entre a *personalidade da marca* e o consumidor. Eles são as pessoas que têm o potencial para atrair o que os participantes desejam e construir ou fortalecer seu relacionamento com a marca.

Você pode passar todo o tempo do mundo planejando sua experiência de marca ao vivo e garantindo que a produção seja mágica e que tudo esteja perfeito em termos de logística, mas se um *embaixador da marca* não for cuidadosamente treinado ou não combinar de forma adequada com a marca e o público-alvo, a experiência de marca ao vivo não será bem-sucedida.

SELECIONE OS MELHORES LUGARES

Para ajudá-lo a evitar esforços em vão, esta etapa do sistema de planejamento *SET MESSAGE* analisa como planejar e selecionar com cuidado os lugares certos para experiências de marca ao vivo, como escolher os *embaixadores da marca* certos e como treiná-los, visando a uma apresentação impecável e sem problemas.

> No AdAge Marketing Fact Pack de 2017, Lucinda Martinez, vice-presidente sênior da Multicultural & International Marketing, HBO, afirma: "Reconhecer um mercado mais diversificado também é essencial. O marketing para públicos multiculturais, *millennials* e móveis exige encontrar o embaixador da marca certo, com a mensagem certa que comunica o conteúdo para eles de uma forma que faça total sentido". Isso reflete o estilo de comunicação one-to-one e a transparência autêntica que os clientes atuais esperam da marca.
>
> Martinez continua: "Se você se saiu bem nisso, eles se sentirão impelidos a ser evangelistas de sua marca. E, para ser franca, isso não é tão fácil quanto parece — aqui, autenticidade é tudo".[1]

A Heineken acredita que a atração Heineken Experience lhe permitiu gerar fiéis *embaixadores de marca* internos. Atualmente, ela conta com quase 160 alunos trabalhando na atração. Eles podem ficar por apenas quatro anos, após os quais outra leva de alunos toma seus lugares. Isso proporciona "sangue novo e energia", de acordo com o diretor-geral da Heineken Experience, Dirk Lubbers, citado na *Marketing Week*.[2]

Em *Living the Brand: How to transform every member of your organization into a brand champion*, Ind afirma: "O objetivo do conceito de viver a marca é: inspirar as pessoas a identificar e internalizar a marca; comprometer-se com gerar valor para que clientes e consumidores possam desfrutar de uma experiência coerente que corresponda a (e supere) suas expectativas". Ele continua, propondo que "empresas que fazem o melhor trabalho de acordo com os próprios valores e formação de funcionários éticos, inclusive gerentes, reconhecem que a verdadeira causa do sucesso — ou fracasso — são sempre as pessoas, não as palavras".[3]

RECOMENDAÇÕES DE INFLUENCIADORES

A The Drum escreveu um impressionante parágrafo de manchete de abertura: "Consumidores estão cada vez mais sintonizados com os conteúdos criados por influenciadores para ajudá-los a tomar decisões de compra, com um quinto (19%) do consumo de mídia total do consumidor feito por conteúdo de influenciadores.[4] O artigo continua, explicando que a Good Relations, agência de RP e conteúdo, fez uma pesquisa com 1.000 pessoas acima de 16 anos, descobrindo que mais da metade (57%) havia feito compras com base apenas em uma recomendação online de influenciador, e entre os *millennials* esse número crescia para 69%.[5]

SELECIONANDO LUGARES

Há cinco fatores-chave para considerar ao avaliar possíveis lugares para sua experiência de marca ao vivo ao executar uma experiência IRL presencialmente:

Os cinco fatores-chave para escolher *lugares selecionados*

1. **Grupos demográficos** (dos visitantes dos lugares).
2. **O estado de espírito** (dos visitantes dos lugares):
   - Eles querem comprar/socializar/ser entretidos/aprender?
   - Quanto tempo disponível eles têm para ficar?
   Estão com pressa ou não?
   - Se estão com outras pessoas, quem são elas? (e o que isso implica?)
3. **Tráfego** (ou quantidade de visitantes).
4. **Considerações Práticas e logísticas.**
5. **Custo** (relacionados a espaço, afluência, ambiente, atributos e localização).

◢ Fator-chave #1 – Grupos demográficos

Uma vez que lugares diferentes são frequentados por pessoas de grupos demográficos variados, pode ser um desafio saber exatamente onde alocar sua experiência de marca ao vivo. Alguns lugares, como regiões comerciais, tendem a ter uma população abastada. Esses poderiam servir para uma experiência de marca ao vivo de uma marca de cartão de crédito, se o objetivo fosse atingir um *público-alvo* de profissionais endinheirados. Regiões com universidades grandes por perto terão um grupo demográfico forte de alunos, portanto, seriam ideais para uma marca que quisesse criar experiências de marca para estudantes, hipsters ou pessoas da geração Z. Da mesma forma, algumas áreas da região são predominantemente residenciais e poderiam ser ideais para focar grupos familiares.

Não importa qual é seu *público-alvo* principal, há lugares (presenciais ou remotos) como pontos de encontro, eventos, instituições ou plataformas digitais/sociais perfeitos para alcançá-lo em seu ambiente natural. Isso se aplica a toda população, independentemente do nicho ou mercado de massa a que pertençam.

Ao identificar e escolher seus *lugares selecionados* para sua experiência de marca ao vivo, é de vital importância garantir que os grupos demográficos centrais dos visitantes do lugar combinem com seu *público-alvo*.

Nesta etapa do plano você já analisou ou conduziu pesquisas de mercado sobre as vidas do *público-alvo*, e agora precisa consultar esses dados para identificar insights e descobertas-chave para extrapolar os cenários perfeitos para sua experiência de marca ao vivo. A análise do cotidiano finalizada na etapa *público-alvo* do sistema de planejamento *SET MESSAGE* deve ser consultada nesta fase. Se você está trabalhando com uma agência, esse processo pode ser parte da responsabilidade deles, mas você, como cliente, ainda deve checar se escolheram as locações ideais para seus *lugares selecionados*.

◢ Fator-chave #2 – Estado de espírito

O segundo fator a ser considerado ao escolher os *lugares selecionados* de sua experiência de marca é o estado de espírito do *público-alvo* ao visitar e frequentar o espaço. Nesse exemplo, o "estado de espírito" se refere a três aspectos:

1. O que eles estão **buscando** (por exemplo, comprar, socializar, ser entretido, trabalhar ou aprender)?

2. O **tempo de espera** que eles têm disponível (se estão com pressa ou não).

3. Se estão sozinhos ou, se não, **com quem eles estão**.

Se leva cinco minutos para se envolver com a interação experiencial, é importante que os participantes tenham pelo menos cinco minutos para ficar nos *lugares selecionados*. Por exemplo, em aeroportos ou aviões, as pessoas tendem a ter muito tempo de espera e, portanto, seu estado de espírito pode estar mais disponível. Muitas vezes, elas podem ficar entediadas enquanto esperam um voo ou dentro do avião, e é mais provável que receberiam bem uma experiência que agregasse valor.

Porém, em comparação, plataformas de metrô, estações de trem e polos de transporte (embora tenham um apelo claro por serem locais de grande movimento) nem sempre têm sucesso em captar a atenção do cliente, já que ele está distraído. Vinte segundos de interesse fixo devem ser o máximo aqui, e é crucialmente importante não chatear os participantes tentando segurar sua atenção por mais tempo que eles desejam.

Ativação de um festival de música de uma marca de jeans

Jovens que adoram música em um festival ao ar livre tendem a ter muito tempo de espera disponível e a se abrir a experiências interativas, sobretudo as que correspondam a um desejo ou necessidade imediatos que estejam procurando e se relacionem claramente com seu estado de espírito.

- Imagine que você está acampando há três dias em um festival, sem lavanderia ou outro lugar para lavar a roupa, e um *embaixador de marca* que represente uma marca de jeans se aproxime de você, ofe-recendo-se para lavar e entregar seu jeans (enlameado, encharcado, cheio de migalhas ou úmido) na sua barraca.

- Essa é uma experiência que, ali mesmo, agrega valor e se relaciona ao estado de espírito do *público-alvo* frequentador do festival.

- É fácil imaginar essa pessoa voltando e encontrando sua calça lavada, colocando a roupa limpinha e recém-lavada e contando aos colegas sobre a experiência surpreendente e excelente que acabou de ter com a marca de jeans.

- Essa recomendação de pessoa-a-pessoa seria facilitada sobretudo se cada calça (lavada) voltasse com um cartão para o felizardo frequentador do festival entregar a um amigo, para que ele possa enviar a localização de sua barraca e pedir que a calça suja seja lavada, obtendo a mesma experiência do amigo.

- A experiência e seu *lugar selecionado* leva em conta o estado de espírito completo dos participantes – o que o público está buscando, o tempo de espera disponível e com quem eles estão.

Uma dinâmica forte de marketing boca a boca não pode ser criada com eficiência se a experiência é alocada no lugar errado ou os mecanismos não levam em consideração o estado de espírito do público.

A pesquisa que você ou sua equipe analisaram anteriormente, na seção *público-alvo* do sistema de planejamento *SET MESSAGE*, será crucial agora. Ao conhecer o estado de espírito de seu *público-alvo* quando ele está em seus ambientes naturais (os que você observou ao fazer a análise do dia a dia), você poderá garantir a escolha dos *lugares selecionados* mais apropriados para sua experiência de marca ao vivo e que eles são relevantes, apropriados e bem-recebidos.

◢ Fator-chave #3 – Tráfego

O terceiro fator, e vital, para levar em consideração é o *tráfego* (ou número de visitantes). O *alcance* de sua experiência de marca ao vivo é crucial, conforme discutido e abordado durante o processo criativo *BETTER*. A quantidade de pessoas diretamente alcançadas (participantes de primeira mão) em sua experiência de marca ao vivo dependerá imensamente do número de pessoas que visitam os *lugares selecionados*.

Lugares mais cheios e densamente povoados tendem a ser escolhas melhores para experiências de marca ao vivo, já que permitem uma quantidade maior de interações e, portanto, tanto o alcance inicial quanto o boca a boca serão mais elevados. Algumas experiências de marca ao vivo que miram nichos de público talvez tenham de comprometer o volume de participantes em primeira mão e usar locais com alta concentração do grupo demográfico-alvo, mas comprometendo o tráfego elevado. De qualquer modo, o número de visitantes ou tráfego deve ser levado em consideração, já que em última análise afetam o ROI e o ROI em longo prazo (LROI) da experiência de marca ao vivo.

Se uma experiência de marca ao vivo for alocada em um lugar bem tranquilo ou projetada para pequenos volumes de participantes diretos e em primeira mão, é ainda mais importante compensar com outros componentes elaborados para aumentar o *alcance*. Há muitos métodos para ampliar o *alcance* além de interações primárias, como escolher influenciadores como *embaixadores da marca* (que podem cocriar conteúdos e compartilhá-los com grande impacto e *alcance*) e integrar estrategicamente canais de amplificação como RP e distribuição de conteúdos pagos.

◢ Fator-chave #4 – Considerações práticas e logística

O quarto aspecto essencial para considerar ao escolher seus *lugares selecionados* é o fator prático ou logístico.

Há muitas implicações relacionadas a permissão, saúde e segurança, e também legais, a se considerar ao configurar uma experiência de marca ao vivo IRL e, dependendo da pessoa que detém os direitos sobre o espaço, será necessário conseguir uma autorização, pode ser preciso pagar taxas, o seguro deverá estar em dia e toda a papelada relacionada a saúde, segurança e avaliação de riscos terá de ser preenchida. Quando a experiência é realizada presencialmente, o clima também é uma coisa séria em que pensar, sobretudo ao decidir alocar a experiência de marca ao vivo em um ambiente interno ou externo.

Às vezes, o espaço pode não ser prático para o cenário que você tem em mente (deve-se considerar isso provisoriamente ao analisar ideias para o cenário no segmento *estratégias experienciais* do sistema de planejamento *SET MESSAGE*). Se planejou criar uma experiência luxuosa alocada em um parque ou jardim público, por exemplo, o planejamento insuficiente para lama ou chuva pode arruinar o evento, sobretudo se o público for exigente.

Aluguel de espaço, licenças ou direitos

Se você está pensando em alugar um espaço externo em um shopping, *aquele* local ideal do lado de fora da loja que vende o produto em questão – que exibiria seu produto em sua melhor forma – pode já ter sido alugado por outra pessoa. Estes são exemplos de considerações práticas que impactam a viabilidade de obter sua escolha final de lugar.

Se você deseja que sua experiência de marca ao vivo seja executada de forma remota, como um evento digital para pessoas do mundo inteiro se envolverem, e optou que ela fosse apresentada na homepage do site da marca mas o ambiente de transmissão ocupa mais espaço visual ou largura de banda do que os disponíveis, um site teria sido uma opção melhor.

Se você tiver que configurar suas experiências de marca ao vivo em pouco tempo e com o mínimo de planejamento e de recursos, mas quiser que sua experiência fique alocada em aeroportos, pode ser preciso reconsiderar à luz da burocracia e do tempo necessários para processar os pedidos de autorização, sem mencionar o sem-número de verificações de segurança e implicações logísticas antes e durante a experiência de marca ao vivo.

Se seu alvo são famílias e crianças pequenas presencialmente, os *lugares selecionados* sempre precisam ser apropriados para crianças, seguros e adequados, com um cenário composto de materiais macios, indolores, sem superfícies intrusivas ou inflamáveis, e os *embaixadores da marca* precisarão de atestado de bons antecedentes e deverão ter experiência em trabalhar com crianças.

Lembre-se de que o cenário (materiais, tamanho, visual, capacidade e propósito), seja físico ou virtual, deve ser apropriado para os *lugares selecionados* e os ambientes que os cercam, sejam presenciais (IRL) ou remotos (digital/virtual).

◢ Fator-chave #5 – Custo

Além dos vários fatores práticos e logísticos a serem levados em consideração ao escolher lugares para uma experiência de marca ao vivo, há o quinto fator urgente: o custo. O aluguel e licenças do espaço podem variar de gratuitos a extremamente caros, e podem ser o fator do tipo "ou vai ou racha" quando se trata de ROI e LROI de uma experiência de marca ao vivo. O custo deve refletir o grupo demográfico do lugar, o tráfego de visitantes, o ambiente, o espaço físico e a localização.

Um local de muito tráfego pode ter, por exemplo, o aluguel mais caro que um de pouco tráfego, mas, se você compara o custo por mil pessoas (CPM) visitando ambos os locais, talvez descubra que o espaço de valor mais baixo é muito mais caro quando se trata do volume de chances de interação que proporciona.

Nesse sentido, analisar o custo de alugar um espaço para uma experiência de marca ao vivo é semelhante a analisar o custo de alugar um espaço na mídia. Alocar uma experiência no espaço físico ou virtual certo é similar a agendar um anúncio no espaço de mídia adequado.

Alguns proprietários de mídia (MOs)[7] estão cientes de que seu espaço é bem compreendido por visitantes, e, portanto (devido ao valor da associação), valioso sob uma perspectiva de ambiente ou de posicionamento da marca, e o MO pode se aproveitar disso para cobrar taxas elevadas (comparadas com locais de tráfego similar) de quem deseja alugar seu espaço. Outros MOs (de promotores de eventos a magnatas imobiliários e empreendedores de sites) não terão levado em consideração a oportunidade financeira potencialmente lucrativa de alugar o espaço para experiências de marca ao vivo.

Quando for esse o caso, em geral eles estarão dispostos a oferecer boas taxas, parcerias ou contrapropostas, logo, às vezes é bom ser criativo e pensar 'fora da caixa' ao fazer *brainstorming* para o reconhecimento de lugares. Pense em locais que outras marcas podem não ter usado para esse propósito (experiências de marca ao vivo) no passado, a fim de maximizar o valor do espaço que você pode conseguir em troca do investimento.

◢ O trabalho de planejamento finalizado deve inspirar os lugares selecionados e os embaixadores da marca

Cada elemento abordado até agora no sistema de planejamento *SET MESSAGE* entrará em jogo na escolha de seus *lugares selecionados* para a experiência de marca ao vivo. Portanto, ao considerar as opções de lugares disponíveis, você deve ter em mente as etapas que finalizou

---

[7] Sigla em inglês de *media owner*. (N. T.)

até este ponto do processo de planejamento: *Situação e histórico*, os *Objetivos experienciais*, o *Público-alvo*, a *Mensagem – Comunicação-chave*, e a *Estratégia experiencial.*

Espaços incomuns podem existir em qualquer lugar. Tenha em mente que qualquer lugar em que haja pessoas pode ser um lugar em potencial para uma experiência de marca ao vivo. Exemplos: cinemas; shoppings; postos de gasolina vazios; estacionamentos; prédios de apartamentos; escritórios; festivais de música; academias; bibliotecas; museus; eventos esportivos; salas de espetáculos; galerias de arte; canais digitais, sociais e de TV; e, também, "mundos virtuais" sociais emergentes, como o Sansar (trazidos até nós pelo criador do Second Life). Abaixo há alguns exemplos de *lugares selecionados* que têm sido usados para experiências de marca ao vivo.

◢ Exemplos que mostram uma variedade de experiências de marca ao vivo em diversos lugares selecionados

Uma experiência de marca ao vivo dentro da loja

Harry é gerente de marketing de uma marca líder no mercado de laptops e impressoras domésticas. Quando sua agência de marketing experiencial foi incumbida de aumentar as vendas e dar vida à elegante *personalidade de marca* de uma marca nova e cara de impressora de "arte social" que sua empresa estava lançando, decidiu-se que os lugares certos seriam nas lojas.

A impressora, que tem um preço especial e cujo principal público-alvo são homens endinheirados de 35 anos ou mais, precisava de uma experiência simples que agregasse valor ao participante e incentivasse as vendas:

- A agência de marketing experiencial projetou uma experiência apresentada nas lojas em que as impressoras eram vendidas.

- A experiência – que aconteceu antes do Dia das Mães – convidou os participantes (a maioria, pais com filhos) a usar a funcionalidade exclusiva da impressora, combinada a feeds de conteúdo instantâneo de mídias sociais, para criar artes bonitas e dá-las na forma de um cartão (em comemoração ao Dia das Mães).

- Os que optaram por comprar a impressora naquele dia também recebiam uma moldura de prata de alta qualidade para exibir sua arte no cartão.

- O potente mecanismo de promoção de vendas e a possibilidade de testar e comprar o produto no local demonstram como o ambiente "da loja" pode ser uma excelente escolha, sobretudo quando a funcionalidade complexa do produto está em jogo (como nesta impressora exclusiva de "arte social").

Experiências de marca ao vivo, pop-ups e eventos

Experiências de marca ao vivo com base em eventos podem ser parcialmente organizadas por marcas, ao ativar os direitos do patrocínio ou alugar um "*pitch*" experiencial. Isto posto, muitas marcas estão dando o primeiro passo, abraçando verdadeiramente uma abordagem experiencial e criando eventos cem por cento próprios, sendo esse mesmo evento uma receita "própria" criando propriedade de marca ou "*pop-ups* para aquisições de marcas" para uma abordagem do tipo teste-e-aprenda.

Experiências que geram receita

Criar do zero seu próprio evento de marca, espaço *pop-up* ou de engajamento permanente com a marca é um grande investimento, mas que também pode gerar altos fluxos de receita. Ter seu próprio espaço de experiência de marca pode proporcionar a oportunidade de criar um ambiente feito totalmente sob medida e cuidadosamente organizado, com muitas chances de agregar valor ao cliente, exibir produtos de uma forma relevante e dar vida à *personalidade de marca*. Considerando a facilidade que os clientes têm de fazer compras online, lojas físicas estão sendo rapidamente transformadas em centros permanentes de experiências de marca ao vivo, sediando vários eventos e beneficiando bastante as comunidades a que servem.

Eventos de grande escala consomem muitos recursos para serem integralmente organizados

Ainda que organizar seu próprio evento em grande escala possa dar certo, pode comprometer fortemente os recursos e, muitas vezes, é mais prático explorar eventos já existentes, e isso é capaz de proporcionar cenários fantásticos para ativar suas experiências de marca ao vivo para públicos cativos existentes com ótima disposição para se envolver com a marca. Eles podem ser especialmente eficientes para atingir *objetivos experienciais* como "alocar a marca como X" ou "ganhar credibilidade com Y". Ao alocar uma experiência de marca ao vivo em um evento existente, você pode afiliar a marca com os valores estabelecidos do evento e, em vários casos, alinhar sua marca com o estilo de vida aspiracional que o evento da marca representa para seus convidados e, da mesma forma, patrocinando tal evento.

As percepções dos visitantes sobre a marca do evento "contagiam" instantaneamente suas percepções da marca, e vice-versa. Apesar de as experiências de marca ao vivo permitirem *interações bidirecionais* profundas e relevantes que o patrocínio não consegue atingir sozinho, as oportunidades de marca que contratos de patrocínio proporcionam podem complementar a experiência de marca ao vivo, reforçando a consciência e fortalecendo o impacto do canal da referida experiência.

Às vezes, acordos de pacotes econômicos que incluem espaço para experiência de marca ao vivo e patrocínio de marca podem ser negociados nos eventos.

Uma experiência de marca ao vivo ao estilo guerrilha perto de um jogo/partida esportiva

O fundador de um site de cassino queria dar vida à *Mensagem – Comunicação-chave* "Living the Dream" ("Vivendo o sonho", em tradução livre) da marca, enquanto impulsionava inscrições de membros:

- A experiência que ele elaborou com sua agência de marketing experiencial envolveu uma limusine Hummer da marca, com telas externas.

- A Hummer estacionou (estilo guerrilha) em centros de transporte perto de eventos esportivos populares, e uma equipe de *embaixadoras da marca* ao estilo Las Vegas, as "Dream Girls", saiu da Hummer, que tinha um interior com temática de cassino, e convidaram os fãs de esportes para entrar na limusine e participar de alguns jogos clássicos de cassino, como roleta, onde eles tiveram a chance de resgatar cinco vezes mais do que ganharam como crédito de apostas online.

- O conteúdo de vídeo do espetáculo glamouroso foi filmado e exibido em redes sociais. Quando os fãs de esportes desfrutaram o interior de cassino da Hummer, sentados ao lado das "Dream Girls" (*embaixadoras da marca*), eles se sentiram "Vivendo o sonho".

- A equipe glamourosa de *embaixadoras da marca* distribuiu cartões de raspadinhas para os pedestres, estimulando-os a raspar o desenho impresso do cassino e ganhar "5x dinheiro grátis" (em créditos para apostas online).

- Fizeram upload dos vídeos no Facebook e no Instagram, e os fãs de esportes entraram em uma competição para ganhar prêmios como viagens a Las Vegas e uma noite VIP com as "Dream Girls".

Uma experiência de marca ao vivo em uma exibição

Uma marca islandesa de gin premium que tem como alvo mulheres de 18 a 35 anos antenadas com a moda queria criar uma experiência de marca ao vivo que desse vida à sua marca com temática esquimó e incentivasse o teste do produto. Eles também esperavam reunir dados dos participantes que pareciam especialmente engajados, a fim de preparar um pequeno grupo de fãs da marca para serem embaixadores e, por fim, evangelistas. Os dados permitiriam comunicação constante com os participantes, possibilitando à marca que os convidasse para eventos exclusivos de gin para embaixadores e influenciadores que planejavam organizar no futuro, e também consultar os clientes embaixadores da marca sobre sabores, ideias de marketing e outras inovações, a fim de lhes dar uma chance de contribuir e, em troca, despertar paixão e gosto pela marca.

Sandy, diretora de marketing da marca, contratou uma agência de marketing experiencial para proporcionar a experiência de marca ao vivo como um teste, antes de transferir mais recursos e investir na implantação do programa de experiências de marca ao vivo mundialmente e lançar o clube de preparo/grupo de embaixadores:

- Para o teste, a agência alugou um espaço em uma exibição de moda que foi um desdobramento da London Fashion Week, sabendo que o *público-alvo* era o principal grupo demográfico entre os convidados da mostra. A agência também identificou que seria a única marca de gin exibida no show, que estaria abarrotado de marcas de roupas e cosméticos, permitindo a ela que se destacasse e se alinhasse com a paixão de seus consumidores: a moda.

- O cenário era um estande ao estilo iglu extremamente frio, coberto com gelo de verdade e neve com aparência real e convincente. Os participantes foram convidados a colocar casacos com a marca Eskimo e a entrar no iglu a uma temperatura de 2 graus, participar de uma competição para ganhar um feriado cheio de moda na Islândia e ganhar uma dose gratuita de gin aromatizado.

- Os *embaixadores da marca* (influenciadores) foram cuidadosamente recrutados das mídias sociais, muitos deles modelos com marcas próprias emergentes, e se vestiram com roupas criativas de estilistas islandeses.

- A equipe engajou os participantes e atendeu a seu estilo de vida aspiracional (tornar-se influenciador no Instagram, modelo ou estilista), conforme identificado durante a etapa *público-alvo* do sistema de planejamento *SET MESSAGE*.

- Ao alocar a experiência de marca em uma exposição de moda, a marca de gin ganhou credibilidade com um público difícil de impressionar e a experiência se tornou a sensação do evento, enquanto o conteúdo orgânico captado pelos participantes foi instantaneamente compartilhado.

- Os próprios influenciadores *embaixadores da marca* se sentiram profundamente engajados e compartilharam toneladas do próprio conteúdo em seus canais sociais de alcance elevado, chamando a atenção de seus fãs no mundo todo e ajudando a preparar o cenário para o próximo lançamento global.

Ao coletar dados por meio das inscrições na competição, a marca conseguiu construir uma base de dados de participantes ultraengajados que logo se tornariam evangelistas da marca e fariam divulgação boca a boca – sobretudo após serem convidados para eventos de moda exclusivos e consultados sobre sabores e inovações.

Uma experiência de marca ao vivo online

Experiências de marca ao vivo não são adequadas apenas para lugares presenciais; é possível proporcionar uma ótima experiência de marca ao vivo online ou em qualquer ambiente remoto que facilite *interações bidirecionais* em tempo real. Nos últimos anos, uma marca de chá gelado mundialmente conhecida quis atingir maior afluência, dando vida às suas mensagens e temática criativas:

- A marca de chá gelado tinha uma *personalidade de marca* amante do verão, sexy e refrescante, e o *objetivo experiencial* da experiência de marca ao vivo era criar engajamento social de longo alcance.

- A marca trabalhou com uma agência digital para desenvolver uma competição de 24 horas, hospedada por meio de um filtro personalizado do Snapchat.

- O filtro continha elementos encontrados em uma paisagem litorânea e mostrava muitos objetos em 3D animados que podiam ser achados ao tomar sol, surfar, andar pela praia e jogar vôlei.

- Inscrições eram mostradas em um placar e votadas ao vivo para terem uma chance de ganhar uma viagem a praias de todo o mundo.

- A marca lançou o filtro por um período limitado de tempo, e desafiou usuários a criar seu próprio conteúdo com tema de praia antes de 'ficarem desidratados' (um cronômetro mostrava a garrafa de chá gelado esvaziando, indicando que o tempo estava acabando e o filtro desapareceria) e a compartilhar suas entradas – estimulando outras pessoas a votarem nelas.

A marca trabalhou com influenciadores emergentes em cada mercado, que usaram criativamente os filtros e ampliaram o alcance do concurso compartilhando organicamente seu conteúdo para aumentar os votos.

Uma experiência de marca ao vivo fora de um *pop-up*

Uma gerente de marketing de uma fábrica de smartphones lançou um aparelho novo, afirmando que ele funcionava como seu próprio "assistente pessoal":

- O aparelho criava uma série de teatros *pop-up*s imersivos com eventos de uma hora, cujo tema era a organização de um dia cheio, e queria incentivar a afluência para os *pop-up*s e comunicar, ao mesmo tempo, algumas das funcionalidades mais práticas das características do produto.

- A gerente elaborou uma experiência de marca ao vivo simples na rua, fora dos *pop-up*s. A experiência envolveu uma equipe de *embaixadores de marca* aficionados por tecnologia.

- Os celulares da equipe foram conectados a projeções que apareciam na parte da frente externa dos *pop-up*s, e os *embaixadores da marca* demonstravam aos pedestres as características exclusivas do celular em uma tela de projeção gigante, ao vivo e interativa.

- Durante esse tempo eles conseguiram comunicar a *Mensagem – Comunicação-chave* e perguntar aos participantes como eles se organizavam, demonstrando como as características de assistente pessoal do celular poderiam facilitar um dia tranquilo, eliminando o caos.

- Essa demonstração interativa foi bem-sucedida em atrair público para os *pop-up*s e comunicar algumas das mensagens mais racionais do produto que, de alguma forma, eram perdidas no ambiente teatral e imersivo dos eventos *pop-up*s.

Uma experiência de marca ao vivo em shopping centers

Um *app* de clube de roupas inovador e elegante que tem como alvo mulheres ocupadas de 35 a 55 anos tem uma *personalidade de marca* moderna e relaxante. A *Mensagem – Comunicação-chave* era que, com a marca, mulheres ocupadas podem fazer compras com facilidade e conveniência de seus celulares sem o estresse dos shoppings, e que elas não pagariam pelas roupas a não ser que ficassem com elas. A equipe de entrega poderia ser reservada direto do *app* para retirar gratuitamente as devoluções depois que as mulheres experimentassem as roupas, sem complicação.

A gerente de marca queria incentivar as consumidoras que estivessem nos shoppings a relaxar e comprar de casa ou a caminho, usando o *app* e o clube. Seus *objetivos experienciais* eram promover a oferta do *app*, dar vida à *personalidade de marca* moderna e relaxante, e inscrever pessoas em um mês de avaliação do serviço do *app*:

- Ela trabalhou com uma agência de marketing experiencial que a ajudou a alugar lojas temporárias que estavam vazias em shoppings com grande tráfego de pessoas, e criou uma experiência de marca ao vivo *pop-up* que percorreu esses shoppings (com uma porcentagem alta do *público-alvo*), aparecendo em cada um deles durante algumas semanas.

- A experiência convidou os visitantes a entrar no ambiente da marca e ficar em um cenário elaborado como se fosse um desfile, com a única diferença que vestiam equipamentos de realidade virtual que os transportaram à primeira fila do desfile da marca, enquanto uma equipe de reflexologistas de uma marca parceira estava disponível para mimá-los. Eles receberam uma relaxante massagem nos pés, aliviando seus cansados 'pés de shopping'.

- Enquanto aguardavam para desfrutar do mimo em uma área separada do *pop-up*, eles recebiam dos *embaixadores da marca*, que também eram clientes, uma demonstração do *app* e informações sobre os benefícios exclusivos de entrar no clube.

- A equipe incentivava os visitantes do *pop-up* a se inscrever em um teste gratuito dos serviços do clube e explorar as coleções de moda em oferta.

A gerente da marca teve sucesso em atrair inscrições para o clube ao torná-las pré-requisito para participar da experiência de marca ao vivo completa (as experiências da primeira fila e do mimo).

Uma experiência de marca ao vivo em escritórios

Uma marca de cartão de crédito de luxo que tem como alvo profissionais abastados e lhes permite acumular milhas em cada compra quis comunicar sua *Mensagem – Comunicação-chave* que vai além da "milha extra" para os consumidores e cuja *personalidade de marca* é prestativa, atenciosa e ao estilo concierge.

- A marca de cartão de crédito obteve permissão para seus *embaixadores de marca* (ex-concierges recrutados da recepção do hotel) entrarem nos prédios de escritórios de empresas grandes e bem-sucedidas, e oferecer aos executivos a chance de lavar a seco seus paletós e voltar a pegá-los no fim do dia.

- Os *embaixadores da marca* devolveram os paletós impecavelmente lavados a seco em uma embalagem da marca e deram um cesto a cada escritório, cortesia da companhia aérea com que haviam feito parceria.

- A mensagem comunicada era que, quando profissionais faziam assinaturas do cartão, eles poderiam ligar e pedir conselhos sobre qualquer coisa, desde serviços de lavagem a seco e ingressos para esportes difíceis de encontrar até reservas em restaurantes e cinemas, enquanto acumulavam milhas aéreas ao fazer compras.

- Essa experiência de marca ao vivo com base em escritórios teve êxito em engajar o grupo demográfico certo e difícil de atingir enquanto comunicava a mensagem da marca e dava vida à *personalidade da marca* estilo concierge de um jeito relevante que agregou valor a seus participantes, resultando em um aumento significativo de assinaturas dos cartões de crédito e bastante cobertura nas mídias sociais e RP.

Uma experiência de marca ao vivo na praia

O proprietário de uma rede de restaurantes situados em resorts turísticos tem como alvo famílias em férias. A *personalidade de marca* da rede de restaurantes era "divertida", "de verão" e "adequada para crianças". Greg não vira um bom ROI de seu marketing e campanhas publicitárias anteriores, e quis tentar uma abordagem de marketing experiencial tendo como cerne uma experiência de marca ao vivo. Ele contratou um gerente de marketing experiencial e lhe deu a primeira responsabilidade – desenvolver e organizar um programa interativo de experiência de marca ao vivo que funcionaria por um ano a mais, mirando famílias em praias perto de seus restaurantes pelo mundo:

- Jackie, sua nova funcionária, seguiu cuidadosamente o sistema de planejamento *SET MESSAGE* e elaborou uma experiência de marca ao vivo que convidava crianças banhistas a entrar no "Sandcastle

Challenge" ("Desafio do Castelo de Areia", em tradução livre), uma competição mundial de construção de castelos de areia.

- Ela pedia a crianças de famílias que já tinham comido nos restaurantes que usassem os lápis de cor disponibilizados e desenhassem a si mesmas na praia, fazendo castelos de areia.

Os melhores desenhos eram adaptados para constituir anúncios promovendo o "Sandcastle Challenge". Os anúncios serviam como canal de amplificação e também apareciam em guias turísticos locais impressos, exibidos como anúncios digitais em resorts, sites turísticos e apps, e usados, inclusive, para fazer panfletos exibidos em displays da marca em recepções de hotéis locais e como encarte em revistas de bordo.

- Ela indicava agências de talento locais em cada mercado que contratavam e treinavam animadores infantis engajadores, formando equipes de *embaixadores da marca* adequados para crianças.

- As equipes foram alocadas em praias e saguões de hotéis e distribuíram kits para a competição, que continham moldes de castelos de areia, ferramentas e conjuntos que apresentavam a marca da rede de restaurantes.

- Os *embaixadores da marca* incentivaram as crianças a participar e fazer lindos castelos de areia, a fim de ganharem uma refeição gratuita para toda a família.

- Todas as crianças participantes receberam bonés da marca para usar enquanto faziam os castelos de areia, enquanto as mães e pais receberam panfletos com o cardápio do restaurante e uma oferta do tipo compre-um-leve-outro.

- Nas praias selecionadas, o "Sandcastle Challenge" (e, portanto, a rede de restaurantes) tornou-se o principal assunto nas conversas das famílias com crianças.

Jackie também usou RP como canal de amplificação dando aos editores de jornais locais cupons para jantares grátis em troca de colocarem nas primeiras páginas de suas publicações as fotos dos vencedores da competição. Fotografias das crianças fazendo castelos de areia eram enviadas por pais e mães felizes e até apresentadas no quadro "hall da fama" dentro dos restaurantes, reforçando ainda mais a *personalidade de marca* divertida e adequada para crianças do restaurante.

◢ Experiências de marca ao vivo são como produções teatrais

Uma experiência de marca ao vivo é como uma produção teatral, em que se exige dos *embaixadores da marca* tanto treinamento e ensaio quanto de atores em um palco. O elenco, a iluminação, a aparelhagem e o público são fatores-chave para proporcionar uma apresentação tranquila de uma performance bem-sucedida. Não quer dizer que os *embaixadores da marca* não devem acreditar no que estão dizendo – isso estaria longe do ideal. Na verdade, um fator vital para o sucesso de uma experiência de marca ao vivo é que os *embaixadores da marca* sejam autenticamente selecionados e tenham a chance de experimentar pessoalmente o produto, como se tornarem atores metódicos que realmente sintam que são o personagem que estão representando. De preferência, eles já são fãs ou influenciadores, e exploram algumas das aspirações do *público-alvo* enquanto representam com eficiência a *Mensagem – Comunicação-chave* da marca. Os funcionários já existentes de uma marca, sobretudo em funções de contato direto com o cliente, muitas vezes podem se tornar seus melhores *embaixadores da marca* se corretamente envolvidos com ela e gerenciados para esse fim.

Se os *embaixadores da marca* têm a chance de testar o produto ou o serviço antes que a experiência de marca saia "ao vivo", eles sempre conseguirão falar sob a perspectiva de uma recomendação genuinamente pessoal ao se comunicarem com os participantes. Conforme anteriormente discutido, a recomendação pessoal e o boca a boca são as ferramentas de marketing definitivas que geram vínculos de ouro entre consumidores e marcas.

Escolher as pessoas certas é fundamental

O motivo por que é importante traçar um paralelo entre atores e *embaixadores da marca* é que eles precisam ser cuidadosamente treinados e imersos na marca, no produto, no universo aspiracional ou fantasioso, e nos *objetivos experienciais*. Acima de tudo, eles precisam realmente acreditar na marca – da mesma forma que atores devem assimilar o papel, ensaiar todas as falas e movimentos, e acreditar de fato no personagem (e que eles o são) que incorporam no papel.

Os *embaixadores da marca* devem ensaiar tanto e sentir que conhecem tanto o produto ao falarem sobre ele quanto atores em relação a um roteiro, assim como o elenco e a equipe de uma experiência de marca ao vivo precisam trabalhar juntos como um time, como o de uma produção teatral. Deve haver um cronograma rigoroso, gerentes de produção extremamente organizados e contingências em todos os elementos em relação aos dois tipos de produção, porque, assim como no teatro, experiências de marca ao vivo são realizadas em tempo real. Como no teatro, ao contrário de filmes, esses atores têm o maior desafio de todos, já que não há tempos para pós-produção.

Seleção de embaixadores da marca

A seleção adequada de *embaixadores da marca* é de extrema importância para o sucesso das experiências de marca ao vivo. Quando sua agência seleciona *embaixadores da marca*, há "três considerações-chave" a levar em conta:

> **Três considerações chave**
>
> **1.** Associar embaixadores da *marca ao público-alvo* e/ou seu estilo de vida aspiracional.
>
> **2.** Selecionar *embaixadores da marca* que combinem com a Mensagem – Comunicação-chave da marca e com os *objetivos experienciais*.
>
> **3.** Prever contingências ao contratar *embaixadores da marca*.

CONSIDERAÇÃO-CHAVE #1

Associar embaixadores da marca ao público-alvo e/ou seu estilo de vida aspiracional

O primeiro fator-chave é decidir o momento apropriado para combinar os *embaixadores da marca* com o *público-alvo* em si (para que os participantes possam *se identificar* com os *embaixadores da marca*), em comparação com o momento preferencial para combinar os *embaixadores da marca* com pessoas que refletem o estilo de vida aspiracional do *público-alvo* ou são, elas próprias, influenciadoras (para que os participantes admirem os *embaixadores da marca*).

Uma marca de fraldas

Uma marca popular de fraldas usa uma estratégia integrada de marketing experiencial e o cerne de suas campanhas são as experiências de marca ao vivo. Se ela contratasse jovens modelos glamourosas para serem suas *embaixadoras da marca* ao promover a marca de fraldas aos pais (principalmente mães) em supermercados, seria improvável as mães se identificarem com as *embaixadoras da marca,*ou que se constituísse um relacionamento genuíno entre os dois grupos com alguma espécie de autenticidade ou credibilidade. É improvável que *embaixadoras da marca* desse tipo tenham a própria família constituída e, portanto, elas não seriam capazes de se identificar com as preocupações e questões das mães quando elas compram fraldas.

A marca de fraldas sabe que é melhor combinar s u a s *embaixadoras da marca*com o *público-alvo*, motivo por que, ao passar as informações à sua agência de promoção de pessoal, ela especifica claramente que sua prioridade mais alta é que as *embaixadoras da marca* também sejam mães de filhos pequenos, e é obrigatório que elas recebam fraldas para testar antes que possam trabalhar na experiência de marca ao vivo, a fim de que consigam se comunicar com as consumidoras de uma perspectiva autêntica e deem recomendações pessoais genuínas (criando, assim, o vínculo de ouro).

Um bronzeador

Em contraste, uma marca de bronzeadores tem como alvo mulheres suburbanas que aspiram ser glamourosas e bronzeadas, e tem razão (em comparação com a marca de fralda da qual já falamos) em incentivar sua agência a selecionar uma variedade de *embaixadoras da marca* glamourosas com cara de modelo. A marca sabe (com base na pesquisa de *público-alvo*) que suas consumidoras compram bronzeadores porque usá-los faz com que elas se sintam mais perto de atingir o estilo de vida a que aspiram.

Durante sua última campanha, *embaixadoras da marca* bronzeadas e bonitas atraíram mulheres e as incentivaram a participar da experiência de marca ao vivo do bronzeador. Consequentemente, as participantes fizeram a conexão entre as belas *embaixadoras da marca* e o bronzeador, que as levou a associar o resultado do uso do produto à aparência física que desejavam. Portanto, na programação desta experiência de marca ao vivo foi mais adequado as *embaixadoras da marca* corresponderem ao estilo de vida aspiracional do *público-alvo*, em vez de elas mesmas corresponderem ao *público-alvo*.

Um adesivo de nicotina

Quando uma marca de adesivos que ajudava pessoas a parar de fumar elaborou uma experiência de marca ao vivo para promover o produto, ela garantiu que os *embaixadores da marca* fossem não fumantes que, em algum momento da vida, haviam fumado mas conseguiram parar. O motivo dessa escolha foi que, durante a fase *público-alvo*do *SET MESSAGE*, Tom, o gerente da marca de adesivos, identificara um insight-chave ao estudar o estilo de vida aspiracional do *público-alvo* (fumantes que queriam deixar o cigarro). Ele descobriu que o *público-alvo* almejava ser como pessoas que conheciam, anteriormente fumantes e que conseguiram parar. Os *embaixadores da marca* conseguiram incentivar muitos dos participantes da experiência de marca ao vivo a experimentar o adesivo, porque os inspiraram com as próprias histórias de quando conseguiram deixar o cigarro.

Apenas imagine as consequências se a marca não tivesse tomado nenhuma precaução e *embaixadores da marca* usando camisetas antitabagismo fossem vistos fumando no intervalo do almoço!

Uma marca de seguro de vida

Recentemente, uma empresa de serviços financeiros lançou uma experiência de marca ao vivo que focou seus produtos de seguro de vida em homens e mulheres de 55 a 80 anos. Os *lugares selecionados* foram salões de bingo e clubes de golfe frequentados pelo *público-alvo*. A pesquisa da análise do dia a dia e do estilo de vida aspiracional conduzida pela agência de marketing experiencial da empresa revelou que as pessoas de 55 a 80 anos consideravam os 40 anos a época mais agradável de suas vidas, e muitas vezes almejavam retomar como eram e como se sentiam durante essa fase. Algumas pesquisas extras de apoio também proporcionaram um insight essencial: o *público-alvo* não considerava pessoas jovens uma fonte confiável para informações sobre questões financeiras importantes, como seguro de vida.

A agência tinha uma divisão interna de pessoal e selecionou estrategicamente *embaixadores da marca* principalmente na casa dos 40 anos, porque eram velhos o bastante para se identificarem com o *público-alvo* e, ao mesmo tempo, ainda jovens o suficiente para representar o estilo de vida aspiracional do *público-alvo*. Como consequência, os *embaixadores da marca* foram bem-sucedidos em se conectar com os participantes, fortalecendo o relacionamento entre a marca e seu *público-alvo* enquanto vendia um seguro de vida a uma porcentagem recorde de participantes.

CONSIDERAÇÃO-CHAVE #2

▲ Selecionando embaixadores da marca que combinem com a *Mensagem – Comunicação-chave* da marca e com os objetivos experienciais

É importante que os *embaixadores da marca* reflitam a *personalidade de marca* e as mensagens, e também combinem com os *objetivos experienciais* da campanha. Alguns *embaixadores da marca* são bons para estimular as vendas; eles têm as qualidades necessárias, entre elas, persistência, charme e energia. *Embaixadores da marca* precisam ser cuidadosamente selecionados de modo a refletir a *personalidade da marca* e dar vida a ela. Se uma *personalidade de marca* é sofisticada, seus *embaixadores da marca* precisam exalar sofisticação. Por outro lado, se uma *personalidade de marca* é divertida e cômica, seus *embaixadores da marca* também precisam ser.

Uma marca de streetwear

Uma marca de moletons com capuz, bonés e jaquetas tinha como *objetivo experiencial* posicionar-se como a opção favorita de streetwear descolada e ganhar credibilidade com um público jovem também descolado. A gerente da marca, Laura, contratou uma agência de promoção que lhe disponibilizasse *embaixadores da marca* que fossem skatistas e grafiteiros com visuais modernos, com tatuagens visíveis e piercings. Os skatistas e grafiteiros que foram selecionados no local eram famosos nas ruas em suas regiões, e, quando interagiram com o *público-alvo* por meio da experiência ao vivo da marca, uma competição de arte de rua, os resultados foram incríveis.

A experiência convidou o *público-alvo* para participar pintando com tintas em spray as paredes voltadas para esse fim ao redor das lojas, e também a rampa de skate dentro da loja, dando a eles a chance de ganhar ingressos para shows e outros prêmios voltados para jovens. A marca levou vantagem por ganhar o respeito e a credibilidade dos skatistas e grafiteiros envolvidos no projeto, eles próprios influencia-dores locais.

CONSIDERAÇÃO-CHAVE #3

◢ É preciso prever contingências ao contratar embaixadores da marca

O terceiro e mais importante fator para lembrar quando você ou sua agência está selecionando *embaixadores da marca* para representá-lo como a interface humana com o cliente durante uma experiência de marca ao vivo é que muitos deles (especialmente quando em meio-período) têm outros compromissos que talvez considerem mais prioritários que ser seu *embaixador da marca*.

Outras prioridades

Historicamente, muitos *embaixadores da marca* são atores, modelos, cantores ou dançarinos bem apropriados às experiências de marca ao vivo por conta de sua natureza gregária e voltada para a performance, aparência atraente e personalidade acolhedora. Embora pessoas assim possam ser opções muito boas para várias ocasiões e o trabalho seja adequado para elas porque precisam manter um emprego flexível que lhes permita ir a castings, audições e performances quando necessário, elas podem cancelar de última hora devido aos "call-backs", ou agen-damentos, de suas 'carreiras de verdade'.

Alguns *embaixadores da marca* são pais e mães de crianças pequenas, ou estudantes que, repetindo, têm outros compromissos importantes, como familiares ou na faculdade, os quais, provavelmente, veem como prioridades mais altas que sua campanha e, se precisarem cumprir os compromissos já existentes por conta de uma situação inesperada, é provável que eles deixem você na mão. Muitos membros da "equipe de promoção" também serão freelancers, com horários passíveis de alteração aos 45 minutos do segundo tempo.

Se você optar por influenciadores de mídias sociais, talvez eles exijam cachês elevados e, apesar da forte influência sobre os consumidores, eles não terão, necessariamente, a experiência para interagir de forma direta com membros do público, em massa e em tempo real.

Calamidades

Além disso, também há várias razões legítimas (e desculpas que soam legítimas) pelas quais os *embaixadores da marca* podem deixar na mão suas agências e os clientes das agências. Eles podem pular fora no último minuto por conta de uma doença, um problema no carro, a morte de parentes, além de um sem-número de outras emergências (ou desculpas) imprevisíveis.

Essas situações aparentemente devastadoras e inevitáveis não precisam prejudicar o sucesso da experiência de marca ao vivo. Se contingências dos *embaixadores da marca* são adequadamente planejadas e preparadas, e emprega-se uma abordagem de "resolução antecipada de problemas", cancelamentos como esses não causarão problemas graves.

Independentemente de quão amigáveis, bem-intencionados ou comprometidos são seus *embaixadores da marca*, dificuldades acontecerão, e num ambiente real ao vivo precisa haver um plano B para cada situação. A presença de *embaixadores da marca* extras, treinados e em stand-by, ou presentes durante a experiência de marca ao vivo como "reservas", geralmente pode tornar completo um quadro de funcionários.

Embaixadores da marca reservas são cruciais para o sucesso da experiência de marca ao vivo. A maioria das boas agências de marketing experiencial têm uma divisão de pessoal interno, porque a agência saberá da importância dos *embaixadores da marca* para que a experiência ao vivo seja bem-sucedida (sobretudo quando executada presencialmente).

Expertise intensiva em recursos e especializada

Pode ser altamente nocivo tentar reservar, treinar e gerenciar por conta própria os *embaixadores da marca* se você não tem os recursos adequados para isso. Essa é uma atividade de tempo integral e exige um bocado de paciência, habilidades e experiência. Portanto, é melhor os clientes não tentarem gerenciar *embaixadores da marca,* mas deixar essa tarefa para uma agência especializada (ou que terceirizará efetivamente para outra).

A intensa experiência necessária para esse tipo de resolução de problemas e maneiras de lidar com eles reforça o argumento para não tentar trazer pessoal interno. Também é preciso lembrar que agências de marketing experiencial ou de pessoal muitas vezes oferecem trabalhos regulares a seus *embaixadores da marca*, e, consequentemente, eles mantêm um certo nível de lealdade. O relacionamento entre uma agência e seus *embaixadores da marca* (outras pessoas com empregos casuais e gerentes de eventos) é extremamente valioso, e não se deve subestimar sua importância.

◢ Recrutando embaixadores de marca

É bom tentar entender as estratégias e políticas de recrutamento de sua agência de marketing experiencial, porque sua abordagem de recrutamento pode fazer a diferença no desempenho e no sucesso dos *embaixadores da marca* em sua experiência de marca ao vivo.

Tipicamente, há duas abordagens diferentes para recrutar *embaixadores da marca:* ou eles são recrutados específica e exclusivamente para uma única experiência de marca ao vivo (como influenciadores cuidadosamente escolhidos ou com atributos específicos), ou trabalham com frequência como *embaixadores da marca* para várias marcas e são recrutados para compor uma base de dados geral, onde podem ser recrutados para muitos trabalhos e, então, selecionados a partir desse banco de dados para experiências de marca ao vivo específicas. *Embaixadores da marca* podem ser procurados e buscados de maneira específica – geralmente esse é o caso de influenciadores ou pessoas com talentos específicos – ou recrutados de forma mais ampla. Anúncios de recrutamento podem ser disponibilizados online em sites relevantes, fóruns e grupos em redes sociais; por exemplo, cartazes em lojas independentes, por contato presencial em eventos ou nas ruas.

Introdução aos embaixadores da marca por meio de redes pessoais

O boca a boca também é um incentivo comum de recrutamento. Quando uma agência passa muitos trabalhos agradáveis a seus *embaixadores da marca*, com frequência eles contam aos amigos, colegas e conhecidos sobre a agência, e muitos *embaixadores da marca* começam a se inscrever para fazer parte de seus catálogos. O recrutamento via boca a boca pode ser incentivado pelo uso de esquemas do tipo "indique um amigo", em que *embaixadores da marca* são incentivados a recomendar outras pessoas para fazer parte do catálogo da agência. Pode haver desvantagens nesses esquemas. Por exemplo, se uma equipe de amigos é reservada para trabalhar em conjunto como *embaixadores da marca* e um deles cancela, é mais provável que os outros também cancelem. Esse esquema pode desenvolver uma atitude não profissional em relação ao trabalho, além de criar uma situação em que os *embaixadores da marca* gastam tempo demais socializando e tempo insuficiente se envolvendo com os participantes.

Mesmo assim, há algumas vantagens. Pode ser difícil fazer recrutamentos em áreas geográficas pequenas ou remotas e, nesses casos, esquemas 'indique um amigo' podem dar certo contanto que se tomem precauções relevantes, como não reservar grupos de amigos para trabalhar juntos e garantir que apenas *embaixadores da marca* experientes trabalhem. Além disso, bons *embaixadores da marca* que trabalharam durante anos em experiências de marca ao vivo tendem a conhecer outros bons *embaixadores da marca* de experiências passadas. Essa é uma vantagem e tanto, e pode significar que, quando *embaixadores da marca* tentam fazer parte do catálogo de uma agência, outro membro da equipe pode indicá-los. O *embaixador da marca* que os indica provavelmente não colocará a própria reputação em risco para conseguir trabalho para um amigo, logo, geralmente esse esquema é confiável.

A seguir, há pontos importantes que a divisão de pessoal de uma agência de marketing experiencial deve analisar ao selecionar e recrutar *embaixadores da marca*.

> **Três considerações-chave**
>
> **1.** O *público-alvo* e seu estilo de vida aspiracional.
>
> **2.** A *personalidade de marca* e os *objetivos experienciais*.
>
> **3.** Contingências dos *embaixadores da marca*.

Outras considerações:

- Habilidades de comunicação da pessoa;
- Disposição para aprender;
- Sua experiência;
- Seus interesses e paixões;
- Sua aparência;
- Acesso;
- Disponibilidade para viajar;
- Referências de outras agências;
- Sua disponibilidade;
- Se dirige ou possui um veículo;
- Até que ponto é fácil contatá-la;
- Capacidade e habilidade de produzir conteúdo;
- Quaisquer fatores legais existentes, como outros contratos e cessão de direitos;
- Os próprios canais de mídias sociais e alcance.

◢ Orientando os *embaixadores da marca*

A agência sempre deve enviar um manual de orientações ou documento aos *embaixadores da marca* antes do comparecimento ou participação em uma experiência mais imersiva de treinamento. O manual de orientações deve abarcar todos os pontos-chave de seu papel e da campanha, mas precisa conter alguns requisitos mínimos, conforme destacados na lista a seguir:

- considerações legais;

- código de conduta;

- informações essenciais sobre a marca;

- os objetivos da experiência de marca ao vivo;

- a descrição da função dos embaixadores e o que se espera deles;

- os elementos da *Mensagem – Comunicação-chave* que eles devem dizer(com roteiro completo);

- o *público-alvo*;

- informações práticas como horas, datas, locais, rotas ou horário de transporte;

- o valor do serviço e informações de processamento do pagamento;

- um resumo de qualquer esquema de bônus ou multas;

- os termos e condições da agência;

- regras que proíbem os *embaixadores da marca* de má conduta ou cancelamento de última hora;

- informações de contato;

- um acordo de confidencialidade (para garantir que informações sobre um lançamento ou uma experiência de marca ao vivo não vazem publicamente antes da data prevista).

◢ Treinando os *embaixadores da marca*

É necessário treinar *embaixadores da marca* e gerentes de eventos antes de uma experiência de marca ao vivo. Em alguns casos, o treinamento presencial não é viável por conta de restrições orçamentárias ou geográficas. Embora isto não seja ideal, neste exemplo é altamente recomendável proporcionar um treinamento remoto intensivo. O treinamento remoto deve incluir *webinars* online, videoconferências e treinamento individual por telefone, com o apoio de um questionário digital automático. Além da equipe principal, é importante lembrar de treinar (e fazer um orçamento para) os reservas e back-ups para que, se alguém cancelar, o substituto pertença a um padrão equivalente.

Eles devem experimentar e gostar do produto para construir laços genuínos com o público

Uma parte fundamental do treinamento é que os *embaixadores da marca* tenham a chance de testar o produto ou serviço de forma suficiente. Isso garante que sua atitude positiva em relação a uma marca seja genuína, que os participantes conseguirão 'comprar' o verdadeiro entusiasmo que os *embaixadores da marca* têm pelo produto, e que a comunicação assuma um tom natural e autêntico de recomendação pessoal, criando, assim, o cobiçado vínculo de ouro.

Segue abaixo um exemplo de formato que se provou bem-sucedido para sessões de treinamento presencial. Deve ser feito somente depois que os *embaixadores da marca* receberam e tiveram a chance de estudar seus manuais de orientações (conforme recentemente descritas neste capítulo). O formato de treinamento presencial deve incluir elementos como os destacados nesta amostra de agenda de treinamento.

AGENDA DE TREINAMENTO PRESENCIAL

3 Treinamento da **Mensagem – Comunicação-chave** por um representante da agência.

4 **Simulação**: os *embaixadores da marca* são divididos em pequenos grupos, alguns no papel do consumidor e outros no papel de *embaixadores da marca*. Isso deve ter o respaldo de um feedback construtivo fornecido por ao menos um representante da agência.

5 Uma **miniperformance** de cada uma das equipes pequenas para o grupo maior. As equipes devem se revezar, para que todos tenham a chance de se apresentar como consumidores e como *embaixadores da marca*.

6 Um jogo de **quiz** com um prêmio para o *embaixador da marca* que fizer mais pontos.

7 Uma sessão de **perguntas e respostas** em que um membro da equipe de clientes e um da equipe da agência responda a perguntas dos *embaixadores da marca*.

8 **Prova de roupas**: experimentar **roupas/uniformes** para garantir que caiam bem.

9 Leitura breve de um **código de conduta** do membro da agência e clareza sobre o asseio exigido ou a aparência física.

◢ Gerenciando *embaixadores da marca*

Quando uma experiência de marca ao vivo é ativa e envolvente, os *embaixadores da marca* precisarão de um gerente de eventos para coordená-los. A função do gerente de eventos pode variar, mas em geral inclui:

- avaliar o desempenho dos *embaixadores da marca*;
- dar feedback construtivo e orientações no local;
- alocar estrategicamente os membros da equipe em posições de bastante movimento, e longe uns dos outros para evitar conversas;
- gerenciar o orçamento e despesas;
- dar orientações e incentivos antes de cada mudança;
- gerenciar os uniformes e o controle de estoque;
- monitorar a distribuição e captação dos dados;
- gerenciar atividades em plataformas de mídias sociais, os *embaixadores da marca*;
- anotar resultados, feedback do consumidor e pesquisas de qualidade;
- tirar fotos e gravar vídeos;
- preencher relatórios e formulários de feedback;
- dirigir veículos e supervisionar a equipe de produção no local ao montar um cenário.

Remuneração

Em geral, gerentes de eventos recebem o dobro do pagamento dos *embaixadores da marca*, a menos que se usem influenciadores – nesse caso, os valores podem variar drasticamente. Líderes de equipes, que são como *embaixadores da marca* seniores, são uma boa ideia para a maioria das experiências de marca ao vivo. Eles dão apoio ao gerente do evento e agem como motivadores do espírito de equipe e do bom humor, e geralmente recebem cerca de 50% a mais que os *embaixadores da marca*.

Lealdade

Um esquema de lealdade em cada experiência de marca ao vivo, a fim de incentivar pessoas bem-sucedidas, é um motivador e tanto. Devem-se atribuir pontos a *embaixadores da marca*, líderes de equipe e gerentes de evento confiáveis, pontuais e de alta performance. Isso pode ser muito eficaz para estimular a lealdade entre uma equipe de experiência de marca ao vivo. Em uma agência, os bônus dos agentes e gerentes de pessoal também podem ser vinculados ao desempenho positivo dos *embaixadores da marca*. ■

RESUMO

Em síntese, *embaixadores da marca* são como a face ou identidade da marca durante a experiência ao vivo, sobretudo quando ela é realizada presencialmente. Sua atitude, comunicação, aparência e ânimo representa sua marca para seu *público-alvo*. Seleção adequada, testagem do produto, orientação, treinamento e gerência são fases importantes para garantir o toque humano certo à sua experiência de marca ao vivo.

A expertise do *embaixador da marca* é muito importante ao selecionar uma agência, cuja abordagem a essa questão deve ser um ponto importante para saber se eles são indicados para cuidar dessa área em nome de sua marca. Ao aplicar as diretrizes das melhores práticas detalhadas neste capítulo, você fará todo o possível para atingir o objetivo final: que os *embaixadores da marca* falem a partir de uma perspectiva da recomendação pessoal; estabeleçam uma conexão genuína e um vínculo de ouro com seu *público-alvo*, inspirando os participantes da experiência de marca ao vivo o suficiente para eles próprios se tornarem embaixadores da marca e divulguem um boca a boca positivo; criem e compartilhem conteúdo em nome de sua marca.

Assim como fornecer uma aparência excepcional a suas experiências de marca ao vivo, esta parte de seu plano *SET MESSAGE* garantirá que os *lugares selecionados* (sejam presenciais ou remotos) sejam ideais para o *público-alvo*, seu estado de espírito, considerações práticas e maximizem o alcance de sua experiência de marca ao vivo. Este capítulo teve como objetivo guiar você no planejamento de uma experiência de marca ao vivo que assegure "a experiência certa para a pessoa certa".

Notas

[1] NEUSTAR. 2017 Marketing Fact Pack. *AdAge*, 2017. Disponível em: http://adage.com/d/resources/resources/whitepaper/2017-edition-marketing-fact-pack. Acesso em: 27 ago. 2017.

[2] RODERICK, L. Heineken: Creating Brand Ambassadors starts internally, *Marketing Week*, 2016. Disponível em: https://www.marketingweek.com/2016/12/23/heineken-creating-brand-ambassadors/ Acesso em: 5 jan. 2017.

[3] IND, N. *Living the Brand*: How to transform every member of your organization into a brand champion. London: Kogan Page, 2007.

[4] MORTIMER, N. Influencer Content Accounts For Almost 20% of Consumer Media Consumption. *The Drum*, 2017. Disponível em: https://www.thedrum.com/news/2017/01/25/influencer-content-accounts-almost-20-consumer-media-consumption. Acesso em: 27 ago. 2017.

[5] Para ler mais a respeito do Good Relations, consulte: MORTIMER, 2017.

Capítulo 13
Sistemas e mecanismos de mensuração para o planejamento de marketing experiencial

BENCHMARKING ENTRE CANAIS DE MARKETING

Experiências de marca ao vivo estão se tornando uma disciplina cada vez mais dominante no marketing, ainda que tradicionalmente tenham sido sujeitas a críticas pesadas em relação ao parâmetro usado para mensurar seu sucesso. Canais tradicionais de marketing tendem a ter métricas, que podem ser aplicadas para se fazer *benchmarking* e comparações entre campanhas. Como essas métricas da maioria dos setores são genéricas, elas servem de referências para a coleta e comparação de resultados.

De fato, experiências de marca ao vivo se prestam perfeitamente à avaliação econômica, qualitativa e quantitativa do sucesso em relação à sua capacidade de cumprir os próprios *objetivos experienciais*. Isso se deve ao caráter interativo da disciplina. Enquanto uma marca interage com os consumidores durante uma experiência, em geral o consumidor está sendo beneficiado e recebendo alguma coisa, e, portanto, fica muito propenso e disposto a retribuir. Pode ser respondendo a perguntas, por meio de reações no local ou aceitando contatos no futuro.

UMA ETAPA IMPORTANTE DO PROCESSO DE PLANEJAMENTO

Este capítulo foi elaborado para demonstrar como proceder ao integrar sistemas e mecanismos que permitam mensurar quanto sucesso uma campanha atingiu, ou está atingindo, em relação aos *objetivos experienciais* do seu plano. Pelo fato de cada experiência de marca ao vivo ser extremamente diferente da próxima, é importante adaptar esses *sistemas e mecanismos de mensuração* à atividade em si (local, horário, pessoas) e garantir que, de um ponto de vista prático, seja viável implementar esses sistemas com os recursos alocados para a experiência de marca ao vivo.

Em capítulos anteriores, analisamos opções diferentes de *objetivos experienciais*. Nesta etapa do sistema de planejamento *SET MESSAGE* você acrescentará ao plano vários *sistemas e mecanismos de mensuração* que sejam específicos aos *objetivos experienciais* definidos anteriormente nesse plano. Não se deve confundir esta etapa de seu plano com a de *Avaliação*, voltada para avaliar cada aspecto de sua experiência de marca ao vivo, focando na criação de um registro de *avaliação* e explorando como quantificar o verdadeiro impacto de sua experiência. Este capítulo e parte de seu plano relacionam-se simplesmente a criar uma estratégia de parâmetros adaptada feita sob medida para seu próprio conjunto de *objetivos experienciais*, e os resultados contribuirão com os dados usados na etapa de *avaliação* geral da campanha de marketing experiencial como um todo (que consistirá no canal de experiência de marca ao vivo e outros canais de amplificação). Os canais de amplificação ainda devem ser mensurados usando-se as métricas padrão de cada canal, respectivamente.

◢ Investimento em mensuração

Diferentes experiências de marca ao vivo exigem e justificam níveis diferentes de pesquisa e investimentos. Algumas situações necessitam de um nível aprofundado de insight e análise, como casos em que a experiência de marca ao vivo é um piloto que tem a possibilidade de ser implantada em grande escala. Nesse exemplo, qualquer coisa que possa ser aprendida com os sucessos e fracassos da experiência de marca ao vivo será valiosa para uma abordagem teste-e-aprenda a ser utilizada no planejamento da implantação em larga escala. Essa análise aprofundada examina por que cada elemento específico funcionou ou não, e gera insights sobre o que pode ser modificado ou expandido. Nesse caso, vale a pena fazer investimentos mais significativos em bons sistemas e mecanismos de mensuração. Quando se investe um orçamento milionário na atividade de larga escala, há pouca margem para erros. Logo, o piloto deve servir como uma experiência de aprendizado que ajuda a aprimorar o plano mais amplo.

Há graus variados de recursos que podem ser aplicados aos *sistemas e mecanismos de mensuração*, e, dependendo de quão alta é a prioridade da *avaliação* em sua lista, você gastará um valor proporcional. A parte boa das experiências de marca ao vivo é que *sistemas e mecanismos de mensuração* frequentemente podem ser implementados sem nenhum investimento significativo ou extra do seu orçamento já existente.

Muitos dos *sistemas e mecanismos de mensuração* detalhados neste capítulo podem ser inseridos no plano *SET MESSAGE* sem quaisquer implicações financeiras.

Dados qualitativos e quantitativos

Dados qualitativos

Dados qualitativos não podem ser expressos como um número. Dados que representam opiniões, percepções ou fatores como gênero, situação econômica ou preferências religiosas são exemplos de conjuntos de dados considerados qualitativos. Dados qualitativos podem ser facilmente coletados por embaixadores da marca ou uma equipe extra em eventos, enquanto envolvem e conversam com membros participantes do *público-alvo*.

Dados qualitativos podem ajudar a analisar por que você obteve os resultados que obteve, bem como atingir objetivos de pesquisa de mercado durante a experiência de marca ao vivo.

Dados quantitativos

Conjuntos de dados quantitativos são quaisquer dados que podem ser expressos como um número ou quantificados.

Dados quantitativos podem incluir números concretos que sejam baseados em índices e possam ser calculados. Também podem incluir a quantidade de respostas específicas e similares a perguntas de pesquisas qualitativas, e dados quantitativos podem ser uma combinação de resultados de pesquisas, números e da quantificação de respostas qualitativas. Dados quantitativos fornecem números e fatos concretos, que são sempre valiosos porque permitem fácil comparação.

O melhor de ambos

Você precisa de uma combinação de ambos os mecanismos quantitativos de 'contagem' (p.ex., por quanto tempo as pessoas ficaram numa loja; quantos itens foram vendidos; quantos produtos foram testados; quantas pessoas interagiram com a experiência) e mecanismos qualitativos do tipo perguntas abertas (p.ex., o que a marca X representa para você?). Então, agrupando e analisando respostas qualitativas a "perguntas abertas", e correlacionando respostas semelhantes, podem-se extrair números concretos e dados de perguntas aparentemente "confusas/frívolas", permitindo, assim, a medição factual de objetivos 'frívolos' , e a conversão de dados qualitativos em dados quantitativos.

Esse método está destacado ao longo deste capítulo.

CRIE SEU PRÓPRIO PROCESSO DE PESQUISA SOB MEDIDA

O Quadro 13.1 mostra vários *objetivos experienciais* comuns e, então, alinha *sistemas e mecanismos de mensuração* que quantificam se (e em que nível) esses objetivos e metas específicas foram atingidos. Cada *sistema e mecanismo de mensuração* deve ser:

- adaptado à experiência de marca ao vivo;
- adaptado a recursos e tecnologia disponíveis;
- perfeitamente integrado, sem interromper o fluxo natural da experiência de marca ao vivo.

Quadro 13.1 Sistemas e Mecanismos de Mensuração

Código	Objetivo Experiencial	Sistema ou Mecanismo de Mensuração
A	Fazer pesquisa de mercado (p.ex., saber a opinião do consumidor sobre a marca e o produto, e produtos e marcas concorrentes)	Anotar feedback relevante do consumidor, perguntas etc. 1. Fazer pesquisas com os participantes, com perguntas relevantes (qualitativas e quantitativas)
B	Incentivar o boca a boca	Quantidade de interações (Y)
C	Despertar consciência	1. OTS (*Opportunity To See*) 2. Distribuição de dados
D	Incentivar a testagem do produto	Quantidade de testagens dos produtos

(Continua)

(Continuação)

Código	Objetivo Experiencial	Sistema ou Mecanismo de Mensuração
E	Demonstrar os atributos e benefícios de um produto	Quantidade de demonstrações de produtos
F	Captar dados	Quantidade de dados captados
G	Incentivar o boca a boca	1. Alcance boca a boca $(Y \times 17) + Y$, em que 'Y' são os participantes da experiência de marca e '17' a quantidade estimada de pessoas alcançadas que ouviram falar da experiência. 2. Monitorar o número de referências de um programa 'indique um amigo' iniciado pela experiência de marca ao vivo
H	Gerar tráfego para o site	1. Número de acessos ao site (compare com acessos anteriores) 2. Número de acessos ao microsite, e do microsite para o site principal
I	Incentivar o boca a boca online	1. Número de pessoas compartilhando o conteúdo online /elemento experiencial com um amigo 2. Número de cupons/ códigos de promoção de vendas resgatados
J	Aumentar o tráfego na loja	Comparar o tráfego na loja durante e depois da atividade
K	Aumentar a lealdade do cliente/fortalecer o relacionamento das marcas com o público-alvo	1. Monitorar o comportamento do consumidor no longo prazo por meio de programas de lealdade 2. Contatar posteriormente os participantes
L	Criar uma experiência duradoura e memorável	1. Monitorar o comportamento do cliente em longo prazo por meio de esquemas de lealdade 2. Contatar posteriormente os participantes
M	Dar vida à personalidade de marca	Fazer pesquisas com não participantes e comparar com os resultados dos participantes

(Continua)

SISTEMAS E MECANISMOS DE MENSURAÇÃO PARA O PLANEJAMENTO DE MARKETING EXPERIENCIAL

(Continuação)

Código	Objetivo Experiencial	Sistema ou Mecanismo de Mensuração
N	Comunicar mensagens de marca complexas	Fazer pesquisas com não participantes e comparar com resultados de participantes
O	Ganhar credibilidade com público-alvo X	1. Fazer pesquisas com não participantes e comparar com resultados de participantes 2. Analisar as características demográficas do cliente antes da experiência de marca ao vivo e depois, em intervalos específicos, durante e após uma atividade, e verificar se houve alguma mudança no perfil demográfico do cliente, no longo prazo
P	Posicionar a marca como X	Fazer pesquisas com não participantes e comparar com resultados de participantes

Ao chegar nesta etapa do sistema *SET MESSAGE*, você pode:

1. Fazer uma referência cruzada dos seus *objetivos experienciais* com os exemplos disponibilizados no Quadro 13.2.

2. Atribuir e adaptar os sistemas mais relevantes.

3. Após alocar os *sistemas e mecanismos de mensuração* escolhidos, você pode criar seu próprio quadro demonstrando com mais detalhes qual será seu método, quais perguntas específicas você fará, ou quais dados exatamente você pretende coletar.

Por exemplo, se seus *objetivos experienciais* para uma experiência de marca ao vivo forem aumentar vendas, incentivar o tráfego na loja e dar vida à *personalidade de marca*, seus *objetivos experienciais* e *sistemas e mecanismos de mensuração* talvez fiquem semelhantes aos do Quadro 13.2 (com base em uma campanha de promoção de uma bebida em 50 das lojas que a revendem).

Quadro 13.2 Exemplo 1 de Sistemas e Mecanismos de Mensuração

Objetivo Experiencial	Sistema ou Mecanismo de Mensuração
Aumentar as vendas em todas as 50 lojas principais durante a experiência de marca ao vivo	Pediremos aos gerentes das lojas que forneçam dados que mostrem as vendas do produto em cada uma das 50 lojas participantes por um mês, antes da experiência de marca ao vivo. Depois, pediremos aos gerentes das lojas que disponibilizem os mesmos dados e monitorem o volume de vendas do produto nas mesmas lojas participantes durante a experiência de marca ao vivo. Comparando os resultados, vamos mensurar qualquer aumento direto de vendas causado pela experiência de marca ao vivo enquanto ela aconteceu. Obs.: Se a tecnologia de rastreamento de vendas não for incorporada ao sistema de caixas de uma loja, os dados acima devem ser coletados pelos *embaixadores da marca*.
Avaliar se o aumento no volume de vendas é temporário ou se pode durar mais tempo	Eles contarão o estoque no início e no fim de cada dia, observando a porcentagem vendida do estoque. Para isso, vamos monitorar a venda do produto nas lojas participantes durantes um mês depois do término da experiência de marca. Depois, vamos comparar esses volumes de vendas com os das mesmas lojas no mês anterior à experiência de marca ao vivo.

(Continua)

(Continuação)

Objetivo Experiencial	Sistema ou Mecanismo de Mensuração
Aumentar o tráfego na loja	Anotaremos os dados do sistema eletrônico de mensuração de tráfego das lojas antes da experiência de marca ao vivo. Esses dados serão comparados com os dados no sistema de rastreamento eletrônico de tráfego durante a experiência de marca ao vivo. Qualquer aumento no tráfego será anotado como uma porcentagem (ao comparar, certifique-se de que fatores como dias da semana se mantenham consistentes entre os controles de dados e dados da experiência de marca ao vivo).
Dar vida à personalidade energizante da marca	Vamos criar um breve pesquisa para ser colocada no *app* de registros dos *embaixadores da marca*. No início de cada experiência de marca ao vivo, eles entrarão 30 minutos antes e, sem usar o uniforme ou se aproximar demais do cenário, vão perguntar aos visitantes alguma coisa rápida sobre a marca. A pergunta será: em que você pensa quando pensa na marca X? a) em se sentir energizado; b) em se sentir relaxado; c) em ficar contente; d) em se sentir na moda. Os *embaixadores da marca* farão as mesmas perguntas aos clientes durante a participação na experiência de marca. Um aumento de um público-alvo que escolhe a resposta correta (a) será mensurado como um aumento percentual em termos de reconhecimento e compreensão da personalidade da marca.

Quadro 13.3 Exemplo 2 de Sistemas e Mecanismos de Mensuração

Objetivo Experiencial	Sistema ou Mecanismo de Mensuração
Estimular o tráfego no site	Vamos comparar o número de acessos ao site (e sua localização geográfica) antes da experiência de marca ao vivo com o número de acessos (e sua localização geográfica) que estamos obtendo durante e depois da experiência de marca ao vivo. O aumento será anotado como uma porcentagem, o que nos permitirá comparar o sucesso que o canal da experiência de marca ao vivo tem em atingir seu objetivo em comparação com o aumento percentual obtido no tráfego do site com formas de comunicação de marketing anteriormente implementadas.
Fazer o boca a boca online	Quando (pela *Estratégia experiencial*) os consumidores baixam as próprias fotos (carregadas em uma galeria no site) participando da experiência de marca ao vivo, eles têm a chance de encaminhar as fotos (que chegam em um e-mail da marca) a 10 amigos e receber uma camiseta grátis. Para mensurar o boca a boca como resultado direto dessa estratégia, vamos monitorar quantas vezes o formulário de oferta é preenchido, e, com cada uma dessas vezes correspondendo a 10 destinatários da mensagem da comunicação-chave, conseguiremos quantificar o boca a boca online com facilidade.

Considere de que modo adaptar a maneira como você mensura seus Objetivos Experienciais específicos

Independentemente dos *objetivos experienciais* que escolheu, você conseguirá planejar como mensurá-los ao pensar com cuidado, criatividade e agilidade sobre como vai elaborar os *sistemas e mecanismos de mensuração* recomendados para seus *objetivos experienciais* em sua experiência de marca ao vivo.

O exemplo mostrado no Quadro 13.3 demonstra que essa abordagem funciona com qualquer combinação de *objetivos experienciais*. O exemplo se baseia em uma experiência de marca ao vivo que promoveu um varejista online em shoppings, em que os *objetivos experienciais* são estimular tráfego para o site, fazer divulgação boca a boca e de conteúdo social, e captar dados para ações de marketing futuras. ∎

RESUMO

A quantidade de investimento que você deseja fazer para compreender como a campanha de marketing experiencial e, especificamente, o canal da experiência de marca ao vivo, estão impactando o comportamento e as opiniões do *público-alvo* é uma decisão que você terá de tomar com antecedência, ao fazer o planejamento. O marketing experiencial pode incluir *sistemas e mecanismos de mensuração* simples e baratos, que, ao serem incluídos no canal da experiência de marca ao vivo durante as etapas de planejamento, possibilitarão que você avalie o sucesso dessa experiência (bem como os canais de amplificação) e avalie se atingiu os *objetivos experienciais* predefinidos.

Não caia na clássica armadilha de se esquecer de adaptar seu plano de mensuração! Muitas vezes, profissionais de marketing e agências desprezam essa importante etapa do planejamento de marketing experiencial. Consequentemente, experiências de marca ao vivo têm sido alvo de críticas do tipo "é difícil mensurar se uma experiência de marca ao vivo cumpriu o tarefa que se propôs fazer".

Muitas pessoas argumentarão que, quando se sabe como obter algo, não é mais difícil (como um prato que parece complicado de fazer mas que se torna fácil quando a receita é seguida passo a passo). Elaborar *sistemas e mecanismos de mensuração* não é um processo necessariamente demorado, se comparado ao benefício obtido ao se fazer isso.

Ao integrar as orientações deste capítulo no seu plano *SET MESSAGE* e na implementação da campanha, suas experiências de marca ao vivo podem ser totalmente contabilizadas, você conseguirá avaliar seu retorno sobre o investimento no longo prazo (LROI) e tornará mais fácil demonstrar os resultados de seu programa de marketing experiencial aos *stakeholders* e aos que "têm o controle do dinheiro".

Capítulo 14
Ação
Como planejar e realizar experiências de marca ao vivo

Chegou a hora de integrar todos os aspectos do gerenciamento dos projetos e de planejar a *Ação* de sua experiência de marca ao vivo. Esta parte da *Ação* do sistema de planejamento *SET MESSAGE* é extremamente importante. Você ou suas agências podem desenvolver os conceitos e estratégias mais inovadores e revolucionários, mas se a ativação da campanha e o gerenciamento do projeto forem cheios de falhas, pode ser um desperdício de tempo e dinheiro. A execução de uma campanha de marketing experiencial bem-sucedida, sobretudo a experiência de marca ao vivo, não é uma tarefa fácil, e deve ser tratada com o mesmo cuidado que produções de TV, eventos teatrais e eventos presenciais.

ESCOLHENDO A EXPERTISE CERTA PARA ATIVAÇÃO NO AMBIENTE AO VIVO

É importante reforçar a recomendação de se empregar uma agência especializada em marketing experiencial para executar sua campanha. Algumas agências de marketing experiencial têm histórico mais sólido em estratégia, enquanto outras têm mais experiência com ativação. É importante fazer essa distinção ao escolher uma agência para ativar sua campanha. Na verdade, algumas agências de marketing experiencial terceirizam a parte da *Ação* para outras agências mais orientadas para essa fase. O ideal é trabalhar com uma agência de marketing experiencial totalmente integrada que contenha:

1) expertise em estratégia, planejamento e criação;

2) ativação, logística e pessoal interno.

O motivo é porque a comunicação entre planejadores e ativadores precisa ser clara, com muita atenção aos detalhes. Sem essa comunicação, o que se promete ao cliente pode ser muito diferente do que é entregue. Além disso, quanto mais atenção aos detalhes e experiências bem-sucedidas entrarem nos planos de *Ação*, maiores as chances de que os planos seguintes deem certo. Este capítulo será muito útil se você for uma agência tradicional que usa uma agência de marketing experiencial, ou uma empresa que trabalha diretamente com uma agência de marketing experiencial. Da perspectiva do cliente, este capítulo pode ser um guia que ajudará a discernir um plano de ativação bom e detalhado de um ruim. Obviamente, agências diferentes podem tender a envolver seus clientes nos detalhes mais específicos do plano de *Ação* em níveis mais ou menos aprofundados. Entretanto, a maioria terá como meta ceder ao desejo do cliente de ver pelo menos uma parte do plano de ativação, mediante solicitação. Ainda que você próprio seja profissional de marketing experiencial, este capítulo fornecerá um esboço de boas práticas para a fase *Ação* de seu plano de campanha SET MESSAGE.

ELEMENTOS DO PLANO DE *AÇÃO*

A fase de *ação* do plano *SET MESSAGE* deve incluir as seguintes etapas:

1. **Receita** (como a experiência acontecerá de fato, da perspectiva do cliente).
2. **Orçamentos**.
3. **Gerência de projeto** (Estrutura analítica de projetos, gráfico de Gantt, análise de caminho crítico, cronogramas, análise de riscos, checklists e análise externa).
4. **Comunicação** e colaboração.
5. **Fornecedores** e terceiros.
6. Cronograma de **aprovações**.

◢ A receita

Toda experiência de marca ao vivo tem atividades nos bastidores e necessita ser coordenada com extremo cuidado, e é essencial não perder de vista a jornada do cliente a partir da perspectiva dele. O *público-alvo* e a experiência dos participantes são extremamente importantes. O plano de *Ação* começa com uma análise do que acontece se você considerá-lo com base na perspectiva do *público-alvo*. Essa parte vem primeiro no plano de *Ação* porque manterá embasado todo o resto do planejamento; é um resumo do que acontecerá "ao vivo".

A melhor maneira de anotar a "receita" é pensar nela como algo parecido com uma boa receita de bolo. Ela deve começar com um parágrafo indicando os ingredientes (incluindo as quantidades) que farão parte e especificando onde a experiência será alocada (nomeando o cenário, os componentes da experiência de marca ao vivo e a equipe de *embaixadores da marca*). Este parágrafo introdutório cria uma imagem fotográfica na mente de quem lê o seu plano.

> **Receita: exemplo de parágrafo introdutório**
>
> A *106.9 Radio Experience* fica ao ar livre em um festival de surfe e inclui: a Radio Experience Zone (um cenário gigante de rádio, dois DJs hummers da marca, dois carrinhos de distribuição de amostras, um balcão de recepção da marca, e muitas mesas e cadeiras da marca), e o "Time 106.9" (uma equipe com 10 *embaixadores da marca*, um DJ e um gerente de eventos).

Esse parágrafo introdutório prepara o cenário da receita do plano de *Ação* na mente do leitor, porque lhe permite visualizar os elementos físicos que estarão no local. Esse é um passo crucial, já que dá clareza tanto aos clientes/pessoas que estão financiando a campanha quanto a quem está executando.

Após o parágrafo introdutório, a receita continua com um processo passo a passo semelhante ao de uma receita de bolo, dividindo a jornada do cliente, destacando sistematicamente quais ações estão envolvidas na experiência em si.

A receita deve ser formatada como uma lista numerada e resumida de passos.

Receita: exemplo de jornada do cliente passo a passo

1. O DJ está tocando músicas da moda e se apresentando ao microfone.
2. Os *embaixadores da marca* da 106.9 se aproximam do *público-alvo* e os convidam a participar da experiência.
3. O *público-alvo* se inscreve no balcão da recepção.
4. O *público-alvo* é cumprimentado pelos *embaixadores da marca*, que os levam à Radio Experience Zone.
5. Dentro da Radio Experience Zone, os consumidores podem fazer suas próprias compilações de CDs.
6. Ao deixarem a Radio Experience Zone, eles recebem sacolas com brindes da marca contendo fones de ouvido, ingressos grátis para shows e adesivos.

Como você vê, essa lista numerada permite ao leitor, ou ao executor, visualizar uma imagem em movimento, o que é a chave para elaborar uma estrutura e uma história para a experiência.

Calculando o tempo que leva para finalizar a jornada do cliente

Essa etapa da receita também pode facilitar calcular a duração da experiência, bem como a quantidade máxima de participantes por vez. Isso é extremamente importante porque lhe permitirá calcular quantos clientes aproximadamente poderão participar, por dia e local, da experiência. Ao multiplicar esses índices pela quantidade de dias ao vivo e locais, você terá o número de interações. Essa métrica comum, conforme mencionado anteriormente, é crucial para mensurar experiências de marca ao vivo e justificar os custos, porque a quantidade de interações possibilitará prever o alcance boca a boca e o LROI.

Finalmente, para terminar a receita, você deve escrever um parágrafo que resuma quais serão os resultados dessas etapas.

> **Receita: exemplo de parágrafo resumidor de fechamento**
>
> Ao participar da *106.9 Radio Experience*, o *público-alvo* de fãs de música alternativa ficará satisfeito após desfrutar do processo de compilar as próprias *playlists* customizadas. Eles gostarão de receber a sacola com os itens, que funcionarão como uma lembrança positiva da experiência de marca.

A etapa do sumário de sua receita equivale a responder perguntas como: 1) "De novo, por que isso está acontecendo?" 2) "Lembre-me, que resultados isso vai trazer?" Sua resposta é a mesma que teria sido ao responder a tais perguntas, exceto pelo fato de que você ainda está na pele do consumidor (conforme a jornada do consumidor), e não na do marketing. Ao se colocar no lugar do consumidor, você mantém uma visão objetiva, em que a prioridade nº 1 é a experiência do participante. Com esse método, é mais provável que você perceba quaisquer falhas no plano de *Ação* ou na história.

Ao pensar numa receita de bolo, você começa com os ingredientes, depois vem o modo de fazer e, então, o resultado desejado fica mais claro. Ao seguir a fórmula da receita conforme destacada anteriormente e integrá-la na primeira etapa da *Ação* de seu plano *SET MESSAGE*, você cristalizará a *história* da experiência, garantindo ótima clareza da perspectiva centrada no cliente.

◢ Orçamentos

A parte seguinte do plano é importantíssima: o orçamento. Sempre haverá dois orçamentos: um interno (o da agência) e outro externo (o do cliente). O orçamento interno deve especificar a quantidade máxima que todas as coisas devem custar à agência. Ele será usado apenas para os propósitos da agência, e permitirá à gerência dos projetos, ou à equipe de ativação, seguir orientações claras sobre a quantia que podem gastar.

Essa parte também pode ser elaborada com base em custos internos que não devem ser repassados ao cliente (para fornecer valor agregado), como incentivos à equipe ou qualquer aumento previsto nas despesas gerais (como volumes grandes de ligações etc.).

O orçamento do cliente será apresentado ao próprio cliente, e já deve incluir as margens de lucro, taxas e sobretaxas da agência. Se uma agência tradicional está terceirizando para uma agência de marketing experiencial, será necessário integrar as comissões das agências parceiras (por ambas as partes, dependendo de suas políticas). Há certas categorias amplas e genéricas de custos que podem ser analisadas quanto à estrutura ao se considerarem todos os custos possíveis do marketing experiencial. Alguns exemplos de categorias amplas para orçar uma experiência de marca ao vivo incluem: produção, equipe, treinamento presencial, treinamento remoto, logística e transporte, controle de estoque, aluguel de espaço, despesas e canais de amplificação.

 Exemplos de categorias de contas para um orçamento de marketing experiencial:

- Produção:
    - cenário/veículos de *roadshow* da marca, áudio e iluminação, ou outro equipamento e fiação;
    - merchandising (brindes, presentes, cupons, souvenires, panfletos, etc.);
    - uniformes.

- Equipe:
    - equipe de recepção;
    - embaixadores da marca;
    - equipe especializada;
    - gerentes de evento;

- Equipe de bastidores:

- montadores e equipe de produção;
- fotógrafos/produtores de vídeo;
- motorista.

- Treinamento presencial:

  - aluguel do local;
  - equipe (pagamento pelo tempo gasto e despesas de participação);
  - bebidas e lanches;
  - equipamento (computador, projetor, etc.);
  - administradores de sessões de treinamento (pode ser o pessoal da agência);
  - atendentes (apresentações, registro, etc.);
  - manuais da campanha/outros materiais impressos e documentação.

- Treinamento remoto:

  - *webinars* ou videoconferências;
  - *calls*;
  - equipe (pagamento pela participação – menor que no presencial);
  - questionários e pesquisas automáticos.

- Logística e transporte:

  - aluguel de veículo;
  - combustível (calcular como custo por km x quilometragem estimada);
  - estacionamento;
  - tempo de viagem (calculado por quilometragem).

- Controle de estoque:

  - armazenamento/estocagem (calculado por espaço, tendo em mente que o armazenamento será necessário para mercadorias promocionais, estoque de amostras, cenários, veículos e uniformes – às vezes em locais variados, por períodos prolongados ou intermitentes);

– entregadores (para entregar o estoque à equipe e ao pessoal, ou contratados diretamente pela agência de marketing experiencial ou terceirizados para uma empresa de entregas, como os correios, UPS entre outras);

– controle de temperatura (em geladeira ou freezer quando, e se, a campanha envolve amostras de comida, bebida, sorvete etc.).

- Aluguel do espaço:

– taxas de locação do espaço, local ou dono do espaço;

– taxas de intermediação, se aplicáveis (se o espaço for reservado por meio de um corretor ou agente);

– administração pelo tempo e serviço do preenchimento da papelada relacionada ao aluguel do espaço (como plantas e dimensões, avaliações de risco, teste de equipamentos portáteis, documentos de segurança contra incêndios, declarações, formulários de aluguel, contratos, certificados sanitários e de segurança, verificação de antecedentes criminais, seguro de responsabilidade civil etc.).

- Despesas:

– despesas de viagem/combustível;

– tempo de viagem;

– telefone (para os gerentes do evento e outros membros da equipe de ativação gerencial);

– hotel (no caso de viagens);

– alimentação (no caso de viagens);

– estacionamento (para membros da equipe e pessoal).

- Os canais de amplificação.

As divisões de custo a seguir podem variar muito, dependendo se são implementadas pela agência de marketing experiencial, repassadas a terceiros ou executadas em colaboração com as agências do cliente já existentes:

- anúncios (usados antes ou durante a experiência para incentivar os participantes e gerar consciência);

- espaços na mídia de transmissão, ao vivo ou gravada (para expandir o alcance da experiência);

- RP antes da data ao vivo (para incentivar os participantes e gerar consciência);

- RP na campanha ou depois dela (para expandir o alcance da experiência e gerar interesse);

- mídias sociais e digitais (para gerar interesse antes, durante e depois da campanha ou transmitir a experiência, ao vivo ou não);

- *buzz*, boca a boca, propagação e influenciadores (online ou offline), elaborados para gerar interesse antes da experiência e estimular tráfego.

Despesas com agência e gestão

Essa categoria de custos geralmente é apresentada como um item só e calculada como porcentagem do total, ou pela estimativa do tempo que será gasto pelo pessoal de diferentes agências além das despesas (a menos que os itens venham separados):

- pesquisa e testagem de ideias;

- planejamento criativo e estratégico;

- planejamento de ativação e gerenciamento de projeto;

- avaliação.

Relatórios

- tecnologia (pesquisas, tablets etc.);

- auditoria de campanha (uma auditoria interna ou por meio de uma agência de pesquisas externa, para mensurar resultados usando os *sistemas e mecanismos de mensuração*);

- administração (relatórios de acesso do cliente via *apps* ou páginas online, entrada de dados etc.);

- relatórios visuais (pós-produção com evidências visuais, como fotografia, gravação em vídeo e preparação de apresentações).

A Tabela 14.1 mostra um exemplo de orçamento para despesas extras.

Planejamento de contingência

As contingências devem ser orçadas entre 5% e 10% do valor total da campanha e, em geral, as comissões das agências variam entre 10% e 25% (além de taxas relacionadas a tempo), dependendo da quantidade de agências parceiras. O orçamento deve ser dividido para incluir custos por unidade, descrições, quantias, duração de tempo e total. Esse orçamento deve se referir especificamente aos custos de reservas de elementos adicionais (equipe e lugares extras) como complemento para uma experiência de marca ao vivo de uma marca de sucos.

É amplamente aceito que algumas das categorias listadas não se apliquem a todas as campanhas de marketing experiencial, e sem dúvida haverá, em situações específicas, elementos com os quais não se contava. A coisa mais importante ao fazer um orçamento é incluir contingências e lembrar de pensar em todo e qualquer custo, por menor que seja. Às vezes, clientes acostumados a planejar apenas campanhas de mídia, ou formulários mais previsíveis de marketing, acharão difícil aceitar que sua agência de marketing experiencial está lhes cobrando por contingências. Assim, não é incomum que agências de marketing experiencial elaborem uma margem de contingência de cerca de 5% em relação a todos os custos unitários, em vez de separá-los por itens como se fossem custos independentes.

Tabela 14.1 Despesas orçamentárias extras

ORÇAMENTO EXTRA: "JUICE APRIL 2"

DESPESAS COM PESSOAL					
Item	Descrição	Valor Unitário	Quantidade	Dias	Total
Embaixador da marca	Ativará o jogo interativo do suco e engajará os consumidores	£ 119	4	12	**£ 5.712**
Gerente de evento	Gerenciará a equipe, tirará fotos e coletará dados para feedback	£ 213	1	7	**£ 1.491**
Gerente de evento (em dias de viagem)	Gerenciará a equipe, tirará fotos e coletará dados para feedback	£ 213	1	5	**£ 1.065**
				Total	**£ 8.268**

TRANSPORTE					
Item	Descrição	Valor Unitário	Quantidade	Dias	Total
Despesas de viagem (quando for o caso)	Passagem aérea de volta para a Cidade x	£ 80	1	1	**£ 80**
Despesas de viagem na região	Ida e volta ao evento 1	£ 20	1	5	**£ 26**
Estacionamento	Orçamento de estacionamento para van, para estacionar em lugares externos durante o dia	£ 20	1	12	**£ 240**

AÇÃO **323**

TRANSPORTE					
Item	Descrição	Valor Unitário	Quantidade	Dias	Total
Alimentação	Diária de alimentação para o gerente do evento	£ 30	1	7	**£ 210**
Hotel	Hotel para o gerente do evento	£ 80	1	7	**£ 560**
				Total	**£ 1.116**

ALUGUEL DE ESPAÇO					
Item	Descrição	Valor Unitário	Quantidade	Dias	Total
Aluguel de espaço do evento 1	Aluguel de espaço 4m X 4m	£ 5.550	1	7	**£ 5.500**
Aluguel de espaço do evento 2	Aluguel de espaço 4m X 3m + marcas adicionais	£ 5.940	1	5	**£ 5.940**
				Total	**£ 11.440**

TOTAL DO CLIENTE	
Subtotal	**£ 20.824,00**
10% taxa de gerenciamento	**£ 2.082,40**
Orçamento extra total	**£ 22.906,40**

Independentemente da forma que uma contingência é inserida em um orçamento de campanha, é crucial não deixá-la de lado porque é vital ativar uma campanha de marketing experiencial com sucesso e sem falhas – inclusive uma experiência de marca ao vivo, a prevenção de potenciais problemas e a preparação antecipada de soluções contingenciais. Uma atitude do tipo "nada vai acontecer" é a pior abordagem nesta etapa de planejamento.

Agendas de pagamento

No fim do orçamento, deve-se detalhar uma proposta de agenda de pagamentos. Para isso, em geral é preciso que várias despesas iniciais sejam pagas antecipadamente à agência, com custos contínuos ou operacionais pagos em intervalos regulares ou imediatamente após da campanha. Às vezes, clientes que adquirem serviços de marketing experiencial pela primeira vez têm expectativas não realistas sobre termos de pagamento, como o desejo de receber um "empréstimo" de 100% do investimento para pagar em até 30 a 45 dias após o término da campanha. Isso não acontece porque querem explorar a agência, mas porque precisam de conhecimento e explicações adicionais – simples assim. É por isso que é importante a agência explicar que há muitos custos iniciais de elaboração envolvidos na ativação de experiências de marca ao vivo, o que geralmente é algo passível de ser apreciado em todos os aspectos. Evidentemente, nenhum cliente esperaria que sua agência de marketing experiencial se tornasse um banco sem juros e lhe oferecesse um empréstimo, que é exatamente o que fariam se concordassem com as condições de pagamento similares às habituais ao se adquirirem outras mídias tradicionais.

◢ Planos do projeto

Os planos do projeto devem incluir uma combinação de primeira linha e modelos detalhados que orientarão a equipe de gerenciamento de projeto na preparação passo a passo e implementação da campanha. Lembre-se, "se você falha em planejar, você planeja falhar". Isso não poderia estar mais perto da verdade no caso de planos detalhados de projetos de experiências de marca ao vivo.

Há quem diga que não há tempo para planejar com cuidado quando há um prazo curto envolvido, mas nesse caso pode não valer a pena assumir o projeto. Se você é um cliente que está pensando em experiências de marca ao vivo, lembre-se de que, embora a agência possa aceitar um prazo curto de entrega, quanto mais tempo você lhes permitir um planejamento de projeto cuidadoso, melhores serão a execução e os resultados.

A divisão do planejamento do projeto deve incluir os seguintes elementos (ou equivalentes): estrutura analítica do projeto (EAP), um gráfico Gantt, uma análise de caminho crítico, um cronograma, uma análise de riscos, checklists (para pessoal, produção e logística) e uma análise externa (tabela PESTEL[8] "problema e solução").

A estrutura analítica do projeto

Comece criando uma Estrutura Analítica de Projeto (EAP) para o projeto. A EAP é um elemento importante de que você precisará para desenvolver seu plano de *Ação*. Ela lista todas as categorias e subelementos que usará para finalizar e entregar o projeto. Uma estrutura em formato de árvore com notas adesivas pode ser de grande ajuda para desenvolver sua EAP.

Gráfico de Gantt

O gráfico de Gantt é uma tabela que mostra a quantidade de trabalho realizado ou produção finalizada em certos períodos de tempo, em relação à quantidade planejada para esses períodos (Quadro 14.1). A primeira coluna apresenta categorias de tarefas, sendo que cada tarefa particular minimamente detalhada aparece em linhas abaixo de cada cabeçalho de categoria. Isso será diretamente extraído da EAP. O gráfico de Gantt organiza os itens na estrutura analítica do projeto em relação a uma linha do tempo. Os títulos em cada coluna são as datas, meses ou semanas. O próximo passo após a criação dessa tabela é colorir com um código cada pessoa que faz parte da equipe de ativação do projeto. Depois, é só destacar cada quadrado da tabela com uma cor correspondente a cada pessoa que deve preenchê-la, bem como a quantidade de horas exigidas para o preenchimento.

O escopo do projeto é crucial

De acordo com o guia PMBOK,[1] é absolutamente crucial incluir "100% do trabalho definido pelo escopo do projeto e registrar todas as entregas – internas, externas e provisórias – em termos do trabalho a ser finalizado, inclusive o gerenciamento do projeto". A melhor maneira de definir tarefas é declarar o efeito ou o resultado que pode ser entregue, em vez das ações necessárias para atingir esse resultado, garantindo que os resultados definidos sejam pequenos e não amplos

---

[8] Também chamada de análise PEST, é uma ferramenta útil para identificação de riscos em projetos. (N. T.)

demais. Também é importante lembrar de não permitir qualquer sobreposição entre as tarefas, já que isso gera confusão e, possivelmente, repetição de trabalhos.

A quantidade total de horas indicará a carga de trabalho estimada de cada membro da equipe de projetos. Isso permitirá ao gerente avaliar se as tarefas alocadas para cada pessoa da equipe de projetos são viáveis. Mais uma vez, será necessário aplicar uma contingência com base no tempo, que deve ser por volta de 10% do total de horas do projeto.

Quadro 14.1 Exemplo: gráfico de GANTT

	Sandra
	Bob
	Lica
	Matt
	Gallia
	Ramez

21 a 26 /07/22	21	22	23	24	25	26
PRODUÇÃO						
Montar o cenário completo	‖‖‖‖					
Levar o cliente para visitar o cenário		‖‖‖‖				
Fazer modificações			‖‖‖‖	‖‖‖‖		
Fazer testes de segurança					‖‖‖‖	
Desmontar o cenário para transporte						‖‖‖‖
ALUGUEL DO ESPAÇO						
Finalizar negociação de taxas						

Preencher a papelada		▦					
Pagar o depósito			🟥				
Assinar o contrato				🟥			
Revisar mapas do local							▦
EQUIPE							
Checar disponibilidade de pessoas relevantes	▨						
Listar equipe		▨					
Enviar a lista ao cliente		▨					
Receber opiniões/preferências do cliente			▨				
Reservar a equipe selecionada				▨			
Agendar reservas e backups				▨			
Enviar orientações, manuais e contratos				▨			
TREINAMENTO							
Fornecer opções de lugares ao cliente							
Reservar o lugar escolhido							
Criar uma agenda de treinamento							

Garantir equipamentos apropriados no local					
Elaborar uma apresenta-ção para o treinamento					
LOGÍSTICA					
Embalar kits para cada membro da equipe				■	
Organizar kits para enviá-los à equipe				■	
Certificar-se de que a equipe recebeu os kits					
Alugar um caminhão	■				
Alugar uma van		■			
Planejar o trajeto para o gerente do evento e o motorista				■	■

Análise do caminho crítico

Uma análise do caminho crítico (às vezes denominada CPA[9]) também é uma excelente forma de gerenciar os marcos de ativação do projeto, e, por sua vez, as expectativas do cliente quando as datas de entrega dos marcos tiverem de ser flexíveis. Ela mapeia os marcos em uma linha do tempo e, em seguida, uma seta começando em um dos marcos se ramifica para mostrar as tarefas que não podem ter início até que esse marco seja finalizado.

---

[9] *Critical path analysis*, em inglês. (N. T.)

Portanto, os relacionamentos entre tarefas interdependentes e categorias de tarefas são claramente definidos. Esse procedimento ajuda a garantir que um projeto – no caso, uma experiência de marca ao vivo – seja entregue a tempo. Há muitos programas diferentes de gerenciamento de projetos à disposição, permitindo criar facilmente uma CPA e um gráfico de Gantt.

Pode-se configurar um CPA para gerenciar a linha do tempo de um booker de equipe que reservou *embaixadores da marca* e um gerente de eventos para uma experiência de marca ao vivo no curto prazo. Agora, o gerente de projetos à frente da equipe de ativação conseguirá monitorar de perto o progresso e identificar quaisquer consequências para outras entregas depois de um atraso na conclusão de uma tarefa particular. Se essa tarefa está interligada com outras tarefas que dependem da finalização da tarefa original, é fundamental cumpri-la a tempo.

Por exemplo, se o booker da equipe atrasa as etapas 7 ou 9 (confirmando que os candidatos selecionados ainda estão disponíveis), ele ou ela não conseguirá enviar essa lista ao cliente (Figura 14.1). Se ele ou ela enviar a lista ao cliente sem garantir que todas as pessoas estão disponíveis, e o cliente escolher alguém que na verdade está indisponível, ele ficará decepcionado.

Figura 14.1 Análise do caminho crítico

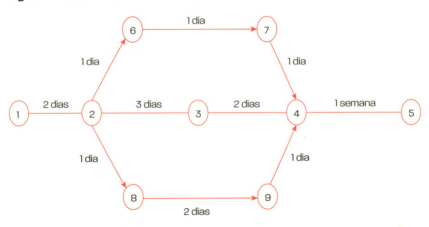

1 = Escreva uma descrição do embaixador da marca e do gerente de evento adequados
2 = Poste anúncios aprovados no quadro de empregos interno
3 = Crie orientações
4 = Envie a lista ao cliente
5 = Reserve embaixadores da marca e o gerente de eventos
6 = Liste candidatos adequados para atuar como embaixadores da marca
7 = Verifique se os candidatos a embaixadores da marca ainda estão disponíveis
8 = Liste candidatos adequados para atuar como gerente do evento
9 = Verifique se os candidatos a gerentes de evento ainda estão disponíveis

Cronogramas

Um cronograma em formato de calendário é parte essencial do projeto. É uma ferramenta bem óbvia e básica, mas sem ela uma equipe de ativação ou o cliente podem ficar perdidos. O cronograma deve mapear quais partes da campanha de marketing experiencial estão acontecendo em determinadas datas e lugares específicos (Quadro 14.2). A agência responsável por ativar a campanha, e também o cliente, devem pendurar os cronogramas da campanha em uma parede ou algum outro local visível, para fácil consulta.

Quadro 14.2 Exemplo: cronograma básico

Segunda	Terça	Quarta	Quinta	Sexta	Sáb/Dom
27 abril	28	29	30	1 Maio	2
					3
CAMPANHA 4 FRUIT JUICE NO EVENTO 1	CAMPANHA 5 FRUIT JUICE NO EVENTO 1	CAMPANHA 6 FRUIT JUICE NO EVENTO 1	CAMPANHA 7 FRUIT JUICE NO FESTIVAL	8	9
					10
11	12	13	CAMPANHA 14 FRUIT JUICE NO EVENTO 2	CAMPANHA 15 FRUIT JUICE NO ENEVTO 2	16
					17
CAMPANHA 18 FRUIT JUICE NO SHOPPING 1	CAMPANHA 19 FRUIT JUICE NO SHOPPING 1	CAMPANHA 20 FRUIT JUICE NO SHOPPING 1	CAMPANHA 21 FRUIT JUICE NO SHOPPING 1	CAMPANHA 22 FRUIT JUICE NO SHOPPING 1	CAMPANHA FRUIT 23 JUICE NO SHOPPING 1
					CAMPANHA FRUIT 24 JUICE NO SHOPPING 1
25	26	CAMPANHA 27 FRUIT JUICE NA PRAIA	CAMPANHA 28 FRUIT JUICE NA PRAIA	29	30
					31

Análise de riscos

A análise de riscos é, sem dúvida, uma das partes mais importantes do planejamento do projeto. Com experiências de marca ao vivo, muitos fatores contribuem para o sucesso de cada um dos elementos da campanha. Se uma das engrenagens da roda da campanha estiver faltando ou falhar, é altamente provável que ocorra uma série de acontecimentos indesejáveis.

Como um único erro pode agravar as consequências

Por exemplo, Frank era gerente de contas de uma agência de marketing experiencial:

- Ele não tinha muito trabalho no momento, então, quando um cliente consultou a agência para fazer um roadshow d a experiência de marca ao vivo para um canal esportivo em um prazo curto, a agência assumiu o projeto e rapidamente o atribuiu a Frank, ele próprio grande fã do canal em questão e entusiasta de esportes.

- Em geral, o canal de esportes gastava todo o orçamento com propaganda digital e externa, e era a primeira vez que estava fazendo um tour de experiência de marca ao vivo, daí o fato de o cliente esperar, de maneira irreal, que o projeto seria entregue com um planejamento de duas semanas.

- O conceito, elaborado pela agência de RP do canal esportivo, envolvia um jogo interativo gigantesco de 'apontar a bola', apresentando um grande cenário semelhante a um campo de futebol de verdade, com grama e gol. A experiência de marca ao vivo foi agendada para dar uma volta por vários shoppings, um dia em cada um.

- O tempo de preparação da campanha foi curto demais, e algumas coisas do plano de *ação* foram atropeladas.

- Consequentemente, contratou-se por engano um motorista inexperiente para transportar o cenário, sem que a equipe de funcionários finalizasse as checagens de referência habituais.

- Ele abasteceu a van que transportava o cenário com gasolina em vez de álcool.

- A van quebrou no fim de uma noite de sexta-feira, com a transmissão da campanha marcada para outra cidade na manhã seguinte. Como resultado, cada etapa do planejamento, prevista para acontecer diretamente após a van retirar o cenário, sofreu um atraso considerável.

- Consequentemente, a experiência de marca ao vivo foi um desastre e o cliente ficou completamente frustrado, além de perder dinheiro.

- Todos os *embaixadores da marca*, gerentes de evento, locais, fornecedores e a agência de marketing experiencial também sofreram, financeira e emocionalmente.

O motivo da contratação do motorista inexperiente foi que o motorista original já tinha compromisso em sua igreja naquele domingo. Ao ser agendado para a campanha, ele não estava ciente de que não conseguiria voltar a tempo para os compromissos. Essa confusão se deveu à falta de comunicação adequada entre Jane (responsável pela reserva de pessoal da agência) e o motorista.

Quando ele cancelou sem aviso prévio, Jane entrou em pânico porque não havia nenhum plano B ou de contingência. Isso deixou Jane desesperada, portanto, ela sacrificou a qualidade do motorista substituto para tentar reduzir o impacto do erro de comunicação original colocando outro motorista no lugar, o mais depressa possível.

A importância da análise de riscos

Às vezes, problemas como esse podem acontecer sem nenhum culpado ou falhas de comunicação. Moral da história: é responsabilidade do gerente de projetos conduzir cuidadosamente uma análise de riscos durante as etapas de planejamento da *Ação*, e então garantir que cada membro da equipe de ativação (como o booker de pessoal) tenha contingências apropriadas com antecedência. Sempre algo dará errado, e geralmente alguém o deixará na mão, mesmo se for por causa de uma emergência verdadeira, um problema climático ou fator legal. Nenhum cliente tem interesse no drama detalhado sobre o motorista da agência já ter compromissos com a igreja, ou que a avó de um líder de equipe morreu, ou que o cenário da experiência não era à prova d'água quando choveu, porque a imagem da marca – e de sua campanha – está potencialmente em risco. Portanto, a única maneira de garantir uma execução infalível e clientes satisfeitos é verificar com muita antecedência se todas as bases estão cobertas, e que haja contingências sem custo adicional.

Faça um **brainstorming** da análise de riscos com sua equipe de produção

Ao fazer uma análise de riscos por meio de um extenso *brainstorming* operacional entre os membros da equipe de ativação e, depois, preencher um formulário de análise de riscos, algumas coisas do tipo ainda podem acontecer, mas haverá uma solução eficaz, pronta e à espera. Além disso, muitos possíveis problemas podem ser previstos com pensamento cauteloso e muita experiência. Esse procedimento moldará a criação estratégica de muitos elementos da campanha, visando evitar que ocorram problemas desnecessários e riscos. Um formulário de análise de riscos considera a probabilidade e o impacto que um problema pode ter, mostrando, portanto, a pontuação de riscos. Os que tiverem mais pontos precisarão de prioridade, embora todos eles exijam um plano de contingência e uma pessoa responsável por essa contingência com quem se possa contar.

Análise de riscos para uma experiência de passarela interativa

O formulário de análise de riscos foi preenchido para uma experiência de marca ao vivo para uma marca de roupas de grife (Quadro 14.3). Com passarela interativa e modelos, a campanha foi alocada do lado de fora de 18 lojas e teve, como *objetivos experienciais*, dar vida à experiência de marca, estimular o fluxo de pessoas na loja e, assim, aumentar as vendas. Uma vez que cada elemento contingencial for alocado ao membro da equipe de ativação, suas responsabilidades terão de ser acrescentadas ao gráfico de Gantt da campanha e ao CPA.

Checklists

Checklists são uma excelente forma de gerenciar pequenas tarefas diárias. Um bom gerente de projetos deve garantir que cada membro da equipe esteja trabalhando com base em um checklist abrangente que contenha todas as tarefas alocadas para si no gráfico de Gantt. A cada dia, ou semana, o checklist deve ser entregue ao gerente de projetos para uma revisão, e as tarefas finalizadas devem ser "riscadas" ou ter sua cor mudada (para uma cor que represente uma tarefa concluída) no gráfico de Gantt. É aconselhável criar um modelo de checklist para cada membro da equipe, contendo tarefas recorrentes para a maioria das experiências de marca ao vivo, e então acrescentá-las e adaptá-las de acordo com a campanha.

Análise externa: fatores PESTEL

PESTEL é um acrônimo de:

Political (Político)
Economic (Econômico)
Social (Social)
Technological (Tecnológico)
Environmental (Ambiental)
Legal analysis (Legal)

Quadro 14.3 Exemplo: avaliação de riscos

Natureza do risco ou incerteza	Probabilidade (alta, média ou baixa)	Impacto (alto, médio ou baixo)	Probabilidade x Impacto (pontos)	Contingência prevista e pessoa responsável por cuidar do risco e do plano B
Chuva	3	3	9	Encomendar sombrinhas ou um toldo da marca (Sam)
Veículo quebrar	1	3	3	Fazer revisão total do veículo antes da campanha (Robert)
Equipe não comparecer	3	3	9	Garantir que haja reservas no local e substitutos de prontidão (Christina)
Equipe se atrasar	3	2	6	Agendar que a equipe esteja no local uma hora antes do início da campanha (Christina)
Pequeno fluxo de pessoas nas ruas do lado de fora das lojas	1	3	3	Pedir ao cliente dados do fluxo de pessoas em cada loja para garantir que haja um valor de referência (Matt)
Uniformes não servirem	2	3	6	Encomendar uniformes a mais de todos os tamanhos (Sam)
Faltar mercadorias	1	3	3	Garantir que haja 50% a mais de mercadorias do que a previsão calculada (Sam)
Cliente não gostar do cenário	1	3	3	Reservar tempo suficiente para o cliente ver o cenário e fazer sugestões antes que a campanha seja transmitida ao vivo (Matt)
Celular do gerente de eventos ficar sem bateria	3	2	6	Fornecer duas baterias extras ao gerente do evento (Christina)
Trânsito congestionado até o local do evento	3	2	6	Garantir que o gerente do evento e o motorista cheguem 1 ou 2 horas mais cedo para evitar o trânsito (Christina)
Gerentes de loja não saberem direito quando/se a campanha acontecerá	3	2	6	Pedir permissão ao cliente para contatar diretamente os gerentes da loja, a fim de fazer a ligação e garantir que estejam "por dentro" (Matt)

Sobre o modelo PESTEL: o PESTEL descreve uma estrutura de fatores macroambientais. Em geral, o acrônimo é usado para um propósito diferente, no planejamento de marketing, mas é extremamente adequado a esta fase do processo de planejamento. No fim da etapa *ação* do sistema de planejamento *SET MESSAGE*, é importante avaliar quaisquer problemas legais (como seguros), sociais (inclusive de saúde e segurança, empregos e responsabilidade pública), ambientais, econômicos e tecnológicos, e precauções para quaisquer fatores dos quais o cliente ou os *stakeholders* devam estar cientes (inclusive como essas questões são abordadas e cobertas). Esta análise externa deve constituir seu plano de contingência e ser formatada como um quadro "Possível problema PESTEL e solução" (Quadro 14.4). A análise externa é a última parte dos planos de projeto dentro da etapa *ação* no modelo *SET MESSAGE*.

◢ Comunicação e colaboração

Após os planos do projeto vem o plano de comunicação e colaboração. Uma das regras mais importantes da ativação bem-sucedida é não esquecer de planejar os métodos de comunicação e de análise de pontos entre a agência, o cliente e *stakeholders* na etapa *ação*. Nesta parte do *SET MESSAGE*, inclua um esboço claro de quando e onde ocorrerão as reuniões cliente/agência e como as informações serão transmitidas entre as partes relevantes, garantindo que tudo o que for acordado seja confirmado por escrito ou por e-mail para evitar que as pessoas esqueçam ou se confundam sobre o que elas, ou outros, concordaram ou não.

Parte de uma boa comunicação é a habilidade de compartilhar facilmente informações e documentos. Há muitos procedimentos que permitem isso, tanto dentro de uma equipe de ativação quanto entre ela e o cliente. Há muitos *apps* de compartilhamento de arquivos à disposição, como o Google ou aplicativos de compartilhamento de arquivos baseados na web, da Microsoft.

Quadro 14.4 Problema PESTEL e solução

Possível problema PESTEL	Solução
Problema ambiental: resíduos ambientais indesejados	Organizar uma "coleta de lixo" no fim de cada dia
Problema social: poluição sonora e perturbação da vizinhança	Peça permissão aos vizinhos antes de perturbá-los com a música do evento na região
Problema legal: crianças pequenas se machucarem	Garanta que o cenário seja adequadamente projetado para crianças pequenas e feito de materiais macios, sem quinas ou pontas duras. Também tenha no local um enfermeiro e um segurança

Google Docs e OneDrive. Como alternativa, um networking remoto também pode ser uma boa abordagem. Em vez de ficar enviando por e-mail planilhas ou arquivos revisados e correr o risco de que alguém ainda esteja trabalhando na versão errada, trabalhe em um único arquivo compartilhado online.

Se você puder criar um sistema que possibilite comunicação contínua e acesso fácil a versões atualizadas de planos e documentos, as chances de problemas de comunicação acontecerem serão minimizadas.

◢ Fornecedores e terceiros

Fornecedores são parte fundamental do sucesso de uma campanha. Mesmo que você seja um cliente que terceiriza para uma agência especializada em marketing experiencial, provavelmente nem todas as partes da campanha serão gerenciadas ou produzidas pela agência interna. Mesmo as agências de marketing experiencial totalmente integradas ainda vão terceirizar uma coisa ou outra, por exemplo, locais, aluguel de espaço, decoração, uniformes e materiais impressos.

É bom se certificar de que você pode confiar nos fornecedores envolvidos em sua experiência de marca ao vivo, e vale a pena checar suas referências e garantir que a agência que os indicou envolva o cliente no processo. Da perspectiva da agência, planejar os elementos terceirizados da campanha contém oito passos-chave para o processo de planejamento. Eles devem ser abordados nesta parte do planejamento:

Oito passos-chave aos buscar fornecedores

1. Identifique os diferentes tipos de fornecedores de que precisará e as suas necessidades específicas.

2. Considere se quer terceirizar para uma empresa que gerenciará coisas grandes ou pequenas (por exemplo, contratar uma empresa para o caminhão e outra para colocar a marca nele).

3. Identifique dois ou três fornecedores existentes a quem você poderia indicar cada elemento terceirizado e pontue antecipadamente prós e contras, com base em experiências passadas, de terceirizar para eles.

4. Envie orientações bem detalhadas (com referências visuais e marcações claras) que especifiquem a exigência precisa, o orçamento e o prazo final de produção, bem como o formato e o prazo preferenciais para propostas e ofertas.

5. Avalie com cuidado as propostas e ofertas de cada fornecedor, verificando referências e considerando prós e contras previstos, e também pontuando os prós e contras de cada proposta.

6. Nomeie um fornecedor principal para cada elemento e um segundo fornecedor como plano B para cada item, se o deixarem na mão ou você ficar insatisfeito com o resultado e precisar trocar de profissional.

7. Separe tempo suficiente para atrasos inesperados, para trocar de fornecedores se necessário ou para solicitar mudanças para qualquer coisa insatisfatória.

8. Certifique-se de ter cópias escritas de todos os acordos, e que a agenda de pagamentos com o fornecedor se encaixe na agenda de pagamentos acordados com o cliente.

◢ Cronograma de aprovações

Nesta fase do planejamento, deve haver um cronograma claro de aprovações que informe claramente as datas e prazos finais de aprovações que o cliente precisa fazer. É importante para qualquer marca que o cliente tenha a chance de aprovar qualquer coisa que será impressa com a logomarca, qualquer cenário experiencial ou produção de conteúdo ou individual que represente a marca. Para evitar atrasos no processo de aprovações, os clientes devem solicitar à sua agência de criação quaisquer componentes artísticos nos formatos e resoluções corretas com bastante antecedência e no início do processo de planejamento.

A agência precisa deixar muito claro o período em que enviará provas ou amostras, ou em que o cliente pode visitar e visualizar o cenário para aprová-lo pessoalmente. Assim, o cliente pode informar a quaisquer *stakeholders* ou tomadores de decisão que eles precisarão estar disponíveis para aprovação em determinados dias. Da mesma forma, a agência não ficará preocupada com que o cronograma seja desrespeitado pelo fato de o cliente não aprovar as coisas ou não fornecer os componentes relevantes para a arte. O tempo também deve ser levado em conta para o cliente não aprovar algo e querer mudanças. Algumas coisas que precisarão da aprovação do cliente estão listadas no box a seguir.

Exemplo de elementos a incluir para aprovação do cliente:

- veículos da marca;
- mercadorias ou brindes da marca;
- uniformes da marca;
- design do cenário, decoração e elementos multissensoriais (aromas, iluminação, música, materiais, refrescos ou comida etc);
- a equipe da experiência (embaixadores da marca, equipe especializada, líderes de equipe, gerentes de evento);
- o aluguel do espaço ou o local que compreende as locações selecionadas;

- prêmios da competição, aspectos legais e termos e condições;

- conteúdo de mídias sociais, microsites, apps e outros elementos digitais;

- quaisquer anúncios, comunicados à imprensa ou elementos de amplificação;

- roteiros e orientações dados aos embaixadores da marca e à equipe da experiência de marca ao vivo;

- treinamento (a abordagem, o local, o manual de treinamento, a apresentação do treinamento presencial e a agenda de treinamento);

- qualquer outra coisa que contenha a logo da marca do cliente ou imagens.

No cronograma de aprovações, também se deve considerar que algumas impressões podem ficar em um formato muito maior do que aquele com que o cliente está habituado e, logo, a agência de criação do cliente ou a equipe de design podem precisar de tempo extra para reformatar ou recriar ativos para expansão. Por exemplo, um logo gigante que necessite ser impresso em vinil para encapar um trailer de 12 metros não é uma coisa que necessariamente estará à mão ou guardado "em arquivo". Além disso, às vezes haverá elementos que precisarão de aprovação externa ou de terceiros, como quaisquer logos de parceiros ou aplicativos de aluguel de espaços. Essas aprovações de terceiros também devem ser levadas em consideração no cronograma, prevendo, como sempre, as contingências.

É essencial incluir observações nesse cronograma de aprovações que descrevam com clareza quaisquer alertas, destacando possíveis implicações negativas de quaisquer atrasos. Esse agendamento de aprovações também pode ser formatado como CPA. ∎

RESUMO

Resumindo, a parte *ação* do sistema de planejamento *SET MESSAGE* é de suma importância, porque não há motivo para gerar a *estratégia experiencial* mais criativa e revolucionária, ou para reservar os lugares mais desejados com maior fluxo de pessoas, ou elaborar o melhor plano de conteúdo e amplificação para a experiência de marca ao vivo se a execução será cheia de falhas (muitas vezes, com efeitos dominó devastadores).

A afirmação 'Se você falha em planejar, você planeja falhar' é bem apropriada a esta fase, e algo que ninguém optaria por aprender do jeito difícil (embora muita gente aprenda, frequentemente!).

Se a parte *ação* de seu planejamento *SET MESSAGE* contém os componentes resumidos abaixo, você abarcou todas as bases.

Componentes do plano de *Ação*

- Receita (jornada do cliente).
- Orçamentos.
- Planejamento do projeto (EAP, gráfico de Gantt, análise do caminho crítico, cronogramas, análise de riscos, checklists e análise externa).
- Planos de comunicação e colaboração.
- Planos de fornecedores e terceiros.
- Cronograma de aprovações.

Seu planejamento *SET MESSAGE* está quase pronto para ser ativado, faltando apenas as etapas *Monitorando a eficácia* e *Avaliação*.

Notas

[1] PROJECT MANAGEMENT INSTITUTE. *A Guide to the Project Management Body of Knowledge*. Newtown Square, PA: PMBOK Guides, Project Management Institute, 2004.

Capítulo 15

Monitoramento da eficácia
Elaborando uma abordagem real de teste e aprendizado para ambientes de marketing experiencial

Como vimos, há muitos acontecimentos imprevisíveis e variáveis que podem contribuir com o sucesso ou o fracasso de uma experiência de marca ao vivo. Se você planeja uma campanha publicitária para a TV, depois que ela foi criada, aprovada e agendada, não há muito que possa impedir que vá ao ar como planejada. Ela é pré-gravada, controlável e confiável. Por outro lado, uma experiência de marca ao vivo tem que lidar com o livre arbítrio (ao lado de todos os riscos e fatores externos anteriormente discutidos) das pessoas. Métodos que lhe permitem monitorar a eficácia do elemento da experiência de marca ao vivo da campanha de marketing experiencial durante seu progresso são de extrema importância, capacitando-o a acompanhar os resultados da experiência e reagir de acordo.

O AMBIENTE IMPREVISÍVEL E DINÂMICO DO MUNDO REAL

Embora um cuidadoso planejamento de *Ação* (conforme descrito no Capítulo 14) possa contribuir imensamente com o sucesso da ativação de seu plano, sempre haverá alguma dinâmica completamente imprevisível. Às vezes, essa dinâmica é positiva, às vezes, negativa. *Monitorar a eficácia* é saber a diferença e reagir da maneira adequada. Isso é obtido revisando-se os resultados dos *Sistemas e mecanismos de mensuração* e garantindo que haja opções flexíveis.

Experiências de marca ao vivo, sobretudo quando implementadas presencialmente IRL, podem exigir certa quantidade de improviso. Porque as coisas podem dar errado e muitas são imprevisíveis, e

343

oportunidades positivas também podem ser criadas durante o processo, é prudente estar mental e emocionalmente preparado para mitigar ou aproveitar essas eventualidades. Se você é uma agência, é sua tarefa garantir que o cliente também esteja preparado para o imprevisível.

É verdade que, quanto mais cuidadoso for seu plano de *Ação*, mais você estará no controle. Porém, como muitos fatores entram em jogo e se relacionam entre si em uma infinidade de combinações, haverá coisas fora de seu controle quando você estiver planejando sua *Ação* e que serão descobertas somente durante a experiência de marca ao vivo.

MONITORANDO RESULTADOS EM TEMPO REAL
PARA POSSIBILITAR UMA ABORDAGEM FLEXÍVEL

A etapa de *monitoramento da eficácia* garantirá que você não somente planeje métodos que lhe permitam reagir depressa à realidade fluida de sua experiência de marca ao vivo, mas que tenha uma forma de monitorar a transmissão da campanha usando esses métodos. Eles incluem relatórios em tempo real dos resultados alcançados pela equipe de experiência ao vivo (*embaixadores da marca*, líderes da equipe e gerentes do evento) para a agência de marketing experiencial, e relatórios online em tempo real da agência de marketing experiencial para o cliente.

ABORDAGEM DE TESTE E APRENDIZADO PARA
AUMENTAR, DIMINUIR OU "LANÇAR"

Flexibilidade e opções são importantes, permitindo-lhe fazer adaptações de acordo com as descobertas, como garantir expansibilidade. Os *Sistemas e mecanismos de mensuração* que você inseriu no plano já garantirão que as pessoas presentes na experiência de marca ao vivo estão retornando todos os dados relevantes.

Durante a etapa final do sistema de planejamento *SET MESSAGE*, "a fase da *Avaliação*", você estará calculando os resultados desses *Sistemas e mecanismos de mensuração*. Quando você está *monitorando a eficácia* durante o progresso da experiência de marca ao vivo, precisa comparar os dados retornados com as estimativas no segmento *avaliação* de seu plano.

Assim, se algo sai melhor que a encomenda, os insights e o aprendizado que podem ser obtidos estarão instantaneamente disponíveis para lhe permitir aumentar e alavancar os resultados positivos durante o restante da campanha ou planejar, para o futuro, implementações globais em larga escala após o sucesso dos mercados de teste. Da mesma forma, se alguma coisa não está saindo tão bem quanto o esperado, ou se surgem circunstâncias imprevisíveis, mudanças instantâneas podem ser feitas e o prejuízo, minimizado. Por isso, sempre é recomendável começar aos poucos, com uma abordagem "de teste e aprendizado" que vai lhe permitir considerar os resultados e planejar como você vai reagir a vários resultados possíveis na etapa de *monitoramento da eficácia*.

Nick Adams, diretor-executivo da Sense, disse ao Event no Brand Experience Report (Relatório da Experiência de Marca) de 2016:

> Algumas marcas que talvez não tenham pensado antes em campanhas globalmente integradas podem muito bem fazer isso agora. O mundo está diminuindo, e técnicas em mídias sociais e de amplificação estão tornando um alcance mundial mais possível.[1]

Os avanços tecnológicos e a ascensão de plataformas de ativação experiencial mundial tornam a *mensuração da eficácia* mais crucial do que nunca, e pensar no futuro pode significar planejar de dois a três anos a partir do início de uma ativação – desde o começo – para garantir que as alavancas certas estejam no lugar – para aumentá-la quando funcionar, ou puxar os freios a tempo.

◢ Lançamentos globais estão em ascensão

Ideias globais estão se tornando cada vez mais comuns no universo do marketing experiencial, e, como o conteúdo é acessível internacionalmente, muitas vezes faz sentido ater-se a princípios de ativação globais e, então, adaptar conforme personalizações e insights locais. Com frequência algumas das melhores ideias apropriadas para lançamento mundial provêm de mercados locais. Ao criar um plano consistente para *monitorar a eficácia*, dados de testes podem ser elaborados para construir um caso de negócios que faz com que uma ideia possa atravessar fronteiras e até continentes.

ESTUDO DE CASO

Coca-Cola – garrafas personalizadas se globalizam

A Coca-Cola está longe de ser a primeira a desenvolver a ideia de embalagens personalizadas, e ainda assim sua campanha *Share a Coke* (Compartilhe uma Coca-Cola) é uma das "garotas-propaganda" de campanhas famosas de personalização, junto com a Starbucks, que ficou conhecida por começar a escrever nomes nas xícaras de café, e a Nutella, que atingiu o status de presente *cult* após disponibilizar frascos com nomes para venda.

A Coca-Cola fez isso identificando inicialmente o sucesso local na Austrália, e depois por uma demonstração implacável de eficiência organizacional para acelerar seu lançamento em mais de 70 países pelo mundo. Isso não teria sido possível se ela não tivesse construído um método robusto de monitorar a eficácia que permitiu correlacionar imediatamente altas vendas e adaptação rápida para o que, no fim, tornou-se uma das campanhas personalizadas de maior escala já lançadas no mundo todo.

Em um relatório sobre marketing de alimentos e bebidas, Andy Nairn, da Lucky Generals, cita um trecho da comunicação da marca Olivio para o IPA Effectiveness Award. Ela nos lembra de "focarmos não as realidades que dividem, mas as fantasias que unem... o segredo não é, necessariamente, pensar globalmente, mas pensar grande. Os clientes não sabem se um anúncio é global – apenas se ele é excelente".

No Brand Experience Report da Event, Phil Carter, diretor da Iris Culture, afirmou:

> O impulso para isso foi motivado pelo desejo de consistência e qualidade na execução do trabalho em todos os setores. Os clientes estão cada vez mais cientes das vantagens adquiridas com os planos de ativação entregues em sincronia, em oposição aos mercados locais que tentam projetos em larga escala individualmente.[2]

SISTEMAS E MECANISMOS DE MENSURAÇÃO E COMO ELES POSSIBILITAM O *MONITORAMENTO DA EFICÁCIA*

Para que um *Sistema e mecanismo de mensuração* tenha alguma utilidade, deve haver uma maneira de defini-lo e quantificá-lo com precisão. Após preencher a tabela de pontuação da *avaliação*, que será abordada na etapa de *Avaliação* do sistema de planejamento *SET MESSAGE*, serão associadas estimativas quantificáveis a cada um dos *Sistemas e mecanismos de mensuração* já incorporados em seu plano (cada um correspondendo a um *objetivo experiencial*, conforme discutido anteriormente em outros capítulos). As estimativas quantificáveis funcionarão como alvos e permitirão continuamente *monitorar a eficácia* da experiência de marca ao vivo durante seu progresso.

Marca de sabão em pó

Uma experiência de marca ao vivo de um sabão em pó apresentada em shoppings pela Europa tinha um mecanismo para mensurar o boca a boca com base no número de interações. A quantidade estimada era de 2000 interações de participantes por dia, por local. Esse cálculo era feito dividindo-se o número total de interações (conforme registrado no quadro de pontuações durante a conclusão da etapa de *avaliação*) pelo número de locais e dias. Nesse caso, a estimativa de 2000 interações de participantes por local, por dia, tornou-se um alvo. Os gerentes de eventos em todos os locais preencheriam uma pesquisa digital a cada conjunto de horas, todos os dias, e haveria um feed em tempo real do número de interações, já que cada participante tinha de se inscrever na experiência antes de participar. Quando a quantidade de interações era muito mais alta ou mais baixa que o esperado, a agência e o cliente saberiam imediatamente, descobririam o porquê de uma variação tão gritante e conseguiriam reagir de forma rápida e adequada.

Conforme discutido anteriormente, os *sistemas e mecanismos de mensuração* se relacionam aos *objetivos experienciais*, que, no caso da marca de sabão em pó, incluíam "incentivar o boca a boca". Em alguns exemplos, como este, dois sistemas do projeto estão conectados um ao outro.

Por exemplo:

1. o sistema para medir o alcance boca a boca (multiplicar o número de interações diretas por uma quantia estimada de pessoas que

ouviriam falar delas por cada participante, e então acrescentando o número inicial de interações) interliga-se ao sistema para mensurar a participação na experiência de marca ao vivo (contando o número de interações). Consulte no Capítulo 16 a fórmula para calcular o alcance do boca a boca.

2 Portanto, como o alcance boca a boca não pode ser calculado ou mensurado sem a quantidade de interações, não seria vantajoso configurar o *objetivo experiencial* de incentivar o boca a boca sem continuar planejando como você faria para *avaliar a eficácia* da experiência de marca ao vivo nesse aspecto.

◢ Planejando e antecipando resultados para definir com antecedência o sucesso e o fracasso

É crucial decidir com antecedência como os dados coletados dos *sistemas e mecanismos de mensuração* serão comunicados rapidamente e definir qual porcentagem de variações positivas e negativas é considerada ruim, aceitável ou excepcional. É muito importante definir quão acima ou abaixo da estimativa você deve estar antes de adaptar, aumentar/diminuir ou lançar a experiência de marca ao vivo.

O quadro de pontuação experiencial (a ser detalhado no Capítulo 16) fornecerá a estimativa de toda a campanha, e você precisará dividir essa estimativa pelo número de locais e dias obter as estimativas unitárias (que funcionam como metas). Depois, durante a campanha de fato, você terá de saber como os resultados reais se comparam com essas metas. Esse procedimento é especialmente útil ao planejar lançamentos globais e garantir que cada mercado tenha acesso às respectivas *benchmarks* (melhores referências) históricas, permitindo que tirem vantagem de aprendizados anteriores.

Possibilitando a análise comparativa

Para poder monitorar essas metas de forma qualitativa, quantitativa ou ambas, elas já devem ter sido especificadas na etapa *sistemas e mecanismos de mensuração* do seu plano *SET MESSAGE*.

Além disso, é importante que tanto a agência de marketing experiencial como o cliente concordem com essas definições de variações aceitáveis ou inaceitáveis durante todas as experiências de marca ao vivo em andamento. Essas variações podem ser usadas para várias comparações, de mês a mês ou ano a ano, a fim de permitirem *benchmarking* e comparações realistas (entre campanhas, fases de projetos, regiões ou mercados). Da mesma forma, se um cliente está trocando de agência de marketing experiencial, deve-se garantir que a nova agência aplique muitos dos mesmos *sistemas e mecanismos de mensuração* aos planos que a outra agência, facilitando a etapa de *monitoramento da eficácia* durante uma campanha e permitindo um entendimento claro do que é um resultado positivo e negativo. Se os resultados reais de vários *sistemas e mecanismos de mensuração* em um dia ou local específico de uma campanha são ruins, a agência deve rapidamente tentar analisar o porquê e, se relevante, propor mudanças adequadas ao cliente. Uma abordagem ágil e veloz, que muda e se adapta depressa é essencial para o resultado positivo de um programa de experiência de marca ao vivo. Muitas vezes, a tecnologia e sistemas de relatórios podem ajudar a acelerar esse processo.

◢ Relatórios em tempo real e painéis online

A velocidade é crucial para *monitorar a eficácia*. Ao monitorar os resultados de sua experiência de marca ao vivo em tempo real, você pode ter como meta contínua aprimorar e adaptá-la aprendendo com as variações entre os resultados reais dos *sistemas e mecanismos de mensuração* (como feedback do cliente e dados coletados) e os resultados estimados. Você também pode aprender com o feedback do gerente do evento. Os *embaixadores da marca* e os líderes da equipe devem dar feedback aos gerentes do evento, que precisam se comunicar de forma regular e sistemática com a agência de marketing experiencial.

Há algumas maneiras pelas quais a tecnologia pode permitir que esse processo aconteça de forma eficaz e confiável:

- Os gerentes do evento reportam o feedback e os dados em formulários de pesquisa em seus smartphones, tablets ou *app* de relatório, e transmitem instantaneamente dos aparelhos para a página de acesso ou painel online do cliente, que deve ser hospedado online em algum lugar seguro, como o site da agência de marketing experiencial.

- Se a sua experiência contém tecnologia interativa, como sensores de movimento, eles podem detectar volumes de participação em partes diferentes de sua experiência e transmitir automaticamente esses dados ao seu painel de relatórios, para análise.

É importante que a equipe interna da agência, o cliente e os *stakeholders* consigam visualizar facilmente os resultados dos *sistemas e mecanismos de mensuração* ao longo do progresso da experiência de marca ao vivo. É por isso que é importante que a agência de marketing experiencial elabore painéis personalizados de relatórios online para o cliente, e os adapte conforme as necessidades de relatório de cada campanha em particular. Isso permitirá ao pessoal interno da agência e ao cliente que entrem remotamente no painel, *monitorando a eficácia* da campanha durante seu progresso, e reagindo e adaptando conforme necessário.

Painéis e portais de relatórios

Há muitos tipos de painéis de relatórios, mas todos devem permitir aos usuários que entrem com uma única senha e visualizem os resultados. Eles podem incluir dados de amostragem, figuras interativas, feedback do cliente, dados demográficos dos participantes, e todos os resultados qualitativos e quantitativos dos *sistemas e mecanismos de mensuração*.

A agência de marketing experiencial deve ter facilidade para adaptar sua metodologia de relatórios para cada projeto e garantir que as equipes dos eventos sejam treinadas para subir os resultados em tempo real, para que o cliente esteja sempre atualizado. Assim como resultados em tempo real, a agência de marketing experiencial deve conseguir carregar evidências visuais (como fotos e videoclipes) na mesma página de acesso do cliente onde o painel de relatórios está hospedado, durante as 48 horas de uma campanha ao vivo.

◢ Flexibilidade e soluções de gestão de mudanças

Pode haver áreas que necessitem de adaptação rápida, ampliação, redução, correção ou adaptação, a depender das variações entre os resultados *reais* (descobertos por meio do relatório em tempo real) e os resultados *estimados* (calculados com base nas estimativas da *avaliação* mais ampla no quadro de metas experiencial). Se a agência de marketing experiencial nota uma variação que seja um problema ou uma oportunidade, e quer propor uma mudança ao cliente, deve haver um procedimento planejado e acordado para proceder assim, com o escopo do trabalho sendo revisado e faturado de acordo.

A esta altura do planejamento, é importante incluir procedimentos de aprovação das mudanças durante o progresso de uma experiência de marca ao vivo. O método recomendado para fazer isso é criar formulários como os mostrados neste capítulo e garantir que todos os membros relevantes da equipe de tomada de decisões do cliente estejam cientes da possibilidade de um pedido de modificação durante a campanha (veja o Quadro 15.1).

Quadro 15.1 Exemplo: formulário de solicitação de mudanças

FORMULÁRIO DE SOLICITAÇÃO DE MUDANÇAS		
NOME DA EXPERIÊNCIA DE MARCA AO VIVO:		
NOME DO GERENTE DO PROJETO:		
LOCAL DA EXPERIÊNCIA DE MARCA AO VIVO:		
Nome e telefone da agência de origem:	Data da solicitação:	Solicitação de mudança nº.: alocada pelo responsável pelo controle da mudança
Itens a serem mudados:		Referência(s):
Descrição da mudança (motivos para a mudança, benefícios, data solicitada):		
Custo estimado e tempo de implementação (orçamento em anexo? Sim/Não):		
Esse custo será adicional ou faz parte de contingências existentes?		
Prioridade/restrições (impacto sobre outras entregas, implicações do não prosseguimento, riscos)		

O formulário de solicitação de mudanças pode ser carregado na página de acesso online do cliente ou enviado por e-mail, desde que mandado de uma forma que facilite a tomada rápida de decisões e uma reação ágil. As chances do sucesso de uma experiência de marca ao vivo podem se relacionar diretamente à velocidade com que os resultados e quaisquer solicitações de mudança correspondentes são compartilhados (pela agência) e a velocidade com que os destinatários podem reagir (o cliente).

Quadro 15.2 Exemplo: formulário de análise da mudança

AVALIAÇÃO DA MUDANÇA			
O que é afetado:	Trabalho necessário (recursos, custos, datas):		
Solicitações de mudanças relacionadas:			
Nome do avaliador:	Data avaliada:	Assinatura:	
APROVAÇÃO DA MUDANÇA PELO CLIENTE			
Aceita/Rejeitada/Deferida	Nome:	Assinatura:	Data:
Comentários:			

Depois que um formulário de solicitação de mudança for aprovado, haverá a necessidade de registrar essa mudança e todas as outras mudanças solicitadas e aprovadas.

Essas mudanças podem ser facilmente registradas em um formulário, como um registro de controle de alterações, que será útil ao conduzir a *avaliação* final da campanha. ■

RESUMO

O ambiente constantemente mutável do mundo real e a força do livre arbítrio individual estão fadados a criar circunstâncias inesperadas. Imagine se, durante uma experiência de marca ao vivo que estivesse sendo executada presencialmente no mundo real, um grupo de políticos radicais decidisse fazer um protesto com piquetes no mesmo local. Será que o cliente ficaria feliz por sua marca ser afiliada com essa causa e polarizada? Será que os *embaixadores da marca* da experiência e os participantes estariam seguros em um ambiente tão instável? As respostas são "provavelmente não". Embora o cliente talvez não queira modificar a campanha, ele não ficaria contente se não fosse informado sobre o que estava acontecendo e não tivesse a chance de participar da decisão sobre a solução. Se a solução proposta fosse mudar de lugar, certamente ele gostaria de se envolver na decisão.

Quadro 15.3 Registro de controle de mudanças

REGISTRO DE CONTROLE DE MUDANÇAS					
Experiência de marca ao vivo:		**Data (início/fim)**			
Gerente do projeto:		**Cliente:**			
Mudança nº	**Descrição da mudança**	**Data Recebida**	**Data Avaliada**	**Data Aprovada**	**Data Finalizada**

MONITORAMENTO DA EFICÁCIA 353

Quadro 15.4 Registro de controle das mudanças

Experiência de marca ao vivo:		Data (início/fim):		
Gerente do projeto:		Cliente:		
Mudança nº	Descrição da Mudança	Motivo	Impacto	Comentários

◢ Gerenciando expectativas e planejando o sucesso

Se um cliente esperava que seu canal de experiência ao vivo – cujo *objetivo experiencial* era o aumento das vendas – resultasse em um grande aumento de vendas nas lojas onde a experiência foi alocada, e algumas dessas lojas ficassem sem estoque durante a primeira hora da experiência, o cliente iria gostar de saber do problema e decidir a solução apropriada. Dependendo das circunstâncias, ele poderia querer ter um mecanismo para incentivar o e-commerce, tentar transportar de outras lojas o estoque para as lojas afetadas, realocar a experiência em uma loja que tivesse estoque suficiente ou transferir a experiência para outro dia.

Independentemente da solução preferida, o cliente não teria ficado contente se sua agência de marketing experiencial não o tivesse informado sobre o problema até ser tarde demais para tomar uma atitude, e se um planejamento extra pudesse ter evitado essa perda em vendas potenciais. Se a agência de marketing experiencial não tiver relatórios em tempo real, não é provável que o cliente seja informado a tempo.

◢ Circunstâncias imprevisíveis exigem consideração futura

Há muitos exemplos de circunstâncias imprevisíveis que, quando abordados depressa, podem ser tratadas de uma forma que otimiza os resultados da experiência de marca ao vivo e garante que os *objetivos experienciais* sejam atingidos ao máximo. Ao inserir os *sistemas e mecanismos de mensuração* no planejamento, preencher o quadro de pontuação experiencial na etapa de *avaliação* e *monitorar a eficácia* da campanha comparando-se os resultados reais com as metas estabelecidas e usando uma combinação de recursos de relatórios em tempo real e soluções de gerenciamento de mudanças para adaptar e reagir, é possível atingir excelentes resultados.

A parte de *monitorar a eficácia* do plano *SET MESSAGE* permitirá que você crie um processo equilibrado e claro para otimizar a parte da experiência de marca ao vivo de sua campanha de marketing experiencial para agilidade e resultados melhores. Esta etapa ajuda você a planejar como adotará uma abordagem de implementação do tipo "teste e aprenda" que possa funcionar local ou globalmente, e em programas semelhantes de pequena ou grande escala!

Notas

[1] EVENT MAGAZINE. Brand Experience Report 2016. *Event Magazine*, 2016.

[2] EVENT MAGAZINE, 2016.

Capítulo 16
Avaliação
Interpretando e monitorando resultados palpáveis do marketing experiencial

A etapa de *Avaliação*, que começa durante o processo de planejamento *SET MESSAGE* e termina após a implementação da campanha de marketing experiencial, é sem dúvida uma das mais importantes do ciclo da campanha: planejamento, ativação e *avaliação*.

Mesmo que sua estratégia seja fabulosa e sua ativação, impecável, se você não avalia efetivamente os resultados da campanha não há nenhuma indicação tangível de que a campanha será de fato bem-sucedida. É muito importante continuar se orientando pelos resultados ao planejar, ativar e avaliar campanhas de marketing experiencial. É verdade que há muitas vantagens "superficiais" no marketing experiencial, porém, conforme abordado anteriormente, também há muitos benefícios tangíveis e quantitativos a ganhar. Ao usar a mesma abordagem de métrica e *avaliação* em todas as suas campanhas de marketing experiencial, você permitirá *benchmarking* e análises comparativas, bem como mensuração do LROI, não somente para comparar uma campanha de marketing experiencial com outra, mas também para comparar uma campanha de marketing experiencial com campanhas de comunicação de marketing sem uma abordagem experiencial.

UMA ABORDAGEM INTEGRADA É O CAMINHO A SEGUIR

Conforme anteriormente discutido, experiências de marca ao vivo devem estar no cerne de campanhas de marketing experiencial. O mito infundado de que elas não podem ser avaliadas adequadamente surgiu por vários motivos, incluindo o fato de que especialistas em marketing não experiencial são uma opção comum para clientes que querem planejar e ativar experiências de marca ao vivo de grande visibilidade.

Algumas dessas campanhas foram gerenciadas por agências *full-service* para clientes de peso sem pensar em como avaliá-las até que acabassem.

SEJA EXPERIENCIAL

Basicamente, o marketing experiencial pode incluir qualquer canal de marketing se aplicado de uma forma "experiencial" e se tem como cerne a experiência de marca ao vivo e os outros canais selecionados são elaborados para amplificar a experiência de marca ao vivo, como a mensagem ou o conteúdo. Os canais tradicionais ainda podem ser mensurados e avaliados usando-se as métricas comuns aceitas pela indústria, enquanto o canal de experiência de marca ao vivo se sai especialmente bem para uma *avaliação* fácil e abrangente, devido à *interação bidirecional* com os consumidores.

A interface humana, o engajamento direto e o relacionamento construídos com os participantes que caracterizam as experiências de marca ao vivo são motivos por elas serem, de fato, muitas vezes mais fáceis de mensurar que muitos outros canais. No entanto, é verdade que não existe um único método consistente usado por todas as agências de marketing experiencial para mensurar e avaliar experiências de marca ao vivo. Consequentemente, fica mais difícil comparar os resultados de uma experiência de marca ao vivo implementada por uma única agência com os resultados de uma experiência de marca ao vivo similar implementada por uma agência diferente.

CONSISTÊNCIA AO LONGO DO TEMPO

Deve-se reconhecer que a falta de uma *avaliação* amplamente aceita contribui para dificultar a comparação e o benchmarking dos resultados de uma experiência de marca ao vivo. Conforme esse tipo de experiência se torna uma parte mais consistente do cenário do marketing, metodologias de *avaliação* vão se tornando cada vez mais sofisticadas e responsivas. Com o tempo, haverá mais consistência nessas métricas. Esse sistema de planejamento *SET MESSAGE* visa unificar as maneiras com que profissionais de marketing experientes avaliam as próprias campanhas de marketing experiencial, com forte ênfase em como avaliar experiências de marca ao vivo. Este capítulo abrange duas fases diferentes: 1) como finalizar a parte da *avaliação* de seu planejamento *SET MESSAGE*, em que você planejará e resumirá as formas de avaliação *durante* a campanha (a etapa de *monitoramento da eficácia*); 2) a fase de *avaliação* propriamente dita, que é como você avaliará a campanha de marketing experiencial quando ela acabar ou em intervalos acordados em uma programação contínuo.

Objetivos de aprendizagem nesta etapa do processo de planejamento:

- Espera-se, com a leitura dos capítulos anteriores, que você já tenha inserido os *sistemas e mecanismos de mensuração* em seu plano, e já saiba como lidará com o *monitoramento da eficácia* durante o progresso da campanha.

- Logo, quando chegar a hora de avaliar a campanha pós-ativação, você terá adquirido muitos dados qualitativos e quantitativos para serem formatados e analisados.

- Se a campanha de marketing experiencial estiver em andamento, talvez você deseje separá-la por partes e completar a etapa de *avaliação* no fim de cada parte (por exemplo, por trimestre).

- Após o término da campanha, os resultados dos canais de amplificação (como mídias sociais, RP e mídias de transmissão) devem ser diretos, já que esses canais têm métricas comuns e análises integradas.

- Os resultados do canal da experiência de marca ao vivo que foram coletados em tempo real quando você estava na etapa de *monitoramento da eficácia* da atividade devem ser combinados em um relatório que inclui os resultados dos canais de amplificação.

- Os dois conjuntos de dados constituem o corpo de informações e conhecimentos que você terá de seccionar para avaliar a campanha de marketing experiencial como um todo.

- Seus *sistemas e mecanismos de mensuração* devem ser incorporados à experiência de marca ao vivo.

- A etapa de *monitoramento da eficácia* deve ter sido finalizada durante o processo da campanha.

- Mesmo que a agência de marketing experiencial e a equipe de experiência de marca ao vivo tenha assumido tudo isso, talvez você queira uma agência externa de pesquisa de mercado para finalizar uma auditoria formal independente.

- A combinação de resultados deve formar a base das informações e dados com que você (ou sua agência de marketing experiencial) trabalhará ao avaliar a campanha.

EXPERIÊNCIAS E EVENTOS DE MARCA AUMENTAM O ROI E O LROI?

Um estudo abrangente de dados de clientes feito por empresas de grande porte (70% delas com receita total acima de US$ 500 milhões) em TI, serviços médicos e farmacêuticos, financeiros, automotivos, entretenimento, mídia e produtos para clientes foi conduzido pela *Chief Marketer*. Eles descobriram que pouco mais da metade dos consumidores (54%) comprariam um produto ou serviço promovido durante um evento, e as mulheres eram significativamente mais propensas a gastar (63%) que os homens (45%). E, entre aqueles que não comprariam, 57% acabariam adquirindo o produto ou serviço em uma data posterior.

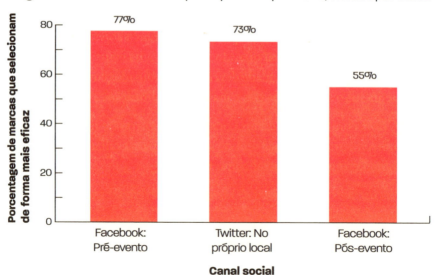

Figura 16.1 Canal social mais eficaz para impacto viral pré-evento, no local e pós-evento

Fonte: Freeman XP e The Event Marketing Institute (2015) [Online] http://freemanxp.com/insights/insights-papers/the-viral-impact-of-events-best-practices-to-amplify-event-content/

O estudo também era a favor de conectar eventos ao LROI, ou ROI de longo prazo – já que 84% dos consumidores que compraram o produto ou o serviço, ou no evento ou posteriormente, repetiriam a compra. De fato, 74% tornam-se clientes regulares. Homens eram mais propensos a se intitular clientes regulares: 88%, contra 67% das mulheres.

Enquanto mulheres pareciam contribuir mais com o ROI em curto prazo, homens poderiam ser considerados mais importantes para o retorno no longo prazo. Brindes eram muito mais importantes para as mulheres entrevistadas: impressionantes 92% os citaram como fator motivador, em comparação com 73% dos homens. Descontos ou ofertas especiais também eram importantes, com 52% de todos os entrevistados – 56% das mulheres contra 48% dos homens – citando-os como uma razão para participar.[1]

ESTUDO DE CASO

O Shinebright Studio da Glacéau Vitaminwater

A Glacéau Vitaminwater quis comunicar sua *Mensagem – Comunicação-chave* de que ela "ajuda pessoas criativas a brilhar". A Sense, agência especialista em marketing experiencial, criou o *pop-up* Shinebright Studio, que ocupou um espaço na galeria de Londres com oficinas criativas para criadores e influenciadores que ajudariam a marca a se conectar com *millennials* e formadores de opinião inovadores. A Vitaminwater precisava atrair a atenção da comunidade com autenticidade e credibilidade.

A Sense alcançou grande escala (uma combinação de mais de 52 milhões de impressões) para a experiência de marca da Vitaminwater ao combinar produção criativa e fazer parceria com os influenciadores certos para oficinas e masterclasses dos fabricantes, a fim de atrair o público com ressonância e apelo natural.

O *pop-up* conseguiu gerar mais de 35 milhões em cobertura de RP e conteúdo, mais de 17 milhões de impressões sociais, um alcance estimado de boca a boca (WOM) de 65.000, e 10.000 participantes diretos imersos.[2]

O QUADRO DE METAS EXPERIENCIAL

Esta seção do planejamento *SET MESSAGE* deve destacar a maneira como você avaliará a campanha quando ela acabar. Se fizer uma consulta, você verificou quais *sistemas e mecanismos de mensuração* correspondem a seus *objetivos experienciais* (checando o quadro disponibilizado) e, então, preparou sua própria tabela detalhando os referidos *sistemas*. O quadro serve de base para o "cartão de pontos experiencial".

O quadro de metas experiencial será apresentado na parte da *avaliação* do planejamento *SET MESSAGE*. É um quadro que funciona como uma medida quantitativa dos *sistemas e mecanismos de mensuração* quantitativos e qualitativos. Ele deve ser formatado como uma tabela que mostre o mecanismo ou sistema de mensuração apropriado e seus *objetivos experienciais* correspondentes, os resultados estimados (que você inserirá nesta etapa do planejamento), e duas colunas em branco para os resultados e comentários reais, detalhando teorias sobre por que variações positivas ou negativas ocorreram (Tabela 16.1). Isso será preenchido durante a fase de *monitoramento da eficácia*. Após finalizar a parte escrita da *avaliação* de seu planejamento *SET MESSAGE*, seu quadro de metas experiencial deve, portanto, incluir estimativas que mostrem os resultados planejados.

Quadro 16.1 Exemplo: um quadro de metas experiencial

CARRO X DA CAMPANHA EXPERIENCIAL (2º TRIMESTRE)			
Mecanismo de mensuração e objetivo correspondente	**Estimativa**	**Real**	**Comentários**
OTS (opportunity to see) **Objetivo**: Aumentar consciência	658.000		
Alcance boca a boca **Objetivo**: Incentivar o boca a boca	2,56 milhões		

Quantidade de interações **Objetivo**: Incentivar o boca a boca	150.000		
Aumento da consciência da mensagem-chave de comunicação (pesquisa 1o trim.) **Objetivo**: Comunicar mensagens de marca complexas	30%		
Aumento da percepção do carro X como um veí-culo elegante e eficiente (pesquisa 2o trim.) **Objetivo**: Posicionar a marca como "x"	65%		
Número de visitantes no site do carro X que clicaram do microsite **Objetivo**: Incentivar o tráfego no site	40.000		

◢ Fazendo estimativas

Deve-se completar essas estimativas com base na experiência passada, e elas sempre devem ser realistas. Os agentes locais ou os proprietários de espaços dos lugares selecionados (seja presencialmente, IRL ou remotos, por meio de tecnologia virtual oudigital) para a experiência de marca ao vivo (conforme descrito nos capítulo anteriores) devem ser capazes de fornecer dados de tráfego ou de visitantes que possam ajudar a definir quantas pessoas podem participar. Se a experiência de marca ao vivo é elaborada como um destino e tem mecanismos para convidar pessoas, a quantidade de pessoas que confirmou participação também deve ser capaz de guiar essas estimativas.

É importante levar em conta o tempo que os participantes levam para finalizar sua interação na experiência de marca ao vivo, assim como a quantidade máxima de participantes que *podem* se engajar em qualquer outro momento, isto é, a capacidade máxima total da experiência de marca. Outras coisas a levar em consideração ao fazer estimativas são a quantidade de *embaixadores da marca*, o número de locais em que a experiência de marca está ocorrendo, e a quantidade de dias em que a experiência acontece. Também é importante incluir as estimativas para os resultados dos canais de amplificação (como a combinação de mídias sociais, influenciadores, RP e alcance da transmissão).

A parte da *Avaliação* de seu planejamento também deve listar e descrever os documentos e apresentações que serão mostrados ao cliente para revisão no fim da campanha, ou da agência de marketing experiencial para o cliente ou de outras agências parceiras do cliente, ou de uma equipe interna diretamente aos *stakeholders* internos e externos.

 A avaliação da campanha (pós-campanha ou em intervalos acordados)

O "*Pacote de Avaliação*" será preparado após a campanha, e deve ser apresentado no formato acordado que foi especificado quando você finalizou por escrito a parte da *avaliação* do planejamento *SET MESSAGE*. Provavelmente, ele conterá:

> Pacote de *avaliação*: o modelo TRACK
>
> **T**he completed experiential scorecard (O cartão de pontuação experiencial completo)
> (Quadro de metas finalizado)
>
> **R**OI and LROI analysis (Análise ROI e LROI)
> (Análise do ROI e do LROI)
>
> **A** change analysis (Análise da mudança)
> (Análise da mudança)
>
> **C**ontent and visual evidence review (Revisão de conteúdo e evidências visuais)
> (Revisão do conteúdo e das evidências visuais)
>
> **K**PIs and an SW+I report (strengths, weaknesses and insights)
> (ICPs e um relatório SW + I (pontos fortes, pontos fracos e insights))
> (KPIs e um relatório de forças, fraquezas e insights)

Todos os itens do TRACK serão explicados com detalhes ao longo deste capítulo.

A ordem em que os elementos do Pacote de *Avaliação* estão listados é uma ordem recomendada para conduzir o processo de *avaliação* pós-campanha. O restante deste capítulo explicará como executar cada passo.

FASE #1 DO *TRACK*: O QUADRO DE METAS EXPERIENCIAL FINALIZADO

O quadro de metas experiencial se baseia na mesma tabela que você criou ao completar a parte escrita da *avaliação* do planejamento *SET MESSAGE*, mas que nessa fase também deve mostrar os 'resultados reais' finalizados e as colunas de "comentários" (veja o Quadro 16.2).

Quadro 16.2 Amostra de quadro de metas experiencial finalizado

Carro X da Campanha Experiencial (Q2)			
Mecanismo de mensuração e objetivo correspondente	Estimativa	Real	Comentários
OTS (opportunity to see) **Objetivo**: Aumentar consciência	658.000	700.000	Com base em dados sobre movimento de pessoas em shoppings
Alcance boca a boca **Objetivo**: Incentivar o boca a boca	2,56 milhões	3,15m	Maior que o planejado, devido a uma quantidade maior de interações que as anteriores
Quantidade de interações **Objetivo**: Incentivar o boca a boca	150.000	175.000	Maior que as anteriores, devido a um fluxo maior de pessoas que o habitual

Aumento da consciência da mensagem-chave de comunicação (pesquisa 1º trim.) **Objetivo**: Comunicar mensagens de marca complexas	30%	50%	Os resultados das pesquisas mostraram um aumento de 50% na consciência da comunicação-chave, quando dados dos participantes foram comparados com dados de não participantes, coletados durante a campanha
Aumento da percepção do carro X como um veículo elegante e eficiente (pesquisa 2º trim.) **Objetivo**: Posicionar a marca como "x"	65%	40%	O aumento da percepção não foi tão grande quanto o anterior devido ao posicionamento já existente do carro X como eficiente, ao lado de uma opinião comum entre participantes e não participantes de que o carro era elegante
Número de visitantes no site do carro X que clicaram do microsite **Objetivo**: Incentivar o tráfego no site	40.000	72.650	A quantidade de acessos ao microsite foi maior por conta do número igualmente maior de participantes e de alcance boca a boca

O objetivo do quadro de metas experiencial são os resultados; mesmo perguntas qualitativas foram quantificadas para mostrar um aumento ou redução de uma resposta comum. Contanto que os *sistemas e mecanismos de mensuração* previamente definidos em alinhamento com os *objetivos experienciais* (usando o quadro disponibilizado), o quadro de metas experiencial deve facilitar que se *avalie* se esses objetivos e metas foram cumpridos. Os comentários devem esclarecer por que uma variação positiva ou negativa ocorreu entre os resultados estimados e os resultados reais.

O quadro de metas experiencial qualifica resultados de uma forma tangível que pode justificar o investimento em iniciativas de marketing experiencial. O processo de adaptar as medidas aos *objetivos experienciais* durante a etapa *sistemas e mecanismos de mensuração*, facilitando, então, a etapa de *monitoramento da eficácia* da campanha em relação a essas métricas e, finalmente, formatando os resultados no quadro de metas experiencial durante a *avaliação*, é um processo completo para medir os resultados *estimados* em relação aos resultados *reais* enquanto se aprende com as variações.

FASE #2 DO *TRACK*: ANÁLISE DO ROI E DO LROI

◢ ROI

O termo "retorno sobre o investimento" tem origem na contabilidade, mas em geral é considerado uma área cinzenta no marketing, muitas vezes vagamente chamado, de forma sinônima, de "resultados gerados" a partir de uma campanha. O termo "ROI" pode ser usado como métrica financeira da porcentagem real do lucro obtido, como um resultado mensurável direto da campanha. Para que isso seja instantaneamente possível no caso de uma experiência de marca ao vivo, a experiência precisaria ser perto de uma loja que vendesse o produto promovido ou precisaria haver um mecanismo rastreável e de incentivo no local, como cupons de promoção resgatáveis ou códigos promocionais online, ou outros links rastreáveis de *e-commerce*. Tudo isso aponta claramente para a mentalidade de curto prazo. Também implica que o objetivo do investimento é um aumento instantâneo nas vendas, e sugere que é necessário promover as vendas para apurado.

◢ LROI

Outra maneira de considerar o retorno é no contexto de uma estratégia de marketing experiencial de longo prazo, em que o objetivo final do canal da experiência de marca ao vivo é transformar participantes em consumidores e, além da ideia da 'lealdade' ou da repetição da compra, em embaixadores da marca e, por fim, em evangelistas da marca. Nesse caso, o retorno pode ser mensurado levando-se em consideração até que ponto a experiência de marca ao vivo foi bem-sucedida em avançar o consumidor nas etapas do "funil de defensor da marca".

Dito isto, fica claro que no ramo dos negócios as boas vendas e participação de mercado são os objetivos finais. Não há motivo para pensar que a meta está mudando – longe disso, na verdade. O valor de um cliente que fala sobre sua marca como se ela fosse um amigo de confiança, e considera seu relacionamento com a marca uma via de mão dupla, é inestimável. "Pessoas confiam em pessoas", e não há nada que poderia ser mais desejável do ponto de vista dos negócios que seu *público-alvo* divulgando aos colegas um boca a boca positivo sobre seu produto, criando, assim, o cobiçado vínculo de ouro. Está comprovado que recomendações pessoais são o fator mais provável que influencia e estimula considerações sobre a compra, e o valor vitalício do cliente é muito maior que qualquer campanha instantânea de aumento de vendas poderia gerar.

O funil de defesa da marca

O impacto de uma experiência de marca ao vivo positiva pode ser tão grande que um participante pode passar muito depressa pelas etapas do funil de defesa, porém, para causar um impacto duradouro em todo um *público-alvo*, alcançado pelo boca a boca, influenciadores e outros canais de amplificação da campanha de marketing experiencial devem ser inseridos na equação.

Para o retorno sobre o investimento de longo prazo (LROI), é necessária uma estratégia de marketing experiencial de longo prazo. O cerne de seu conceito criativo de *interação bidirecional* (a experiência de marca ao vivo, conforme destacada no processo criativo *BETTER*) deve estar no centro da estratégia de comunicação geral de marketing, permitindo, dessa forma, que todos os canais de comunicação de marketing trabalhem em conjunto entre si e amplifiquem a experiência de marca ao vivo. Ampliar e apoiar a experiência de marca ao vivo aprimora drasticamente os resultados.

Essa amplificação de atividades do mundo real ou baseada em eventos pode ser aplicada de várias maneiras. Independentemente de a amplificação ser em forma de transmissão de conteúdo da marca na TV ou no YouTube, por influenciadores de mídias sociais, anúncios digitais promovendo sua experiência, mídia externa digital (DOOH), ou por meio de uma transmissão via rádio de uma experiência de marca ao vivo, os canais unificados trabalham juntos para criar a campanha de marketing experiencial completa e integrada que usa *storytelling* relevante para construir relacionamentos duradouros com os membros do *público-alvo* da marca que alcançou.

A meta é que os membros do *público-alvo* se tornem defensores e evangelistas da marca que passem a levar a Mensagem – Comunicação-chave positiva aos colegas por meio de recomendações pessoais e, por fim, gerem ou compartilhem conteúdo que atinja as massas, aumentando a consciência e as vendas no processo.

▲ Calculando o LROI de experiências de marca ao vivo

As vendas provenientes de uma experiência de marca ao vivo devem ser vistas como um sintoma do alcance boca a boca gerado da *interação bidirecional* positiva e relevante da marca.

Promovendo a consideração sobre a compra por meio de avaliação e instrução imersiva do produto
Rodolfo Aldana, Diretor da Tequila, Diageo

Testes com mentoria têm uma taxa de conversão ao menos duas vezes maior que testes sem mentoria. Logo, se você sonda 10 pessoas, digamos, apenas duas comprarão posteriormente o produto durante o processo nas semanas seguintes (uma em cada cinco). Se você sonda essas pessoas e dá mentoria a elas, vai dobrar ou quase triplicar essa quantidade em termos de conversão.

Quando você percebe o que é a conversão, vê que isso (mentoria) faz muito mais sentido. O desafio, obviamente, é que o custo da mentoria é muito alto, portanto, você precisa saber disso.[3]

Ao criar uma conexão entre o número de "participantes imersivos", ou seja, a quantidade de interações da experiência de marca ao vivo que se tornaram defensores da marca, e o alcance boca a boca de longo prazo – ao mesmo tempo levando em consideração que o boca a boca é melhor para gerar vendas que qualquer outro canal –, conseguimos relacioná-las (o número de interações geradas a partir da experiência de marca ao vivo) com a quantidade de vendas geradas. A meta final é calcular o LROI das experiências de marca ao vivo.

Avaliando o marketing experiencial e o ROI associado à Interação bidirecional

Barbara Bahns, Chefe de Planejamento Regional de Marketing e Comunicações CEE, Visa Inc

Decididamente, o marketing experiencial é algo que estamos fazendo cada vez mais num sentido mais amplo e conectando, cada vez mais, outros canais a ele. A mensuração é meio complicada, e, se fazemos algo, devemos conseguir provar que podemos envolver milhões de pessoas. O problema do marketing experiencial é quando você fala com várias pessoas, isto é, o pessoal do financeiro dentro de uma empresa, que estão dizendo: "Bem, quanto custou? Valeu a pena?" Eles olham apenas para os números, e dizem: "deveria ter tido mais gente".[4]

Está comprovado que o efeito de longo prazo do boca a boca sobre as vendas é maior que qualquer outro método. É por isso que, ao usar um modelo que calcula o LROI, que leva em conta o alcance do boca a boca em uma experiência de marca ao vivo, podemos quantificar o impacto dessa experiência sobre as vendas (que deve estar no cerne da campanha experiencial e ser aliada aos resultados dos canais de amplificação).

Quatro passos simples para calcular o LROI

A fórmula para calcular o LROI de experiências de marca ao vivo consiste em quatro passos simples:

1º Passo: Calcular o *alcance* do boca a boca.

2º Passo: Conversão do boca a boca em vendas.

3º Passo: Lucro, em valor.

4º Passo: Lucro, em porcentagem.

1º Passo: calculando o alcance do boca a boca

Cada pessoa que interage em uma experiência de marca ao vivo tende a contar para os amigos ou colegas. Para este exemplo, vamos basear nossos cálculos em cada pessoa que conta para outras 17. Logo, o *alcance* boca a boca seria calculado como o número de interações multiplicado por 17, mais a quantidade de interações.[5] Você pode conduzir uma pesquisa durante seu programa de experiência de marca ao vivo para calcular essa quantidade em relação específica com seu projeto, público-alvo e a propensão deste a divulgar via boca a boca, já que isso vai variar dependendo das características de seu público. Além disso, tenha em mente que recomendações em primeira mão de uma pessoa para outra *versus* boca a boca em mídias sociais irão variar em volume e impacto.

2º Passo: conversão do boca a boca em vendas

Essa (estimativa) pode ser calculada como uma porcentagem do *alcance* boca a boca da experiência de marca ao vivo (para esse exemplo, aplicaremos uma porcentagem totalmente conservadora de 2.6%, com base na conversão média de vendas a partir de campanhas de mala direta), sem esquecer que está comprovado que o boca a boca tende a gerar mais consideração sobre comprar que qualquer outro canal de marketing (principalmente mala direta!).

3º Passo: lucro, em valor

O lucro gerado com a experiência de marca ao vivo pode ser calculado multiplicando-se o lucro por venda pela quantidade de vendas (estimativa). Depois, subtraindo-se o custo (ou perda, se a experiência é parcialmente geradora de receita) da experiência de marca ao vivo.

4º Passo: lucro, em porcentagem

Para calcular o LROI, divide-se o lucro gerado pelo custo da experiência de marca ao vivo e multiplica-se por 100 (como faria em qualquer cálculo padrão de porcentagem).

O exemplo a seguir mostra como aplicar a fórmula LROI (com base em cada participante da experiência de marca ao vivo contando sobre ela a 17 outras pessoas, e nos 2.6% alcançados pela conversão do boca a boca em vendas).

LROI = o retorno em longo prazo sobre a estimativa de investimento

LROI = (X/C) x 100

Esta é a estimativa de lucro (X) dividida pelo custo (C), multiplicada por 100 para se obter uma porcentagem. Observe:

C = Custo (ou perda, se geradora de receita) da experiência de marca ao vivo

X = a estimativa de lucro

X = V x L - C

Conforme gerado com a experiência de marca ao vivo, com base na subtração de C (o custo da campanha) de V (número de vendas) multiplicada por L (lucro por venda). Observe:

V = número de vendas estimadas (com base em uma porcentagem de B, o alcance boca a boca)

L = lucro por venda

C = custo da campanha

Calculando o alcance do boca a boca total

Este cálculo simplesmente acrescenta o número total de pessoas que ouvirão falar da experiência ao número de pessoas que participaram:

B = estimativa do alcance boca a boca

B = 17 N + N

Com base em uma estimativa de pesquisa conduzida pela Jack Morton Worldwide, que descobriu que cada participante de uma experiência de marca ao vivo conta sobre ela a mais 17 outras pessoas em média, mas você pode substituir pela própria estimativa, se tiver uma. Observe:

N = número de interações de consumidores com a experiência de marca ao vivo

B = o alcance boca a boca, com base no 17 N + N

Um exemplo em pequena escala

Hamed é o gerente de marketing de um site que vende cartões comemorativos personalizados e podem ser encomendados online:

- Seus cartões são vendidos a £ 4,00 e seu lucro por cartão é £ 1,50.

- Ele contratou uma agência experiencial para criar uma campanha experiencial integrada, apresentando um *roadshow* interativo de cartões comemorativos da atividade usando RP e anúncios digitais.

- O custo total do canal da experiência de marca ao vivo foi £ 50.000 e gerou 115.000 interações.

- Ele queria calcular o LROI e usou esse modelo para prever qual poderia ser o LROI.

Calculando o LROI em quatro passos:

1º Passo: calculando o *alcance* do boca a boca.
2º Passo: convertendo o boca a boca em vendas.
3º Passo: lucro, em valor.
4º Passo: lucro, em porcentagem.

1º Passo: calculando o *alcance* do boca a boca: ele multiplica o número de interações na experiência de marca ao vivo (115.000) por 17 (a quantidade média de pessoas que ele calculou que cada participante poderia contar sobre a experiência) e, então, acrescenta o número original de interações para obter o alcance estimado do boca a boca, 2,07 milhões (B).

2º Passo: convertendo o boca a boca em vendas: para obter a quantidade estimada de vendas resultantes do alcance boca a boca, ele usou a estatística conservadora de mala direta e calculou 2,6% de 2,07 milhões (o alcance do boca a boca). Isso gera cerca de 53.820 vendas (V).

3º Passo: lucro, em valor: para obter o lucro gerado pela experiência de marca ao vivo, ele multiplica o lucro por cartão comemorativo, que é £ 1,50 (L), pela quantidade estimada de vendas, 53.820 (V), e obtém £ 80.730. Depois, ele subtrai o custo da campanha, £ 50.000 (C) para obter o lucro gerado de £ 30.730 (X).

4º Passo: lucro, em porcentagem: ele calcula o LROI de 61% dividindo o lucro gerado pela experiência de marca ao vivo pelo custo dessa experiência, e multiplica o resultado por 100.

O método que Hamed usou está resumido na fórmula abaixo:

LROI = 61%, com base em (X/C) x 100.
V = 53.820, número de vendas (estimadas) com base em 2,6% de B (alcance boca a boca).
L = £ 1,50 (lucro por venda).
X = £ 30.730 é o total do lucro estimado, com base em V (número de vendas) x L(lucro por venda) – C (custo da campanha).

C = £ 50.000 (custo da experiência de marca ao vivo).

N = 115.000 (o número de interações dos consumidores com a experiência de marca ao vivo).

B = 2,07 milhões (17 N +N, alcance estimado do boca a boca).

Estimativa de resultados: nesse caso, Hamed pode prever que 61% serão o LROI da atividade da experiência de marca ao vivo, porque ele usou a fórmula que leva em conta o efeito em longo prazo da campanha, considerando o alcance estimado do boca a boca.

Na verdade, essa estimativa é bem conservadora, porque o retorno de 2,6% tem como base um retorno médio de uma campanha de mala direta, enquanto o boca a boca se provou cerca de 10 vezes mais eficaz e foi votado acima da mídia tradicional como mais provável a estimular a consideração de compra.

Considerando o impacto dos canais de amplificação: para calcular por inteiro o ROI da campanha de marketing experiencial integrada, é importante incluir as métricas e retornos dos canais de amplificação. Os outros canais de comunicação de marketing que Hamed usou para amplificar a experiência de marca ao vivo para seus cartões comemorativos online foram anúncios digitais interativos e RP.

Os anúncios online interativos mostravam apresentações de slides exibindo alguns cartões feitos pelos clientes que haviam participado e um convite para enviar um design de cartão a ser mostrado em anúncios futuros. A quantidade de pessoas que clicavam em um anúncio online e depois compravam um cartão mensurava o sucesso do canal online.

O canal de RP se baseou em uma teleconferência com foto de todos os *embaixadores da marca* e dos clientes que se engajaram na experiência de marca ao vivo, que passou a aparecer em uma série de jornais e revistas nacionais e locais. O canal de RP, que alcançou cobertura de imprensa, foi medido em centímetros de coluna (quanto o espaço custaria se fosse um espaço pago). As métricas online e de RP que ele usou são comumente usadas, embora obviamente os métodos variem.

Hamed combinou o LROI gerado da experiência de marca ao vivo com as medidas genéricas que colocou na RP e nos canais de anúncios online, permitindo-lhe avaliar o sucesso da campanha de marketing experiencial integrada como um todo.

Um exemplo em grande escala

Jane é planejadora sênior de uma agência de marketing experiencial. Seu cliente é um fabricante de eletrodomésticos de linha branca de alta tecnologia:

- Quando o cliente procurou Jane com a tarefa de lançar uma nova marca de luxo de máquinas de lavar e secar com economia de energia, Jane elaborou uma estratégia que apresentou um tour de experiência de marca ao vivo com duração de seis meses.

- O tour envolveu uma "casa de energia" que percorreu os Estados Unidos. Os clientes eram convidados a andar pela casa e aprendiam como poupar energia nos próprios lares, enquanto criavam o próprio "fichário com dicas para economizar energia" e tinham sua 'aura' fotografada.

- A "foto da aura", que mapeava a energia ao redor da cabeça e dos ombros, era conectada às mídias sociais, e uma impressão instantânea era inserida na capa do fichário sobre economia de energia, como um souvenir.

- A estratégia de marketing experiencial ao vivo foi um sucesso enorme entre o *público-alvo* de famílias abastadas.

- O cliente de Jane ficou excepcionalmente satisfeito, mas quis que ela providenciasse um método para demonstrar que o aumento constante nas vendas desde o início da campanha de marketing experiencial estava diretamente ligado à atividade.

- Jane propôs analisar o LROI da experiência de marca ao vivo, e calculou-o usando a mesma fórmula.

A fórmula é: **LROI = 953% com base em (X/C) x 100** (este é o lucro gerado da experiência de marca ao vivo dividido pelo custo dessa experiência, multiplicado por 100).

V = 140.400 é a quantidade estimada de vendas com base em 2,6% de B (alcance boca a boca).
L = $ 150 (lucro por venda).

X = $ 19 milhões é o lucro total estimado, gerado com base em V (quantidade de vendas) x L (lucro por venda) – C (custo de campanha).

C = $ 2 milhões (custo da experiência de marca ao vivo).

N = 300.000 (número de interações dos consumidores com a experiência de marca ao vivo).

B = 5,4 milhões (17 N + N, o alcance estimado do boca a boca).

Compras de alto e baixo envolvimento

Como você pode ver, independentemente de o investimento ser pequeno ou grande e de o produto ser uma compra de alto envolvimento, como uma lavadora-secadora que poupa energia, ou uma compra de baixo envolvimento, como um cartão comemorativo personalizado, experiências de marca ao vivo podem gerar um LROI elevado. Tendo como meta combinar também o ROI de cada canal de amplificação, você pode tentar avaliar a campanha completa de marketing experiencial integrado.

LROI

O LROI dá a você o valor do retorno financeiro de longo prazo que se pode esperar ganhar com a experiência de marca ao vivo. Dependendo do envolvimento alto (geralmente compras caras ou não frequentes, como um carro) ou baixo (em geral, compras por impulso, como produtos de consumo rápido – por exemplo, uma barra de chocolate) da compra, o período de tempo pode variar de um dia a uma semana ou cinco anos. Usando a fórmula LROI, é fácil avaliar e calcular o efeito de longo prazo que a parte da experiência de marca ao vivo da campanha de marketing experiencial terá.

Ao combinar o LROI da experiência de marca ao vivo (usando a fórmula) e o ROI dos canais de amplificação (usando métricas padrão) para contribuir com a etapa de *avaliação* do processo de planejamento *SET MESSAGE*, podemos começar a prever os efeitos combinados da campanha completa.

Valor vitalício do cliente ou Customer lifetime value

Também é importante levar em conta o valor vitalício do cliente (CLV), sobretudo em setores específicos em que o lucro de longo prazo obtido com cada cliente é maior no futuro. Um exemplo é o setor de jogos, em que a margem de lucro de um console é muito menor que a margem de lucro de um cliente que compra videogames constantemente. O mesmo se aplica ao negócio de máquinas domésticas de café em cápsulas, em que as máquinas muitas vezes são vendidas com prejuízo por conta dos altos lucros a serem obtidos com rendas futuras das assinaturas no clube do café em cápsulas.

Se você gostaria de gerar LROI a partir do marketing experiencial, é preciso investir em uma estratégia de marketing experiencial de longo prazo. Ao colocar experiências de marca ao vivo e a filosofia experiencial no cerne de sua estratégia de marketing de longo prazo, o LROI será muito maior que se você abordá-lo como uma tática para um aumento rápido das vendas.

FASE #3 DO *TRACK*: ANÁLISE DA MUDANÇA

A próxima parte da etapa de *avaliação* é a "análise da mudança". É um exame cuidadoso das diferenças entre o plano original e o executado. Isso deve abarcar as mudanças de prazo, custo e resultados. Os dados que devem constituir a base desse exame já terão sido coletados durante a etapa de *monitoramento da eficácia* usando o quadro de controle de alterações. A proposta da análise das mudanças nesta etapa é determinar os motivos por trás de quaisquer mudanças e coletar os insights, úteis para futuros planejamentos.

Observação: a mudança de quantidade mostrada nesta etapa da *avaliação* deve estar relacionada à mudança de quantidade mostrada no quadro de controle de mudanças que foi usado durante a etapa de *monitoramento da eficácia* do sistema de planejamento *SET MESSAGE*.

FASE #4 DO *TRACK*: REVISÃO DO CONTEÚDO E DAS EVIDÊNCIAS VISUAIS

As oportunidades de conteúdo são variadas quando se trata de experiências de marca ao vivo, desde conteúdos gerados pelo consumidor, que foi capturado de maneira orgânica e compartilhado em redes sociais, até os cuidadosamente escolhidos por influenciadores e os gerados pela marca 'de cima a baixo' e com cobertura midiática.

Compilar e revisar todos os melhores conteúdos e a "evidência visual" é fundamental para garantir que os *stakeholders* internalizem os resultados positivos de uma campanha de marketing experiencial. A experiência de marca ao vivo (tanto o cenário quanto todas as etapas da jornada do cliente) em si deve ser captada em imagens em movimento e sem movimento, o que, por sua vez, constitui o componente da "evidência visual" a ser analisado juntamente com o conteúdo mais abrangente e de longo alcance gerado.

◢ Apresentação visual de dados

Essa parte do *TRACK* de sua *avaliação* deve ser atraente e bem apresentada, logo, quaisquer imagens e gravações devem ser editadas e exibidas em um formato conciso e interessante para que todos vejam exatamente como ele funcionou e, acima de tudo, como os consumidores reagiram e participaram da interação relevante para a marca. Do ponto de vista do marketing, não há nada mais gratificante que ver o *público-alvo* feliz e apreciando sua marca.

◢ Conteúdo visual

Um minuto de gravação editada e uma apresentação em slides de fotografias tiradas de uma experiência de marca ao vivo podem dizer mais que 1.000 palavras de dados e análises. A evidência visual da experiência de marca ao vivo (presumindo que ela foi feita presencialmente e IRL) também pode ser usada para amplificar a campanha – formando conteúdo para mensagens digitais, anúncios de TV e uma plataforma para construir relacionamentos futuros.

Compartilhando

Geralmente, os próprios participantes adoram poder rever os clipes da experiência de que tanto gostaram e serem marcados na gravação, que deve estar disponível para compartilhamento social ou em plataformas como Facebook, Instagram ou Snapchat. Isso é ainda mais efetivo quando o processo é gerenciado com sofisticação suficiente para possibilitar a correspondência de seções da evidência visual com os detalhes dos consumidores que aparecem nele.

Junto com as gravações e imagens da experiência de marca ao vivo, também deve haver evidência visual dos canais de amplificação. Por exemplo, se parte da campanha de marketing experiencial apresentou uma série no YouTube com a marca e com base na participação interativa do público e em conteúdo gerado por esse mesmo público, uma edição dos "melhores momentos" da apresentação seria ótima para usar na seção "conteúdo e evidência visual" do "pacote TRACK" em seu relatório de *avaliação*.

◢ A cobertura do canal de amplificação deve ser incluída

Digamos, por exemplo, que uma iniciativa de amplificação de RP tenha convidado consumidores a tentar quebrar um recorde mundial. Uma compilação das inscrições dos consumidores na competição e a cobertura resultante das notícias devem ser incluídas na parte da evidência visual do pacote de *avaliação*.

Não importa quais canais de amplificação você usou ou se a experiência de marca ao vivo foi feita online, pessoalmente ou por meio de algum outro método de tecnologia de comunicação remota: o conteúdo e a evidência visual que a capturam apresentam um retrato e uma compreensão muito mais vívidos do que aconteceu do que quaisquer dados em preto e branco. A evidência visual da campanha de marketing experiencial proporciona uma lembrança que faz os participantes e/ou *stakeholders* se recordarem da experiência, mantendo, assim, memórias vívidas da campanha por muito mais tempo que apenas na mente.

FASE #5 DO *TRACK*: KPIS, PONTOS FORTES, PONTOS FRACOS E INSIGHTS

O relatório dos KPIs (indicadores-chave de desempenho), pontos fortes, pontos fracos e insights é a fase #4 do modelo *TRACK* e parte final do processo de *avaliação* pós-campanha.

◢ Defesa de marca e KPIs

Departamentos de marketing operam em múltiplos canais. De mídias sociais a marketing por e-mail, anúncios, gerações de *leads*, marketing digital, eventos e marketing experiencial, todos eles incluirão várias atividades. Com uma variedade tão ampla de canais sendo usados e muitas vezes integrados em uma experiência de marca ao vivo, é importante que as equipes de marketing rastreiem ativamente o progresso e a performance em tempo real com as métricas corretas de marketing e KPIs que tenham em mente que recomendações pessoais, o vínculo de ouro e a defesa da marca são as metas finais.

◢ Cuidado ao comparar métricas entre canais

Ao comparar os resultados das métricas de marketing entre canais, você deve ter em mente que o impacto sobre 1.000 pessoas "expostas ao anúncio" em comparação com o impacto sobre 1.000 participantes imersos no evento, por exemplo, é enorme. Portanto, ao comparar o CPM (custo por mil) entre ambos, deve-se levar isso em conta. Ou seja, até que ponto esse alcance foi impactante? A opportunity to see (OTS), ou oportunidade em ver, em um custo por mil em uma campanha de mídia valerá muito menos para a marca do que pessoas profundamente engajadas em uma experiência de marca ao vivo.

Colocar escalas diferentes de valor em cada unidade ao analisar os resultados é crucial e, nesta etapa de sua *avaliação*, você pode acrescentar pesquisas criativas e sob medida que objetivem definir com maior profundidade como seus KPIs e métricas funcionaram dentro da campanha, percebendo que o custo por cada mil defensores da marca é imensamente valioso para seu negócio em comparação com o CPM de exposições na mídia.

Explore quão bem-sucedido você foi em mover os participantes (os da experiência de marca ao vivo e os clientes de segundo e terceiro graus alcançados via boca a boca ou canais de amplificação) por meio do 'funil de defesa' para se tornarem defensores da marca e, por fim, evangelistas.

◢ Pontos fortes, pontos fracos e insights

O corpo deste relatório deve ser formatado como uma tabela com duas colunas, uma para "pontos fortes" e outra para "pontos fracos".

Ela deve ser dividida em três seções: "planejamento", "implementação" e "resultados". Acompanhando a tabela, deve haver um resumo com "insights" para o futuro.

O objetivo do relatório é resumir tudo o que foi bom, ruim, adequado e impressionante em cada uma das três fases, e também como essas fases podem ser aprimoradas. Isso facilitará uma performance melhor ao conduzir a próxima fase do programa de marketing experiencial. Ela deve levar em consideração todos os dados coletados durante a etapa de *monitoramento da eficácia*, uma análise de KPIs tendo em vista que a defesa e o evangelismo de marca são o objetivo final, incluindo uma análise cuidadosa de por que as metas alinhadas aos *sistemas e mecanismos de mensuração* foram cumpridas ou, até mesmo, excedidas. ■

RESUMO

Resumindo, é importante destacar exatamente como a campanha de marketing experiencial será avaliada durante as etapas de planejamento conforme o sistema de planejamento *SET MESSAGE*. Depois, durante a etapa de *avaliação* pós-campanha, deve-se preparar um pacote *TRACK* detalhado. Deve ficar claro que cada cliente e marca são diferentes, e pessoas e orçamentos diferentes exigem níveis diferentes de *avaliação*. Um pacote *TRACK* totalmente abrangente de *avaliação* deve conter as seções resumidas do box estrutural abaixo.

O pacote TRACK

The completed experiential scorecard (O quadro de metas finalizado).
Análise do **R**OI e/ou LROI que leva em conta a experiência de marca ao vivo e quaisquer outros canais de amplificação que abrangeram a campanha de marketing experiencial, considerando o valor vitalício do cliente (CLV).

A análise da mudança.

Revisão de **C**onteúdo e evidências visuais (combinando vídeos editados, fotos e mídias).

Relatórios de **K**PIs, pontos fortes, pontos fracos e insights elaborados sobre o impacto de cada impressão do cliente ou engajamento em todos os 'pontos de contato' da campanha, e todos os pontos positivos e negativos tanto da perspectiva do cliente quanto da agência durante o planejamento, a implementação e os resultados, ao considerar extrair insights e ideias práticas sobre o que pode ser elaborado com base neles para o futuro.

Notas

[1] EVENT AND EXPERIENTIAL MARKETING. Chief Marketer B2C Special Report. *Chief Marketer*, 2014. Disponível em: https://chiefmarketer.com/. Acesso em: 23 abr. 2016.

[2] SENSE. Glacéau Vitaminwater #Shinebright. *Sense*, 2016. Disponível em: https://sensemktg.com/uk/glaceau/. Acesso em: Acesso em: 2017.

[3] ALDANA, R. Trecho de entrevista com Rodolfo Aldana, Diretor da Tequila, Diageo, feita por Shirra Smilansky. s. l. 2017.

[4] BAHNS, B. Trecho de entrevista com Barbara Bahns, Chefe de Planejamento Regional de Marketing e comunicações CEE, Visa Inc, feita por Shirra Smilansky. s.l. 2017.

[5] FREEMAN XP; EVENT MARKETING INSTITUTE. The Viral Impact of Events, Extending and Amplifying Event Reach Via Social Media, Viral Study Summary. Freeman XP. 2015. Disponível em: https://www.eventmarketer.com/wp-content/uploads/2015/02/Viral-Impact-of-Events_Executive-Summary.pdf. Acesso em: 5 ago. 2017.

Capítulo 17

Conclusão
Planejando o futuro do marketing experiencial

UMA REVOLUÇÃO EXPERIENCIAL

O marketing experiencial está revolucionando práticas de negócios e de marketing no mundo todo. Para sobreviver à competição acirrada, evitar fazer parte da guerra de preços e colher os benefícios de se ter clientes fiéis e do impulso boca a boca dos *públicos-alvo*, o marketing experiencial é a solução. Este livro analisou o marketing experiencial com base em uma perspectiva filosófica e prática, permitindo aos leitores compreender com clareza como fazer *brainstorming*, estratégias, planos, ativação e avaliação de campanhas de marketing experiencial integradas.

COMO UMA ABORDAGEM EXPERIENCIAL SE ENCAIXA NAS COMUNICAÇÕES DE MARKETING

O contexto são as comunicações de marketing, assim, começamos analisando quantas abordagens de marketing de longa data, como anúncios tradicionais, estão perdendo rapidamente a eficácia. Demonstramos como o marketing experiencial e a experiência do cliente são diferenciais-chave nos ambientes empresariais competitivos, abrindo caminho para um novo parque econômico em que marcas e clientes gostam de interagir.

COLOCANDO AS INTERAÇÕES BIDIRECIONAIS NO CENTRO DAS CAMPANHAS

Embora o marketing experiencial seja uma abordagem nova e, portanto, venha sendo sujeita a confusão e ceticismo, este livro detalhou a notável mudança nos negócios e no marketing rumo à nova era de comunicações que ela representa. Esta obra posicionou a grande ideia, sempre em formato de experiência de marca ao vivo, no cerne do programa de marketing experiencial, inspirando seus leitores a amplificar experiências reais em forma de *interações bidirecionais* usando uma combinação de "canais de amplificação".

PREVISÃO PARA O FUTURO

A previsão do futuro do marketing experiencial é que sua filosofia filtrará todos os aspectos da comunicação da marca com os *públicos-alvo* e, mais cedo ou mais tarde, haverá uma mudança rumo à predominância de interações bidirecionais permanentes, arranjadas ou solicitadas, em vez de experiências espontâneas ou *"pop-up"* que tradicionalmente contam que o *público-alvo* esteja no lugar e na hora certa.

UM MODELO CRIATIVO E SISTEMA DE PLANEJAMENTO PRÁTICO

Para que um conceito bem-sucedido de marketing experiencial nasça, são necessários a pesquisa certa, processos de desenvolvimento criativo e sistemas de planejamento.Este livro explicou como desenvolver ideias experienciais usando o modelo criativo *BETTER* e, em seguida, refinando e estruturando o plano para melhores resultados e métricas eficazes usando o *SET MESSAGE*.

SEJA O INÍCIO DA MUDANÇA QUE VOCÊ DESEJA VER NA SUA EMPRESA

Como leitor e profissional do marketing experiencial, depende de você transmitir o que leu e compartilhar filosofias de marketing experiencial com outras pessoas da sua empresa. Você deve participar dessa estimulante revolução tridimensional em que clientes, funcionários e marcas trabalham juntos como parceiros, satisfazendo mutuamente suas necessidades recíprocas. ■

Índice remissivo

Observação: o índice está organizado em ordem alfabética, palavra por palavra. Números nos cabeçalhos e "Mc" são apresentados conforme sua escrita por extenso; acrônimos são apresentados conforme sua escrita. Localizadores em *itálico* indicam informações dentro de uma Figura ou uma Tabela.

A

abordagem de teste e aprendizado 343–45

ação 50, 313

acordos de confidencialidade 295

adesivos de nicotina 288

adidas 7

adidas da 5ª Avenida 92

adidas Knit 87

adidas Studio LDN 77–78

Aesop 132, 164

afluência *268*, 280–281

agências 9, 13, 61, 313, 314, 321

água aromatizada 231–33

AIDA 49–51

AIDAS 49

alcance 28, 33, 112–*117*, *153*, 155, 157, 161, *163*, 197, *229*, 248, *263*

  boca a boca (WOM) *263*, *305*, 347–48

alcance boca a boca (alcance WOM) *263*, *305*, 347–48, 361, *362*, *365*, 369–77

alcance do conteúdo *153*, 221

algoritmos moleculares de degustação 104

Aloft at Hermes 82

alunos 42, 223, 267, 269

amarelo 136

Amazon 36, 56

Amazon Go 82–83

anúncios digitais 127, 222, 258, 284, 369, 373, 375

análise

  aspiracional 221, 224–25, 288–89

  cotidiana *224–25*, 288

  comparativa 124–25

  de conteúdo 124–25

  de dados 65–66

  de estilo de vida aos fins de semana 125, 199, 203, 208, 212

  de mudanças 178, 350, 351, 352, 353

  de riscos 214, 331, 333, 334, 341

  do dia a dia 198, 199–200, 203, 207–08, 219, 224, 288

  do caminho crítico (CPA) 314, 329, 330, 341

  externa 314, 334

app Magnum Mpulse 30

Apple 36, 64, 65

apps 30, 82–83, 105

aprendizagem experiencial 359

aprovação de cronogramas 314, 331, 339–341

aprovação de mudanças 314, 331, 339–341

aroma 68, 73, 90, 135, 136, 141, 189, 210, 231–33, 279, 339

Art of Thought (Wallace) 113
atrações 200
auditoria 29, 322
autenticidade 9, 44, 74, 96, 108, 119, 132–133, 267, 361
avaliação 169, 170, 321, 335, 341, 344, 352, 357, 382–83
azul 136

B

bebidas energéticas 175
BETTER, modelo criativo 7, 111, 117, 118, 162–63
Bikini Berlin 87
Birchbox 29
blocos de notas smart 34, 245, 256–58
boca a boca 263, 305, 347–48, 361, 362, 365, 369–77
Bombay Sapphire 65, 139–40
Bompas & Parr 93
bots (robôs) 11, 97, 104, 106–08, 107, 240
brainstorming 120, 124, 128–30, 141–44, 157, 161–63, 169, 176, 182, 215–16, 219, 239, 333, 385
branding sensorial 133–134
brinquedos 98, 202–04, 243
bronzeadores 287–88

C

Cadbury 136–37
campanhas ambientais 232–33
campanhas anteriores 176–78
canais de amplificação 38, 160, 162–63, 173, 248, 263, 272, 310–11

    canais de comunicação de marketing *veja* anúncios; digital; mala direta; experiências de marca ao vivo; packaging; relações-públicas (RP); promoção de vendas; patrocínio

Canal Street 94
canções 105
carros 35, 88, 97, 126, 209, 362–63, 365–66

    veja também indústria automotiva; sites de cassinos 277–78

carros sem motorista 35, 97
cartões de pontuação 364, 382
cartões de pontuação experienciais 364, 382
CEM 62
cenário 57, 186, 205, 224, 235, 246–58, 262–63
cérebro límbico 141
cerveja 93–94, 177
chá gelado 280
checklists 38, 263, 314, 334, 341
cheiro 141
clientes *veja* contato com os clientes,
CLV 377, 382
clima organizacional (mudança) 351, 352, 353
cobertura editorial 217
Coca-Cola 30, 36, 119, 346
cocriação 35, 56, 78, 145, 146
cocuradoria 154
códigos de conduta 295, 297
coffee outlets 37–38
colaboração 65, 44, 255–56
colaborações multimarca 44
colares smart 34, 191, 245
Colette 79
combinação de cores 135–37
competições de design 154, 280
compras de alto envolvimento 377
compras de baixo envolvimento 377
compras digitais 71

competições, design 154, 280

veja também desafios; jogos (gamificação)

comunicação 27, 38, 78, 169, 170, 229

veja também feedback; escuta; análise comparativa de storytelling 38

conexão emocional 112, 113, 117, 129–41, 150, 162–63

confiança 143

conteúdo de marketing 161

conversões de vendas 371–72, 377

convites para eventos futuros 261

veja também conteúdo de marketing 157–59

coquetéis (festas com coquetéis) 125, 140, 219–22

cor 136–37

Cornelissens, Ilse 80

crédito 269, 278, 282,

crianças 199, 202–07, 254, 283–85

criatividade (pensamento criativo) 7, 9, 103

veja também BETTER, modelo criativo

cronograma 314, 331, 339–341

cronograma de pagamento 295, 298, 319, 325, 338

veja também cronograma 335

cuidados com a pele 186–87

cultura 83, 240, 262

cultura local 83

custo por mil (CPM) 28, 274, 381

custo por mil embaixadores da marca (CPMDM) 381

custos 321

veja também Christian Louboutin 137

D

dados 65–66, 82, 101–04, 261, 303–04, 344

dados de vendas 303

dados em tempo real 65, 96, 103, 104

dados qualitativos/quantitativos 303

decodificando mensagens 120

DeepMind 105

embaixadores da marca 9, 37, 63, *64*, 65, 88, 90, 106, 124, 126, 131, 143–51, *169*, *170*, 172, 184–213, 232–257, 265

embaixadores da marca *(Continuação)*

apostas 215–17, 277–78

bebidas 175, 232, 280

comida 86, 222–24, *320*, *339*

cuidados com a pele 90, 186–87

DIY 125–27

sabão em pó 233–34, 347

tecnologia 64

viagens 91

defesa de marca (defensores) 39, 58, 76–79, 96, 148, 196, 260, 370–71, 381

demografia 101, 143

veja também profissionais abastados; jovens mães abastadas; crianças; Geração Y; Geração Z; *millennials*; Nex Gen- ers; alunos

desafios 45–46, 72, 182

veja também competições de design; jogos (gamificação)

desafios de treinamento em circuito 182

desfiles de moda 82, 221

Design My Night 160
desejo 49
despesas 318–20
Diageo 28, 44, 56, 60, 65, 133, 164, 369, 383
diferenciação 46, 61, 66, 99
digital 11, 28, 34–35, 101, 369
direct to consumer (D2C) 71, 91, 187
Disney 36, 41
dispositivos móveis (celulares) 34, 47, 57, 59, 71, 107, 164, 245

    veja também O2; smartphones
disruptivos 76, 83, 85
DIY 125–27
Dollar Shave Club 29
Domino's 105
drones 160
Duchafour-Lawrance, Noé 93

E

EAP 325, 326, *341*
educação 42, *64*, 74, *95*, 245, 249
efeito Hawthorne 148
elementos exponenciais 112–14, *117*, 150, 154, *163*, 248
elementos multissensoriais 113, *130*, 132–157, *236*, *339*

    emoções *89*, 129, 132, 141, *149*, 230

empresas com base em assinaturas 29, 55, 378
encenação 295
entretenimento 35, 42, 145, *240*, 242, 247, 253–54, *262*, 360
escopo de projetos 326
escuta 143, 148, 223, 230, *297*, 298, 304, 323, 349, 350
espaço 30, 74, 77, 80, 273–74, 278, 361

espaço de marca 74, 77, 80, 82, 221, 361 *veja também* desfiles de moda; locais
esquemas indique um amigo 293, 305
estimativas 321, 344, 347–50
estratégia experiencial 49, 150, 169, 170, 239
estudo #LIVEBRANDSOCIAL 54, 151–152, 165
evangelismo 36–37, 62, 76–79, 96, 133, 382
evangelismo de marca 36–37, 62, 76–79, 96, 133, 382
eventos 14, 32, 40, 51, 52, 349, 360–61

    veja também convites para eventos futuros; experiências de marca ao vivo; raves

eventos de ampla escala 277
Evian 32
evidência visual (conteúdo) 258, 379–80
experiências com temática de casa 222–24
experiências como lazer 46
experiências de balé 205–07
experiências de marca ao vivo 27, 33, 38, 45–51, 53, 99–100, 108, 109, 115, 117, 212–15, 369, 371, 372, 378, 382

    linhas aéreas 210
    produtos de beleza 123
    setor de bebidas 175, 232, 280
    setor de brinquedos 98, 202–04, 243
    setor de comidas 86, 222–24, *320*, *339*
    setor de roupas 78, 81, 87, 190–91, 204–207
    setor DIY 125–27
    sites de viagem 91

veja também eventos; roadshows de modelos de vitrine ao vivo 193–95

experiências gastronômicas 209–10
experiências na loja 275–76
experiências online 280
experiências remotas 247

veja também desfiles de moda; seleção de locais; escritórios; *pop-ups*; lojas

experiências significativas 133–134
experiências televisivas 242, 254–256
experiências virtuais 246

F

"fazer" 146, 148
Facebook 9, 28, 36, 55, 78, 106, 108, 153, 278, 360, 379
Facebook Messenger 78
Faraday Future 97–98, 209
fase da iluminação, criatividade 113–14
fase da incubação, criatividade 113–14

veja também lealdade do cliente

fase de preparação, criatividade 113–14
fase de verificação, criatividade 113–14
fatores de mercado 176
feedback 223, 230, 297, 298, 304, 323, 349, 295, 350
feriados escolares 200–02
ferramentas elétricas 125–27
festivais de música 221, 231, 274–75
Flax & Kale 80
flexibilidade 32, 344, 350
fluxo 148, 149
fluxo de informações sensoriais 132, 136

FMCG (fast-moving consumer goods) setor 116, 127, 178, 248–49, 377
formulários de avaliação de mudanças 352
formulários de solicitação de mudanças 351

lealdade do cliente 36–37, 41, 62, 193, *196*, *225*, 299, *305*

fornecedores 314, 332
fotos 185–186, 258
fraldas 287
função cerebral 89, 111, 113–15, 141

veja também sinestesia
veja também BETTER, modelo criativo

G

galeria Gorilla Perfume 90
Graanmarkt 13 76–79 Grand Journey, The (Bombay Sapphire) 100
Geloven, Tim van 80
geotargeting 32
Geração Y 45–46, 72, 148, 149, 219
Geração Z 45–46, 72, 149, 157, 185, 219, 256, 269
gerenciamento da expectativa 354–55
gerenciamento da experiência do cliente 62–63, 178–79
gerenciamento de mudanças 351, 352, 353
gerenciamento do relacionamento com o cliente (CRM) 28, 62
gin 278–79
Glacéau Vitaminwater 361
Glossybox 55–56
Go 105
Google 105, 336–37
Google Cardboard 29
Google Docs 337
gratification activities 148, 149

H

"Happiness Hypothesis" 148
H&M 80
Hanson Robotics 104
Harrods 137
Hawking, Stephen 105
Heineken 33, 267
Hermes 82–83
hiperlocalização 32
hipocampo 89
Hyundair Rockar 88–89

I

"It all Starts with the Food" (IKEA) 86–87
IA Ogilvy 104–109
iBeacons 30
IKEA 86–87
imagens 122
imagens de marca 122
impacto viral 51, 52
indústria automotiva 34–35, 75, 88–89, 97

 veja também carros, consciência 68

indústrias criativas 105–106
influenciador 56, 57
influenciadores 56, 57, 127, 153, 183–85, 210, 190–91, 197, 209, 225
insights da concorrência 176
Instagram 9, 34, 45–46, 76–77, 106, 108, 190–91, 200–02, 277–78, 379–80
Intel 122
inteligência 191–92
interação bidirecional 42–43, 51, 63, 108, 111–12, 113, 117, 118, 143, 144–53, 159, 160, 229, 247–48, 370, 385–86

interação positiva contínua 261
interesse 49
internet das coisas (IoT) 12, 30, 36, 44, 82
iogurte 187–88, 200–02

J

Jack Morton 58–59, 138, 159, 373
jardins bio-responsivos 93
jeans 177, 270–71
jogos (gamificação) 56, 154, 243
jornada do cliente (jornada da experiência do cliente) 65, 315–17
jovens mães abastadas 198–200

K

"Kitchen, The" (Notcutts) 83
Knorr 107
KPIs 364, 380–82

L

"Love at First Taste" (Knorr) 107
L'Eden 93
lançamentos 343–45
lançamentos globais 345–48
LEGO London 85–86
líderes de opinião 197, 211–12
linhas aéreas 65, 210–12, 217, 282–83
logística 266, 268, 272, 297, 318–20
logos 30–31, 340
logs de controle de mudanças *351*, 352, 353
loja do futuro 73–75
lojas 29–30, 71–82, 193–95, 195–96, 275–76

 veja também Harrods

 centradas em eventos 76–79
 conceituais 79–84

de moda 193–95, 195–96, 212–15

   veja também H&M; Missguided; Topman (Topshop); Zara

   físicas 30, 57, 72, 235

Louboutin 137
LROI (retorno sobre o investimento de longo prazo) 310–11, 360–361, 367–68, 382
lucro 367, 377
lugares selecionados 169, 170, 200–02, 266, 268
Lululemon 78
Lush 89–90

M

mães jovens 187–88, 199–200
Make Up Forever 87–88
mala direta 27, 371–72, 374–75
marca 27, 28, 29, 33–35, 99, 108–09

   veja também marcas sensoriais

marcas humanizadas 147–48, 247–48
margarina 249–50
marketing

   centrado no cliente (centralização no cliente) 38, 61, 72, 75, 129, 224–25, 261
   de campo 5, 177, 221–22
   de conteúdo 161
   de evento *veja* experiências de marca ao vivo EventBrite 34, 58–59, 160, 182
   experiencial (definição) 38
   relacional 43

McCann 105–106
memorabilia (brindes da marca) 260
memória 84, 89, 121

mensagem – comunicação-chave *169*, *170*, *229*
mensagens 103, 187–88, 228, 245

   veja também Facebook Messenger

mensagens de marca 169, 170, 229, 230, 236–37
mensagens de marca complexas 187–88, 245, *304–06*
mensagens emocionais 176, 228
mensagens racionais 228
mensuração *305*, *306*, 307–09

   veja também referências, uso do termo 301, *304–306*; estrutura de divisão do trabalho 326

mensuração/avaliação de 301, 302–03, 304–06, 307–09, 374, 376, 377
mentoria 369
mercado de pizzas 193
metáforas 121, 128
metáforas aprofundadas 121, 128
métricas (mensuração) *305*, *306*, 307–09, 345–50, 381
Microsoft 336
mídia digital externa (DOOH) 101, 369
mídia paga *160*
mídias sociais 27–28, 45–47, 122–23, *160*, 186–87, 191–92, 200–02, 221–22
millennials 45–46, 72, 148, *149*, 219
miniperformances (treinamento) 295
Missguided 76–77
modelo SET MESSAGE 169–386
modelos de vitrine 193–95
montanha-russa 94
mudanças 178, 350, *351*, *352*, *353*
Museu da Imagem em Movimento (MOMI) 42
Musk, Elon 97, 105, 208

N

Netflix 100–01
networking remota 336–37
nichos de mercado 144, 190–91
Not Company 104
Notcutts Garden Centres 81–82
novos públicos-alvo 198

O

"On Air" (Missguided) 76–77
O2 83
objetivos 181–96, 304–10
objetivos experienciais 169, 239–48
objetivos SMART 181
Ogilvy 61
OneDrive 337
orçamento 30–31, 39, 32, *44*, *314*,
317–25

   veja também custos

orçamento do cliente 317–25
orçamentos de controle de estoque
297
orçamentos de equipes 317–25
orçamentos de produção 317–25
orçamentos externos 317–25
orçamentos internos 317–25

   106.9 Radio Experience 315–17

orientações – embaixadores da marca
315–16
outdoors 200–02, 212–15

P

"Plateria, The" (Notcutts) 83
"Professor Einstein" (Hanson
Robotics) 104
packaging 29
pacotes de avaliação 364–65
Paddy Power 31

painéis 349–50
painéis online 349–50
parágrafo introdutório, planos de

   zonas de revigoramento 231

parágrafo resumidor de fechamento,
planos de ação 317
parâmetros 126, 345–50
parâmetros (métricas) 40–41, 171–73,
301–02, 345–50, 381

   veja também KPIs

patrimônio 175, 178–79, 186–87,
209, *236–37*
patrocínio 27
pedidos de licenciamento 242–43
perguntas interativas 148
Perrier-Jouët 93
personalidade (tipos) 101–04
personalidade de marca 9, *44*, 74, 82,
96, 108, 119, 132–133, *267*, *361*

   mensuração de *305*, *306*, 307–09

personalização 82–85, 101–04, 345
pesquisa 132, 176–78, 198, 202–04,
208–09, *224–25*
pesquisa de mercado 198
pesquisas 202–04, 208–09, *224–25*

   planos de projetos 336

PESTEL 325–26, 334–336
pilares de mensagens de marca
230–33
pinturas 250–54
pirâmide de influenciadores *56*

   produtos de beleza 123

planejamento 65, *169*, *170*

   ação 49, 313, 343
   contingência 285–*86*, 290–92
   projeto 275–76
   veja também planos de ação;
   modelo SET MESSAGE

planejamento de contingência 285–86, 290–92

planejamento detalhado 171

planejamento sistemático 171

planos de ação 49, 237–59, 343

ponto de vista em primeira pessoa 43, 118–19

"Flava Tents" 220, 221–22

pontos fortes 381–82

pontos fracos 381–82

*pop-up*s 33–34, 71, 86–87, 90, 93–94, 143, 144, 186, 187, 233–35

prêmios 127

produção imersiva (eventos) 41, *64*, 93–94, 143, 124–25

produtos asiáticos 94, 177–78

produtos de beleza 28, 86–87, 122–23

veja também Lush; Make Up Forever; cuidados com a pele

produtos de luxo 76–77, 82–83, 127

profissionais 199–200

profissionais abastados 199–200

programas de lealdade 56

promoção de vendas 49

propriedades de marca 188–89, 190–91, 276

próximas gerações 27, 45

publicidade (propaganda/anúncios) 101–104, 105–106, 127,*160*, 222, 258, 284, 369, 373, 375

digital 11, 28, 34–35, 101, 369

e personalidade de marca 9, 44, 74, 82, 96, 108, 119, 132–133, 267, 361

públicos-alvo 30–31, 108, *112*, 141–44

e embaixadores da marca 287–89

e plano de ação 314

e seleção de locais 108, 125–27, 129–30

setor de bebidas 122–23, 175, 232, 280

setor de confeitaria 147–48

setor DIY 125–27

tecnologia 99

Q

quebra financeira (2008) 71

R

Ralph Lauren 92

raves 190–91

realidade aumentada (RA) 29, 196

realidade mesclada 29, 199

veja também realidade aumentada (RA); realidade virtual (RV)

realidade virtual (RV) 29, 137–138, 185

receita, plano de ação 314–3171

recomendação pessoa-a-pessoa 271

recomendações pessoais 36, 42–43, 49, 152

recrutamento 293

recrutamento, embaixadores da marca 292–294

Redchurch St. 79

refeições de micro-ondas 222–224

referências 49, 217, 293, 305

registros de controle de zonas de

relações-públicas (RP) 33–34, *160*, 283, 321

relatórios 321–322, 349–50, 381–82

relatórios em tempo real 350

relaxamento 183–185

relevância 142–44, 160–61

relógios smart 34, 86, 245

remuneração, embaixadores da marca 298

restaurantes 293–94

revisões 378–79, 383

Rip Curl 99–100

roadshows 127, 212–15

robôs (*bots*) 11, 97, 104, 100, 104, 106–08, 240

ROI (retorno sobre o investimento) 360–61, 367, *382*

roupas de dança 204–07

roupas descoladas 289–90

roupas esportivas 190–91

roxo 136–37

S

"Sandcastle Challenge" 284

sabões em pó 232–33

sabor (experiências de degustação) 138–39, 205

"Tastes Like This Feels" (Cadbury) 138

sala V 92

Samsung 137–138

satisfação do cliente 49

saúde e segurança 271–72

Scented Cinema 90

Science Museum (Londres) 42

seguro de vida 288–89

seleção de embaixadores da marca 286–94

seleção de escritórios; *pop-up*s; souvenirs da marca (memorabilia) 258–60

seleção de lugares 201-02, 202-03, 265–66, 268–86

serviço 61–62, 240, 249–50, 250–53

serviço ao cliente 61–62, 240, 249–50, 250–53

sessões de perguntas e respostas 295

setor bancário 102–03, 142, 253–54

setor de bebidas 175, 232, 280

veja também Bombay Sapphire; Coca-Cola; cafeterias; licores; Evian; água aromatizada; gin; Glacéau Vitaminwater; Heineken; chá gelado; Tiger Beer; vodca

setor de roupas 78, 190–91, 204–07, 212–15, 281–82

veja também jeans; roupas descoladas, membros de clubes 186–87, 281–82

setor de seguros 288–89

setor de viagens 91

setor hoteleiro 107–08

setor varejista 71–82, 212–15

veja também Facebook; Instagram; estudo #LIVEBRANDSOCIAL; Snapchat

Seven Rooms 80

Share a Coke (Coca-Cola) 346

Shinebright Studio 361

shoppings 281–82

sinestesia 128–29, 134–35

sistemas sensoriais 88–89

sites 185–86, 215–18, 277–78, 305–06, 309

sites de apostas 215–18

veja também sites de cassinos; Paddy Power

situação 175–79

slogans 228

slots de entrega 72–73, 91–92

smartphones 34, 47, 57, 59, 71, 107, 164, 245

Snapchat 45, 51, 76–77, 201–02, 257, 280, 379–80

Sonos 8, 93

Sony 65, 105

spas 90

storytelling 72, 102, 132, 133, 160, 161
STRATEGIES: "Elementos Experienciais" 239–63

T

Taco Bell 52–53
táticas de guerrilha 30–31, 277–78
taxas, agência 321–22
teatro 32, *140*, 208, *240*, 246, 250, *262*, 281, 286
teatro imersivo 32, *140*, 208, *240*, 246, 250, *262*, 281, 286
tecnologia 30–31 36, 64, 75, 78–79, 82–85, 91–92, 122, 159,349

   interativa 212–13, 244–45, 247–48, 255–56–57
   veja também apps; *bots* (robôs); digital; drones; iBeacons; internet das coisas (IoT); realidade mesclada; telefones celulares; networking remoto; colares smart; blocos de notas smart; relógios smart

tecnologia de reação a gatilhos 244–45
tecnologia interativa 212–13, 244–45, 247–48, 255–56–57
tecnologia *real-sense* 122
tecnologias portáteis 36, 244–45

   veja também colares smart; relógios smart

tempo de espera 269–70–71
tendências manufatureiras 75, 87
terceirização 317–18, 337-38
terceiros 337–38–39
Tesla 97
testes de produtos 36–37, 187–88–89, 235–36–37, 295, 304–05, 369–70

test-drives 88–89
Tiffany 137
Tiger Beer 93–94
Tiger Trading Co 94
TMY.GRL, *bot* mensageiro 106–07
Tommy Hilfiger 106–107
Topman (Topshop)
toque 137–138
Tostitos *160*
TRACK 364–83
transformações 212–13, 232–33
transmissão de experiências 242–43, 254–55–56
transparência 45, 55
treinamento 295–96, 297
três atributos-chave, conexão emocional 131–132
Twitter 153, 360–61

U

Uber 49, *160*
Unilever 30, 99
Uniqlo 79
uso do termo 215–17, 220–21

V

valor 97, 116, 119, 377, 381
valor vitalício do cliente 377, 381
valores de longevidade 127
valores familiares 127
vendas de varejo dos EUA 77
vermelho 136, 137
vídeos 160, 290
vínculo de ouro da marca 36–37, 122, 261–62
Virgin Holidays 90–91, 159
vodca 188–90, 219–22

Y

YouTube 45, 155, 158, 207, 211,
231, 253, 257, 369, 380
YPlan 34, 156

Z

Zara 75
zonas de inspiração 83
zonas de negócios 210
zonas de relaxamento 231
zonas de revigoramento 231
zonas smart 257

Este livro foi composto com tipografia Bembo e impresso em papel Off-White 90 g/m² na Formato Artes Gráficas.